Pierre Auffret
Mais tu élargiras mon cœur

Beihefte zur Zeitschrift für die alttestamentliche Wissenschaft

Herausgegeben von
John Barton · Reinhard G. Kratz
Choon-Leong Seow · Markus Witte

Band 359

W
DE
G

Walter de Gruyter · Berlin · New York

Pierre Auffret

Mais tu élargiras mon cœur

Nouvelle étude structurelle du psaume 119

W DE G

Walter de Gruyter · Berlin · New York

G

♾ Gedruckt auf säurefreiem Papier,
das die US-ANSI-Norm über Haltbarkeit erfüllt.

ISBN-13: 978-3-11-018889-9
ISBN-10: 3-11-018889-9
ISSN 0934-2575

Bibliografische Information Der Deutschen Bibliothek

Die Deutsche Bibliothek verzeichnet diese Publikation in der Deutschen Nationalbibliografie;
detaillierte bibliografische Daten sind im Internet über http://dnb.ddb.de abrufbar.

Introduction

Respectivement en 1993 et 1994, nous-même et Marc Girard avons tenté de saisir la structure littéraire du Ps 119[1]. Girard étudie la structure de chaque strophe, mais reste prudent et réservé pour ce qui est de la concaténation d'une strophe à l'autre. Pour notre part nous nous appliquions à saisir l'enchaînement entre strophes successives, et nous avions aussi montré les rapports entre les première et dernière strophes. Il est possible à présent d'ajuster plus avant la structure littéraire de chaque strophe. Ce sera notre 1ère partie. Dans une 2ème partie nous considérerons tous les ensembles structurels partant de la strophe I, s'y trouvant compris les enchaînements entre les strophes I à XII. Puis dans une 3ème partie nous considérerons tous les ensembles aboutissant à la strophe XXII, en remontant dans le psaume, se trouvant alors inclus dans cette 3ème partie les enchaînements entre les strophes XII à XXI (en ordre inverse, en remontant dans le texte). Nous adoptons la traduction de Girard, sauf pour un ou deux versets, comme nous le signalerons en son temps. Les signes en exposant indiquent les termes de paires stéréotypées. Pour la commodité du lecteur commençons par donner ici cette traduction à laquelle il pourra ainsi aisément se référer.

---

[1] Pierre Auffret, *Voyez de vos yeux – Etude structurelle de vingt psaumes, dont le psaume 119*, SVT 48, Leiden 1993, pp. 319–414, Marc Girard, *Les Psaumes redécouverts – De la structure au sens III : 101–150*, Montréal 1994, pp. 240–286. Dans *Voyez...* (p.319, note 1) nous signalons quelques tentatives visant plus ou moins à dégager quelque structure littéraire dans le Ps 119. Ajoutons ici D.N. Freedman, *Psalm 119 - The Exaltation of Torah*, BJS 6, San Diego (reprise de deux études parues en 1994 et 1995), qui s'attache à la terminologie de la Loi et à la métrique, mais sans se livrer à une étude proprement structurelle (même si les pp. 25-86 s'intitulent *The structure of Psalm 119*). Freedman ignore les travaux de Girard et les nôtres, qui pratiquent en effet une méthode toute différente de la sienne, mais il fait cependant cette ouverture (p.79): «Undoubtedly there are many other mechanical and technical features in the poem, such as the selection and distribution of other nouns and verbs, which deserve to be studied for evidence of symmetrical planning and deliberate deviation. We will leave those for future study at another time and no doubt for other scholars to pursue.» Au vu des travaux cités ci-dessus *future* n'est peut-être pas strictement exact, mais nous sommes heureux de répondre en quelque manière à cette ouverture. Pour ce qui est de notre bibliographie personnelle le lecteur peut désormais se reporter sur Internet à www.unigre.it (Università > Pubblicazioni > Rhetorica Biblica > Bibliografia).

Traduction

STROPHE I:

1a	(O) bonheurs des (gens) parfaits (quant au) chemin,
1b	des (gens) allant dans l'Enseignement de YHWH !
2a	(O) bonheurs des (gens) observant ses témoignages !
2b	De tout cœur ils le recherchent.
3a	Oui ! ils n'ont pas œuvré à l'injustice.
3b	Dans ses chemins ils sont allés.
4a	Toi, tu as commandé tes préceptes
4b	pour (qu'on veuille les) garder tout à fait.
5a	Ah ! (qu')ils soient stabilisés, mes chemins,
5b	pour (que je puisse) garder tes lois !
6a	Alors je n'aurai pas honte de mon (réflexe de) regarder
6b	vers tous tes commandements.
7a	Je te rendrai-grâce avec droiture de cœur
7b	pour avoir appris les jugements de ta justice .
8a	Tes lois, je (les) garde.
8b	Ne m'abandonne pas jusque tout à fait !

STROPHE II:

9a	En quoi purifie-t-il, un jeune, sa route?
9b	A (se) garder selon ta parole.
10a	De tout mon cœur je t'ai recherché.
10b	Ne me laisse-pas-errer (loin) de tes commandements !
11a	Dans mon cœur j'ai camouflé ton dire,
11b	de sorte que je ne pèche pas envers toi.
12a	Béni (es-)tu, YHWH !
12b	Apprends-moi tes lois !
13a	Avec mes lèvres j'ai décrit
13b	tous les jugements de ta bouche.
14a	Sur le chemin de tes témoignages j'ai débordé-d'allégresse
14b	comme pour toute une fortune!
15a	Sur tes préceptes je médite
15b	et je regarde tes routes.
16a	De tes lois je me délecte.
16b	Je n'oublie pas ta parole.

STROPHE III:

17a	Agis (bien) envers ton serviteur ! Je vivrai
17b	et je garderai ta parole.
18a	Dessille [*gal*] mes yeux, et je regarderai
18b	les merveilles (émanant) de ton Enseignement.
19a	(Je suis) étranger-en-séjour, moi, sur la terre.
19b	Ne cache pas (loin) de moi tes commandements !
20a	Elle a été broyée, ma gorge, de désir
20b	(dirigé) vers tes jugements, en tout temps.
21a	Tu as menacé les orgueilleux,
21b	les maudits errant (loin) de tes commandements.
22a	Roule [*gal*] (loin) de sur moi
22b	le mépris et le dédain !
22c	Car tes témoignages, j(e les) ai observés.
23a	Même (si) se sont assis des chefs, (même si) contre toi ils ont parlé,
23b	ton serviteur médite sur tes lois.
24a	Même tes témoignages (sont) mes délices:
24b	(ils sont les) hommes de mon conseil.

STROPHE IV:

25a	Elle a collé à la poussière, ma gorge.
25b	Fais-moi vivre selon ta parole !
26a	Mes chemins , j(e les) ai décrits, et tu me répondras.
26b	Apprends-moi tes lois !
27a	Le chemin de tes préceptes, fais-(le-)moi discerner,
27b	et je méditerai sur tes merveilles.
28a	Elle a pleuré, ma gorge, de chagrin.
28b	(Re)lève-moi selon ta parole !
29a	Le chemin du mensonge,
29b	détourne(-le) de moi!
29c	(Par) ton Enseignement, aie pitié de moi !
30a	(C'est) le chemin de ta fidélité (que) j'ai choisi.
30b	Tes jugements, j(e les) ai placés (devant moi).
31a	J'ai collé à tes témoignages, YHWH.
31b	Ne me fais pas avoir honte !
32a	(Sur) le chemin de tes commandements je cours,
32b	car tu élargiras mon cœur.

STROPHE V:

33a	Enseigne-moi, YHWH,
33b	le chemin de tes lois !
33c	Je l'observerai (jusqu'au) bout.

34a   Fais-moi discerner, et j'observerai ton Enseignement;
34b   je le garderai de tout cœur.
35a   Fais-moi cheminer sur le sentier de tes commandements;
35b   car je m'y suis plu.
36a   Tends mon cœur vers tes témoignages
36b   et non pas vers le profit.
37a   Fais passer mes yeux
37b   (loin) de voir la vanité.
37c   Sur ton chemin fais-moi vivre.
38a   Fais lever pour ton serviteur ton dire,
38b   (afin) que (j'en arrive) à la crainte de toi !
39a   Fais passer m(a situation de) mépris,
39b   que j'ai redouté(e) !
39c   Car tes jugements (sont) bons.
40a   Voici mon désir vers tes préceptes !
40b   En ta justice fais-moi vivre !

STROPHE VI:

41a   (Que) me viennent ta loyauté, YHWH,
41b   et ton salut, selon ton dire !
42a   J'ai répondu (à l'homme) me méprisant, une parole :
42b   Car j'ai eu confiance en ta parole.
43a   Ne délivre pas de ma bouche
43b   la parole de fidélité
43c   jusque tout à fait.
3d   Car sur ton jugement j'ai compté.
44a   Et je garderai ton Enseignement continuellement,
44b   pour toujours et (à) jamais.
45a   Et j'irai au large.
45b   Car tes préceptes, j(e les) ai recherchés.
46a   J'ai parlé de tes témoignages
46b   devant des rois;
46c   je n'ai pas eu honte.
47a   Je me suis délecté de tes commandements
47b   que j'ai aimés.
48a   J'ai levé mes paumes
48b   vers tes commandements
48c   que j'ai aimés.
48d   J'ai médité sur tes lois.

STROPHE VII:

49a   Souviens-toi de la parole à ton serviteur,
49b   sur laquelle tu m'as fait compter.
50a   Ceci (est) ma consolation dans mon humiliation :
50b   car ton dire m'a fait vivre.
51a   Des orgueilleux m'ont raillé jusque tout à fait;
51b   (loin) de ton enseignement je n'ai pas tendu (mon oreille).
52a   Je me suis souvenu de tes jugements depuis toujours,
52b   YHWH, et je me console.
53a   Une (bouffée de) chaleur m'a saisi (à cause) des méchants
53b   abandonnant ton enseignement.
54a   Musiques ont été pour moi tes lois
54b   dans la maison de mon séjour-d'étranger.
55a   Je me suis souvenu, dans la nuit,
55b   de ton nom, YHWH,
55c   et je garde ton Enseignement.
56a   Ceci a été pour moi (un atout):
56b   car tes préceptes, j(e les) ai observés.

STROPHE VIII:

57a   Mon partage, YHWH, j(e l)'ai dit,
57b   (c'est) de garder tes paroles.
58a   J'ai apaisé ta face de tout cœur.
58b   Aie pitié de moi, selon ton dire.
59a   J'ai pensé à mes chemins,
59b   et je fais revenir mes pieds vers tes témoignages [´wd].
60a   Je me suis hâté, et n'ai pas retardé,
60b   de garder tes commandements.
61a   Les cordes des méchants m'ont ligoté [´wd].
61b   Ton Enseignement, je n(e l)'ai pas oublié.
62a   A la moitié de la nuit je me lève
62b   pour te rendre-grâce
62c   des jugements de ta justice.
63a   (Je suis) associé, moi,
63b   à tous (ceux) qui t'ont craint,
63c   aux (gens) gardant tes préceptes.
64a   Ta loyauté, YHWH,
64b   a rempli la terre.
64c   Tes lois, apprend(-les-)moi.

STROPHE IX:

65a	Le bon, (voilà ce que) tu as fait avec ton serviteur,
65b	YHWH, selon ta parole.
66a	Le bon, le goût et la connaissance, apprends-(les-)moi.
66b	Car à tes commandements j'ai été-fidèle.
67a	Avant que je sois humilié, moi, (j'étais) errant.
67b	Maintenant, ton dire, j(e l)'ai gardé.
68a	(Tu es) bon, toi, et rendant-bon.
68b	Apprends-moi tes lois.
69a	Ils ont combiné contre moi le mensonge, les orgueilleux.
69b	Moi, de tout cœur j'observe tes préceptes.
70a	Il s'est gorgé comme de graisse, leur cœur.
70b	Moi, de ton Enseignement je me suis délecté.
71a	(Cela a été) bon pour moi, car j'ai été humilié,
71b	de sorte que j'apprenne tes lois.
72a	(Il est) bon pour moi, l'Enseignement de ta bouche,
72b	plus que des milliers d'or et d'argent.

STROPHE X:

73a	Tes mains m'ont fait et me stabilisent.
73b	Fais-moi discerner, et j'apprendrai tes commandements.
74a	(Que) les (gens) te craignant me voient et se réjouissent !
74b	Car sur ta parole j'ai compté.
75a	J'ai connu, YHWH,
75b	car (ils sont) justice, tes jugements;
75c	et (c'est sans préjudice à ta) fidélité (que) tu m'as humilié.
76a	(Qu')elle soit donc, ta loyauté, ma consolation,
76b	selon ton dire à ton serviteur !
77a	(Que) me viennent tes affections, et je vivrai.
77b	Car ton Enseignement, (ce sont) mes délices.
78a	(Qu')ils aient honte, les orgueilleux ! Car (par) mensonge ils m'ont recourbé.
78b	Moi, je médite sur tes préceptes.
79a	(Que) reviennent à moi les (gens) te craignant !
79b	Ils connaîtront tes témoignages.
80a	(Qu')il soit, mon cœur, parfait par tes lois,
80b	de sorte que je n'aie pas honte.

STROPHE XI:

81a	Elle s'est achevée pour ton salut, ma gorge:
81b	sur ta parole j'ai compté.
82a	Ils se sont achevés, mes yeux, pour ton dire,
82b	à dire : "Quand me consoleras-tu ?"
83a	. Car j'ai été comme un parchemin en fumée :
83b	tes lois, je n(e les) ai pas oubliées.
84a	Combien (sont) les jours de ton serviteur ?
84b	Quand feras-tu
84c	contre mes poursuivants le jugement ?
85a	Ils ont creusé pour moi, les orgueilleux, des tombes,
85b	(eux) qui n('agissent) pas selon ton Enseignement.
86a	Tous tes commandements (sont) fidélité.
86b	(Avec) mensonge ils m'ont poursuivi. Aide-moi !
87a	(Il s'en est fallu) comme de peu
	(qu')ils (ne) m'(aie)nt achevé sur la terre.
87b	Moi, je n'ai pas abandonné tes préceptes.
88a	Selon ta loyauté fais-moi vivre,
88b	et je garderai le témoignage de ta bouche.

STROPHE XII:

89a	Pour toujours, YHWH,
89b	ta parole (est) placée aux cieux.
90a	De génération en génération (dure) ta fidélité.
90b	Tu as stabilisé la terre et elle se (main)tient.
91a	A tes jugements, ils se sont (main)tenus (jusqu'à ce) jour(-ci),
91b	car tous (les êtres sont) tes serviteurs.
92a	Si ton Enseignement n('était) pas mes délices,
92b	alors j'aurais péri dans mon humiliation.
93a	Pour toujours je n'oublierai pas tes préceptes,
93b	car par eux tu m'as fait vivre.
94a	A toi (j'appartiens), moi. Sauve-moi !
94b	car tes préceptes, j(e les) ai recherchés.
95a	(Quant) à moi, ils ont espéré, les méchants, me faire périr.
95b	Tes témoignages, je (les) discerne.
96a	De tout achèvement j'ai vu l'extrémité .
96b	Large (est) ton commandement tout à fait.

STROPHE XIII:

97a   Que j'ai aimé ton Enseignement !

97b   Tout le jour, (c'est) lui, (l'objet de) ma méditation.

98a   Plus que mes ennemis il me rend-sage, ton commandement,

98b   car pour toujours, lui, (il est) à moi.

99a   Plus que tous les (gens) m'ayant appris (des choses), j'ai réfléchi,

99b   car tes témoignages (sont) une méditation pour moi.

100a   Plus que les vieux je discerne,

100b   car tes préceptes, j(e les) ai observés.

101a   (Loin) de toute route de mal j'ai retenu mes pieds,

101b   de sorte que je garde ta parole.

102a   De tes jugements je ne me suis pas détourné,

102b   car toi, tu m'as enseigné.

103a   Qu'ils ont été-doux pour mon palais, t(es) dire(s),

103b   plus que le miel pour ma bouche !

104a   (A cause) de tes préceptes je discerne.

104b   C'est pourquoi j'ai haï

104c   toute route de mensonge.

STROPHE XIV:

105a   (Elle est) une lampe pour mon pied, ta parole,

105b   une lumière pour mon sentier.

106a   J'ai juré – et je (re)lève (le défi) –

106b   de garder les jugements de ta justice.

107a   J'ai été humilié jusque tout à fait.

107b   YHWH, fais-moi vivre selon ta parole.

108a   Aux générosités de ma bouche prends-donc-plaisir, YHWH,

108b   et tes jugements, apprends-moi(les-)moi.

109a   Ma gorge (est) dans ma paume continuellement.

109b   Ton Enseignement, je n(e l)'ai pas oublié.

110a   Ils ont donné, les méchants, une trappe pour moi.

110b   (Loin) de tes préceptes je ne me suis pas égaré.

111a   J'ai hérité de tes témoignages pour toujours.

111b   Car (ils sont) l'allégresse de mon cœur, eux.

112a   J'ai tendu mon cœur

112b   à (tout) faire (selon) tes lois,

112c   pour toujours, (jusqu'au) bout.

STROPHE XV:

113a   Les divisés , j(e les) ai haïs;
113b   ton Enseignement, j(e l)'ai aimé.
114a   Ma cachette et mon bouclier, (c'est) toi.
114b   Sur tes parole j'ai compté.
115a   Détournez-vous de moi, malfaisants :
115b   j'observe les commandements de mon Dieu.
116a   Soutiens-moi selon ton dire et je vivrai.
116b   Ne me fais pas avoir honte
        (sans tenir compte) de mon regard-confiant.
117a   Soutiens-moi et je serai sauvé.
117b   Je scruterai tes lois continuellement.
118a   Tu as vilipendé tous les (gens) errant (loin) de tes lois,
118b   car mensonge (est) leur imposture.
119a   (Les réduisant en) scories,
        tu as fait cesser tous les méchants de la terre.
119b   C'est pourquoi j'ai aimé tes témoignages.
120a   Elle a frissonné par peur-de-toi, ma chair;
120b   (à cause) de tes jugements, j'ai craint.

STROPHE XVI:

121a   J'ai fait jugement et justice.
121b   Ne me fais pas reposer aux (mains des gens) m'opprimant.
122a   Garantis à ton serviteur le bon(heur).
122b   (Que) ne m'oppriment pas les orgueilleux !
123a   Mes yeux se sont achevés pour ton salut
123b   et pour le dire de ta justice.
124a   Fais avec ton serviteur selon ta loyauté.
124b   Tes lois, apprends-(les-)moi.
125a   (Je suis) ton serviteur, moi. Fais-moi discerner,
125b   et je connaîtrai tes témoignages.
126a   (C'est) le temps de faire, pour YHWH:
126b   ils ont coupé (court à) ton Enseignement.
127a   C'est pourquoi j'ai aimé tes commandements
127b   plus que l'or, plus que l('or) pur.
128a   C'est pourquoi tous tes préceptes,
        j(e les) ai tous considérés-droits.
128b   Toute route de mensonge, j(e l)'ai haïe.

STROPHE XVII:

129a	Merveilles (sont) tes témoignages.
129b	C'est pourquoi les a observés ma gorge.
130a	L'ouverture de tes paroles illumine,
130b	faisant discerner les ignorants.
131a	Ma bouche, j(e l)'ai ouverte (toute grande) et j'ai reniflé,
131b	car tes commandements, j(e les) ai désirés.
132a	Fais-face vers moi et aie pitié de moi,
132b	selon le jugement (destiné) aux (gens) aimant ton nom.
133a	Mes pas, stabilise(-les) par ton dire,
133b	et ne laisse-pas-dominer en moi toute iniquité.
134a	Rachète-moi de l'oppression de l'humain,
134b	et je garderai tes préceptes.
135a	Ta face, illumine(-la) sur ton serviteur,
135b	et apprends-moi tes lois.
136a	Des rivières d'eaux ont descendu (de) mes yeux,
136b	à cause (du fait que les gens) n'ont pas gardé ton Enseignement.

STROPHE XVIII:

137a	(Tu es) juste, toi, YHWH;
137b	droits (sont) tes jugements.
138a	Tu as commandé la justice de tes témoignages
138b	et ta fidélité, tout à fait.
139a	Elle m'a abattu, ma jalousie,
139b	car ils ont oublié tes paroles, mes adversaires.
140a	(Il est) passé-au-creuset, ton dire, tout à fait,
140b	et ton serviteur l'a aimé.
141a	Petit, moi, et dédaigné,
141b	tes préceptes, je n(e les) ai pas oubliés.
142a	Ta justice (est) une justice pour toujours,
142b	ton Enseignement (est) fidélité.
143a	L'adversité et la détresse m'ont trouvé.
143b	Tes commandements (sont) mes délices.
144a	(Ils sont) justice, tes témoignages, pour toujours.
144b	Fais-moi discerner, et je vivrai.

STROPHE XIX:

145a	J'ai appelé de tout cœur.
145b	Réponds-moi, YHWH !
145c	Tes lois, j(e les) observe.
146a	Je t'ai appelé. Sauve-moi !
146b	Je garde tes témoignages.
147a	Je suis venu-avant, à l'aube, et j'ai crié.
147b	Sur tes paroles j'ai compté.
148a	Ils sont venus-avant, mes yeux, les heures-de-garde (du matin),
148b	pour méditer sur ton dire.
149a	Ma voix, entends(-la), selon ta loyauté.
149b	YHWH, selon ton jugement fais-moi vivre.
150a	Ils se sont approchés, les (gens) poursuivant un complot;
150b	de ton Enseignement ils se sont éloignés.
151a	(Tu es) proche, toi, YHWH,
151b	et tous tes commandements (sont) fidélité.
152a	Avant, j'ai connu (quelque chose) de tes témoignages,
152b	car pour toujours tu les as fondés.

STROPHE XX:

153a	Vois mon humiliation et affranchis-moi.
153b	Car ton Enseignement, je n(e l)'ai pas oublié.
154a	Dispute (avec mes opposants) ma dispute (judiciaire) et rachète-moi.
154b	A ton dire, fais-moi vivre.
155a	(Il est) éloigné des méchants, le salut,
155b	car tes lois, il n(e les) ont pas recherchées.
156a	Tes affections (sont) abondantes, YHWH.
156b	Selon tes jugements fais-moi vivre.
157a	(Ils sont) abondants, mes poursuivants et mes adversaires.
157b	(Loin) de tes témoignages je n'ai pas tendu (à dévier).
158a	J'ai vu des (gens) trahissant, et je déteste
158b	(ceux) qui, ton dire, n(e l)'ont pas gardé.
159a	Vois que, tes préceptes, j(e les) ai aimés.
159b	YHWH, selon ta loyauté fais-moi vivre.
160a	La tête de ta parole (est) fidélité;
160b	(il est) pour toujours, tout jugement de ta justice.

STROPHE XXI:

161a   Des chefs m'ont poursuivi sans motif.
161b   De tes paroles il a eu peur, mon cœur.
162a   (Je suis) débordant-d'allégresse, moi, à cause de ton dire,
162b   comme un (homme) ayant trouvé un butin abondant.
163a   Le mensonge, j(e l)'ai haï et abominé.
163b   Ton Enseignement, j(e l)'ai aimé.
164a   Sept (fois) par jour je t'ai loué
164b   à cause des jugements de ta justice.
165a   (Il y a) une paix abondante pour les (gens) aimant ton Enseignement;
165b   (il n'y a) point pour eux d'ébranlement.
166a   J'ai regardé-avec-confiance vers ton salut, YHWH.
166b   Tes commandements, j'ai (tout) fait (en conformité avec eux).
167a   Elle a gardé, ma gorge, tes témoignages,
167b   les aimant tout à fait.
168a   J'ai gardé tes préceptes et tes témoignages,
168b   car tous mes chemins (sont) devant toi.

STROPHE XXII:

169a   (Qu')approche mon cri
169b   en face de toi, YHWH !
169c   Selon ta parole fais-moi discerner.
170a   (Que) vienne mon appel-à-la-pitié en face de toi !
170b   Selon ton dire, délivre-moi.
171a   (Qu')elles proclament, mes lèvres, une louange !
171b   Car tu m'apprends tes lois.
172a   (Qu')elle réponde, ma langue, à ton dire !
172b   Car tous tes commandements (sont) justice.
173a   (Qu')elle soit, ta main, à mon aide !
173b   Car tes préceptes, j(e les) ai choisis.
174a   J'ai désiré ton salut, YHWH.
174b   Ton Enseignement, (ce sont) mes délices.
175a   (Que) vive ma gorge et (qu')elle te loue !
175b   (Que) tes jugements m'aident !
176a   Je me suis égaré comme un mouton périssant.
176b   Cherche ton serviteur !
176c   Car tes commandements, je n(e les) ai pas oubliés.

Table des matières

1ère partie: Etude structurelle de chacune des vingt-deux strophes

Pour faciliter l'étude de sa structure **la première strophe** peut être présentée comme ceci[2]:

1a	*(O) bonheurs des (gens)* PARFAITS^Σ (quant au) *CHEMIN,*
1b	*des (gens) allant* dans L'ENSEIGNEMENT♥ de YHWH!
2a	*(0) bonheurs des (gens)* OBSERVANT* ses témoignages•!
2b	De tout *CŒUR* ils le recherchent.
3a	Oui! ils n'ont pas œuvré à l'injustice.
3b	Dans ses *CHEMINS* ils sont allés.
4a	Toi, tu as *COMMANDE•♦* tes préceptes
4b	pour (qu'on veuille les) *GARDER* TOUT A FAIT.*
	- - - - -
5a	Ah! (qu')ils soient stabilisés, mes *CHEMINS,*
5b	pour (que je puisse) *GARDER* TES LOIS♥♦▲*!
6a	Alors je n'aurai pas honte de mon (réflexe de) regarder
6b	vers tous tes *COMMANDEMENTS•♦*.
7a	Je te rendrai grâce avec droiture^Δ de *CŒUR*
7b	pour avoir appris les jugements▲ de ta JUSTICE^{ΔΣ}
8a	*TES LOIS♥♦▲*, je (les) *GARDE*.*
8b	Ne m'abandonne pas jusque *TOUT A FAIT.*

2   Les diverses typographies trouveront leur justification dans les pages qui vont suivre. Les récurrences à l'intérieur d'un même volet sont simplement en italiques, les récurrences d'un volet à l'autre en italiques petites capitales, les termes de paires stéréotypées répartis sur deux volets en petites capitales simples. Les signes en exposant signalent les termes faisant partie d'une paire stéréotypée. Tout au long de ce livre nous signalerons scrupuleusement les récurrences des monosyllabes *tout* (*kl*) et *car* (*ky*), mais ils ne jouent un certain rôle d'indice structurel que d'après leurs contextes et souvent conjugués avec d'autre récurrences. Aussi n'en tiendrons-nous pas compte systématiquement dans notre présentation des structures et leurs commentaires, ni dans le compte de récurrences entre une strophe et une autre.

Il convient ici d'étudier pour elle-même la structure de chacun des petits triptyques de 1–4 et 5–8, puis celle de leur ensemble[3]. En 1–4, 1–2a et 3b–4 se répondent et encadrent ainsi 2b–3a. On lit successivement en 1–2a: *chemin + allant + observant** et en 3b–4: *chemin + allés + garder**, ce qui constitue d'ici à là un parallèle pour peu qu'on tienne compte pour le dernier terme de la paire stéréotypée *garder/observer*[4]. L'exclamation de 1–2a est bien fondée dans la réalité selon 3b–4, et plus encore selon le centre 2b3a. En 5–8, 7a au centre est encadré par 5–6 et 7b–8. 5b et 8a se répondent selon des récurrences en ordre inverse (*garder tes lois... tes lois je garde*). On notera en outre que *tes lois* forment ici et là une paire stéréotypée, soit avec *tes commandements*[5] en 5–6 (5b et 6b), et avec *tes jugements*[6] en 7b–8 (7b et 8a). On voit donc du même coup se correspondre de 5b à 7b *tes lois* et *tes jugements*, puis de 6b à 8a *tes commandements* et *tes lois*. Répartis dans le centre 7a et en 7b(–8) notons encore les termes de la paire stéréotypée *justice/droiture*[7]: la droiture de cœur provient de l'apprentissage des jugements de la justice divine.

Nous pouvons maintenant considérer la structure d'ensemble de la première strophe, c'est-à-dire comparer entre eux les deux petits triptyques de 1–4 et 5–8. On constatera entre eux un parallèle et un chiasme superposés, soit ce que nous appelons une symétrie croisée. Examinons d'abord **le parallèle**. Les trois volets ici et là comportent respectivement CHEMIN, CŒUR, et GARDER + TOUT A FAIT. Aux centres nous voyons que ceux-ci recherchent YHWH de tout leur cœur, tandis que celui-là lui rendra grâce avec droiture de cœur. Mais pour ce qui est des volets entourant les centres les récurrences s'accompagnent de la répartition de termes de paires stéréotypées. Ainsi en 1–2a et 5–6 nous voyons répartis les termes des paires stéréotypées *loi/enseignement*[8] et *garder/observer*, puis en 3b–4 et 7b–8 ceux de la paire

---

3   Girard a bien vu, ce que pour notre part nous n'avions pas perçu, l'agencement de la strophe selon deux petits triptyques, mais d'une part il attribue à tort 7b au centre du second, et d'autre part il n'a pas vu l'agencement de l'ensemble également en chiasme (un peu moins évident que le parallèle il est vrai). Voir ci-dessous.

4   *šmr/nṣr* selon Y. Avishur, *Stylistic studies of word-pairs in biblical and ancient semitic literatures*, AOAT 210, Neukirchen-Vluyn 1984 (ci-après : Avishur, et les pages), pp. 62.328.453.461. En 1–2a on peut voir une symétrie concentrique simple (en 1a + 1b + 2a) à partir de la récurrence de *O bonheurs des gens...* de 1a à 2a, ou plus précisément décrire cette structure comme x + y (1a) + Y (1b) + x + y' (2a). En 3b–4 on peut aussi, mais au seul point de vue des contenus, voir une symétrie concentrique en ce que 4a présente l'énoncé (par YHWH) des préceptes, tandis que 3b et 4b visent l'obéissance (des fidèles).

5   *mṣwh/ḥqh* selon Avishur p.128.

6   *ḥqq/špt* selon Avishur pp. 100.160.262.266.294.

7   *ṣdq/yšr* selon Avishur p.765, à l'index.

8   *ḥqh/twrh* selon Avishur p.161.

commande(ments)/lois[9]. Pour ce qui est du **chiasme**, nous lisons en 3b–4 et 5–8 *CHEMIN, GARDER* et *COMMANDE(MENTS)*, étant en outre répartis ici et là les termes de la paire stéréotypée *commande(ments)/lois*. En 1–2a et 7b–8 nous voyons répartis les termes de trois paires stéréotypées, soit: *just(ic)e/parfait*[10], *loi/enseignement*, et *garder/observer*. Ainsi les correspondances jouent entre les deux centres 2b3a et 7a, mais de façon plus complexe entre les volets extrêmes de nos deux petits triptyques, puisque chacun appelle les deux de l'autre triptyque. Le bonheur annoncé en 1–2a motive puissamment les vœux de 5–6. Le juste se présentant en 7b–8 fait bel et bien partie de ceux que nous présentent 7b–8. Le bonheur annoncé en 1–2a aide à comprendre le vœu du fidèle d'être maintenu dans la justice qui le procure selon 7b–8, et l'on comprend qu'il tienne à rester fidèle aux commandements divins (5–6), c'est-à-dire à faire partie de ceux qui les gardent (3–4). La structure de cette première strophe est des plus travaillées et riche de nombreuses significations.

---

9 Pour ne pas importuner le lecteur par des rappels de références pour des paires stéréotypées déjà mentionnées, nous ne donnerons (entre parenthèses dans le texte) la référence à la note utile que lorsqu'elle se trouvera éloignée (et donc surtout dans les deuxième et troisième parties de ce livre quand nous nous référerons à une paire citée dans une partie antérieure). Pour *garder/observer* et *commandement/loi* tel est bien le cas puisque les références se trouvent pour la première à la n.4 et pour la seconde à la n.5 ci-dessus, ce que donc nous n'indiquons pas dans notre texte.

10 *ṣdq/tmm* selon Avishur pp.141.143.249.288.314.

Qu'en est-il de **la deuxième strophe**? Donnons-en d'emblée le texte disposé comme ceci:

9a	En quoi purifie-t-il, un jeune, sa *ROUTE*⁼?
9b	A (se) garder selon ta *PAROLE*[∇].
10a	De (b) tout *CŒUR** [▼] je t'ai recherché.
10b	Ne me laisse-pas-errer (loin) de tes commandements*•!
11a	Dans (b) mon *CŒUR** [▼]
	j'ai camouflé *TON DIRE*^{∇#},
11b	de sorte que je *NE* pèche *PAS* envers toi.
	- - - - -
12a	Béni (es-)tu ('*th*), YHWH!
	- - - - -
12b	Apprends-moi *tes lois*◆▲!
13a	Avec mes *lèvres*⁺* j'ai décrit°#
13b	tous les jugements▲ de ta *BOUCHE*⁺▼.
14a	Sur le chemin= de tes témoignages• j'ai débordé-d'allégresse
14b	comme pour *toute* une fortune!
15a	Sur tes préceptes° je médite
15b	et je regarde tes *ROUTES*⁼.
16a	De tes lois◆▲ je me délecte.
16b	Je *N*'oublie *PAS TA PAROLE*[∇].

Ici deux volets se répondent autour de la bénédiction à YHWH en 12a[11].
Chacun possède sa structure propre que nous examinerons donc en premier

---

11 Girard voit deux volets d'un diptyque en 9–12 et 13–16 avec une inclusion pour
l'ensemble de 9 à 15–16 (*route... ta parole*), ce qui s'entend bien pour l'inclusion ,
mais plus difficilement les deux volets, 9–12 de 9b.10a (*ta parole... mon cœur*) à
11a (*mon cœur... ton dire*), 13–16 de 12b à 16a (*tes lois*). Pour emprunter la terminologie de Girard, nous dirons que la borne nous paraît par trop rentrante au moins
pour la première occurrence de *cœur* (en 10a) et pour *ton dire* (en 11a), et inutile-
ment débordante pour la première occurrence de *lois* (en 12b). Par contre ce dernier indice fonctionne de manière satisfaisante si l'on considère 12b–16 comme un
ensemble. Dans sa note 2 (p.256) Girard relève que «les indices mini-structurels,
c'est-à-dire les deux petites inclusions, favoriseraient plutôt la subdivision suivante : v. 9–11 et 12–16» [en *SVT* nous distinguions 9–11 et 11b–16], mais il croit
percevoir «la règle un peu partout dans le psaume» de «deux parties égales de quatre vers chacune», ce qui, on le verra, est loin de s'imposer. Pour notre part nous
avions bien perçu le caractère propre de 12a, mais sans parvenir à voir sa situation
dans la strophe. Nous verrons ci-dessous comment il est entouré par deux petits ensembles structurés.

lieu avant d'étudier les rapports entre eux. Le premier est symétriquement construit autour de 10b. On lit en effet *cœur* en 10a et 11aα, puis les termes synonymes *ta parole et ton dire*[12] en 9b et 11aβ, tandis que 9a et 11b se répondent thématiquement, traitant l'un de purification et l'autre d'absence de péché. En 12b–16 la structure est plus complexe. L'ensemble peut en être présenté comme suit, en décalant sur la droite les sept termes désignant ici les volontés divines (comptant pour deux *lois* qui est répété):

12b	Apprends-moi
	tes lois♦▲!
	- - -
13a	Avec (*b*) mes lèvres⁺ j'ai décrit°#
13b	*tous* les jugements♠ de ta bouche⁺.
14a	Sur (*b*) le chemin⁼ de tes témoignages•
	j'ai débordé-d'allégresse
14b	comme pour *toute* une fortune!
	- - - - -
15a	Sur (*b*) tes préceptes°
	je médite
15b	et je regarde
	tes routes⁼.
	- - -
16a	De (*b*) *tes lois*♦▲
	je me délecte.
16b	Je n'oublie pas
	ta parole.

Après la demande initiale de 12b nous lisons trois groupes d'affirmations au sujet du psalmiste présentant sa fidélité, chaque groupe constituant un chiasme, les deux derniers, plus brefs, inversant les données correspondant à celles du premier. En s'en tenant en un premier temps aux contenus, on repère sans peine un chiasme en 13–14 (*tes jugements* et *tes témoignages* aux centres), puis en 15 (*tes préceptes* et *tes routes* aux extrêmes), et enfin en 16 (*tes lois* et *ta parole* aux extrêmes). Mais cette première présentation peut être confirmée par quelques indices proprement structurels. Cette strophe est la deuxième, donc avec la lettre *beth* en acrostiche, ce qui nous

---

12 Qui en outre forment une paire stéréotypée, soit *dbr/'mrh* (voir aussi *'mr/dbr*) selon Avishur p.242. Nous ajustons ici et améliorons notre proposition de *SVT* pour 9–11.

autorise à donner une certaine importance à la préposition que constitue *b*. En 13–14, assez joliment, au chiasme décrit ci-dessus est superposé un parallèle formel puisqu'on lit respectivement en ses quatre termes *b* (avec) + *tous*, puis *b* (sur) + *toute*. Aux extrêmes du seul v.13 (premier volet dudit chiasme) nous lisons les termes de la paire stéréotypée *bouche/lèvres*[13]. Les trois chiasmes de 13–14, 15 et 16 commencent avec un emploi de la préposition *b* (diversement traduite). En 13a et 15a, soit ici et là dans le premier des deux premiers termes nous lisons aussi les termes de la paire stéréotypée *précepte/description*[14]: aux préceptes de YHWH répond l'énumération (description) par le fidèle de ses jugements. Du premier au second chiasme, comme désignations des volontés divines nous lisons les termes de la paire stéréotypée *chemin/route*[15]. Dans les premiers volets du premier et du troisième chiasme, toujours comme désignations des volontés divines nous lisons *jugements* et *lois* dont nous savons qu'ils constituent une paire stéréotypée. De 13a à 16b nous pouvons voir se répondre *je décris* et *ta parole*, les deux termes constituant chacun une paire stéréotypée avec *dire*[16]: ici l'énumération (description) par le fidèle des jugements répond à la parole divine. Sur l'ensemble de cette partie nous retrouvons *tes lois* de 12b à 16a.

Venons-en maintenant aux rapports entre 9–11 et 12b–16. Nous partirons à cette fin de la répartition des indices telle que la fait ressortir le tableau suivant:

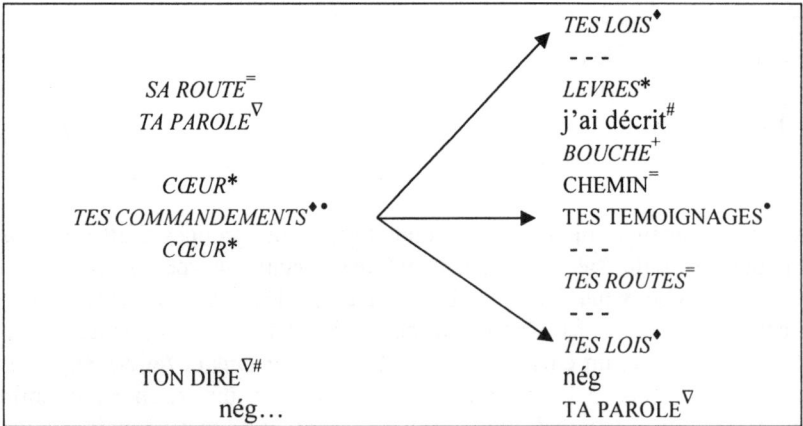

---

13   *ph/śptyym* selon Avishur p.765, à l'index.
14   *pqd/spr* selon Avishur pp. 153 et 653.
15   *drk/'rh* selon Avishur p.757, à l'index.
16   *'mr/spr* selon Avishur p.635, *'mr/dbr ibid.* p.242.

TES COMMANDEMENTS, que nous lisons au centre de 9–11, constitue une paire stéréotypée tant avec TES TEMOIGNAGES qu'avec *TES LOIS*[17], ce dernier mot se lisant aux extrêmes de 12–16. Aux extrêmes de 9–11 nous lisons *TA PAROLE* et TON DIRE (suivi de la négation), et aux extrêmes de 13–16 *je décris* et *TA PAROLE* (précédée de la négation). La mention de cette dernière est donc située aux extrêmes de notre strophe, tandis qu'autour du centre 12a nous lisons *dire* et *décrire* qui constituent une paire stéréotypée: décrire tous les jugements de YHWH, c'est tout comme avoir au cœur son dire, garder sa parole et ne pas l'oublier. Quant au terme *route*, rapporté au fidèle en 9a, il a pour écho en 12b–16 CHEMIN et *ROUTE*: pour purifier sa route, rien de tel que de regarder les routes de YHWH ou de trouver son allégresse sur le chemin de ses témoignages[18]. On voit donc finalement comment la bénédiction de YHWH en 12a est bel et bien encadrée par 9–11 et 12b–16.

---

17 *mṣwh/ḥqh* (ci-dessus n.5) et *mṣwh/ ᶜdwt* selon Avishur p.127.
18 Bien que cette remarque ne relève pas à proprement parler de l'analyse structurelle, notons qu'on compte en 9–11 trois désignations des volontés divines, et sept en 12b–16, et donc dix au total. On connaît la symbolique de tels nombres.

Considérons maintenant **la troisième strophe**, que voici:

17a	Agis (bien) envers *TON SERVITEUR*! Je vivrai
17b	et je garderai* ta *PAROLE*[+].
18a	DESSILLE (*gal*) mes yeux, et je regarderai
18b	les merveilles (émanant) de ton Enseignement[♥].
19a	(Je suis) étranger-en-séjour, moi, sur la terre.
19b	Ne cache pas (loin) de moi *TES COMMANDEMENTS*[♦♥].
20a	Elle a été broyée, ma gorge, de désir
20b	(dirigé) vers tes jugements[♠] en tout temps.
21a	Tu as menacé les orgueilleux,
21b	les maudits errant (loin) de *TES COMMANDEMENTS*[♦♥].
22a	ROULE (*gal*) (loin) de sur moi
22b	le mépris et le dédain!
22c	Car *tes témoignages*[♦], j(e les) ai observés*.
23a	*Même* (si) se sont assis des chefs,
	(même si) contre moi ils ont *PARLE*[+]
23b	*TON SERVITEUR* médite sur tes lois[♦♠♥].
24a	*MEME TES TEMOIGNAGES*[♦] (sont) mes délices:
24b	(ils sont les) hommes de mon conseil[+].

Cette strophe est assez clairement structurée concentriquement autour de 20[19]. Tant 19 que 21 s'achèvent sur *TES COMMANDEMENTS*. Pour leur part 18 et 22ab commencent par le jeu de mots relevé par Girard (p.256). De 17 à 22c–24 on peut relever non seulement les récurrences de *PAR(O)LE* et *TON SERVITEUR*, mais encore la répartition des termes des paires stéréotypées *garder/observer* et *parole/conseil*[20]. Il est possible de déceler une structure interne en 22c–24.

---

19   Mais nous ne l'avions pas perçu dans *SVT*. C'est Girard qui nous a mis sur la piste en proposant un chiasme selon 17 + 18 + 19–20 et 21 + 22ab + 22c–24. Nous n'avons guère fait que de dégager le centre 20 pour ce qui devient alors une symétrie concentrique, puis préciser la structure de 22c–24.

20   *šmr/nṣr* selon Avishur pp.62.328.453.461, et *dbr/ ^cšh* selon Avishur p.106.

Disposons-en comme suit les indices:

22c		*tes témoignages*	
23a	*Même*		ont parlé[+]
23b			
24	*Même*	*tes témoignages*	mon conseil[+]

La déclaration de 23b est préparée, au plan des contenus, par celle de 22c, mais encadrée par les contenus opposés de 23a et 24 (avec la récurrence de *même* et la répartition des termes de la paire stéréotypée *parler/conseil(ler)*. L'ensemble est inclus par *tes témoignages*. Mais revenons sur la strophe 17–24: le *serviteur* déclare en 17 qu'il *gardera* la *parole*, mais en 22c, de façon plus appuyée, qu'il a *observé* les témoignages, pris ces derniers comme hommes de son *conseil* et médité, lui, le *serviteur*, sur les lois de YHWH. En 18 et 22ab il apparaît que le serviteur veut, de ses yeux *dessillés*, voir les merveilles de l'Enseignement divin, mais non plus mépris et dédain, lesquels il prie YHWH de *rouler* loin de lui. En 19 et 21 nous lisons comme deux mises en péril des *commandements*: l'oubli par le fidèle résidant comme étranger, le mépris par les orgueilleux. Au centre 20 s'exprime le vif désir que le fidèle a des jugements divins. On notera encore, à partir des paires stéréotypées que nous allons dire, un assemblage en 22c–24 par rapport à 18, 19, 20 et 21. On lit en effet en 18b et 23b les termes de la paire stéréotypée *loi/Enseignement*, en 19b.21b et 23b ceux de *commandement/loi*, en 19b.21b et 22c.24a ceux de *commandement/témoignage*, en 20b et 23b ceux de *loi/jugement*.

Pour saisir la structure de **la quatrième strophe** présentons-la comme ceci:

25a	Elle a *COLLE* à la poussière, *MA GORGE**.	A
25b	Fais-moi vivre *selon ta parole*!	b
	- - - - -	
26a	Mes *CHEMINS*, j(e les) ai décrits,	C
	et tu me répondras.	B
26b	Apprends⊥-moi tes LOIS♥♦♠!	
27a	Le *CHEMIN* de tes préceptes,	} B'
	fais-(le-)moi discerner⊥,	
27b	*et* je méditerai sur tes merveilles.	C'
	- - - - -	
28a	Elle a pleuré, *MA GORGE**, de chagrin.	A'
28b	(Re)lève-moi *selon ta parole*!	b'
	- - - - -	
29a	Le *CHEMIN* du mensonge,	
29b	détourne(-le) de moi!	} B'
29c	(Par) ton ENSEIGNEMENT♥, aie pitié de moi!	
30a	(C'est) le *CHEMIN* de la fidélité (que) j'ai choisi.	
30b	Tes jugements♠, j(e les) ai placés (devant moi).	} C'
31a	J'ai *COLLE* à tes témoignages•, YHWH.	
31b	Ne me fais pas avoir honte!	B
32a	(Sur) le *CHEMIN* de tes commandements•• je cours,	C
	- - - - -	
32b	car tu élargiras MON CŒUR*	A"

La correspondance entre 25 et 28 (*ma gorge ... selon ta parole*) se perçoit à première lecture. Mais à partir de la paire stéréotypée *cœur/gorge*[21] on percevra la correspondance et l'opposition de 32b avec 25 et 28: ici il n'y a plus un premier temps d'exposé de la détresse pour la gorge du fidèle (A et A' en 25a et 28a), suivi d'un appel pressant en référence à la parole (b et b' en 25b et 28b), mais seulement la certitude de l'élargissement du cœur (A"). Entre ces trois unités nous lisons 26–27 et 29–32a. On y lit des appels comme en 25b et 28b, d'où le même sigle (B) que nous leur attribuons, mais aussi des protestations de fidélité de la part du fidèle (sigles C). Considérons successivement 26–27 et 29–32a, pour ensuite les comparer. En 26–27 nous lisons donc, selon les contenus et comme il est indiqué dans

---

21   *lb/npš* selon Avishur p.761, à l'index.

notre tableau, un chiasme C.B / **B'**.**C'**. En C + B et en **B'** + **C'** nous lisons *chemin* + *et...*, selon un parallèle qui accompagne joliment le chiasme des contenus. En 26b27a (**B'**) nous repérons sans peine un chiasme entre *Apprends$^\perp$-moi* + *tes lois* et *le chemin de tes préceptes* + *fais-moi discerner$^\perp$*. *Apprendre* et *discerner* constituent une paire stéréotypée[22] En 29–32a nous découvrons non plus un chiasme, mais un parallèle **B'** + **C'** // B + C, comme il est indiqué dans notre tableau. On lit *chemin* en **B'** et en **C'**, mais aussi dans les deux unités extrêmes **B'** et C. En **B'** on lit en parallèle: le chemin du mensonge + détourne(-le) de moi // (Par) ton enseignement + aie pitié de moi. En **C'** la proposition centrale est parallèle avec la première et en chiasme avec la dernière: *le chemin de la fidélité* + j'ai choisi // *tes jugements* + j'ai placés / j'ai collé + *à tes témoignages*. En **C'** et C se trouvent répartis les termes de la paire stéréotypée *commandement/témoignage*.

En 29–32a comme en 26–27 on lit dans l'unité **B'** *chemin* ainsi que l'un des termes de la paire stéréotypée *loi/Enseignement*, l'ordre des termes étant inverse d'ici à là. Chaque première unité (C et **B'**) comporte *CHEMIN(S)*. On lit encore *CHEMIN(S)* dans les deux unités , ici la première, là la dernière. Notons enfin que *LOIS* de 26b (en **B'**) constitue une paire stéréotypée tant avec *JUGEMENTS* de 30b (en **C'**) qu'avec *COMMANDEMENTS* de 31a (en C). Ainsi se répondent les deux ensembles 26–27 et 29–32a, faisant suite à 25 et 28 qui eux-mêmes se correspondent et préparent l'affirmation de 32b[23].

---

22 *byn/lmd* selon Avishur pp. 31 et 284.

23 Nous reprenons ici pour l'essentiel, dans une présentation plus claire et encore mieux ajustée au texte, notre proposition de *SVT*. Girard ne voit qu'un chiasme où se répondraient 25–26 et 30b–32 ainsi que 27–28 et 29–30a. Girard reconnaît l'unité structurelle que constituent 25–28 (même si à notre avis il distingue malencontreusement un centre 26b), mais alors pourquoi ne pas au moins essayer de voir si comme telle cette unité ne s'inscrit pas dans la structure d'ensemble de la strophe ? Il peut sembler légitime de voir une pointe 31b en 30b–32 (32a selon nous), mais la demande de 31b prend le relais de celles de 29, tandis que l'affirmation de 32a prend à son tour le relais non seulement de celles de 30b–31a, mais de celles de 30–31a, 29–32a se trouvant donc agencé selon un parallèle, comme nous l'avons montré ci-dessus, cette unité structurelle devant elle aussi être prise en compte pour déceler la structure d'ensemble de la strophe. A commencer par la structure d'ensemble du texte pour ne considérer qu'ensuite celle des petites unités Girard en vient plus d'une fois à lui imposer prématurément une structure d'ensemble.

La cinquième strophe se présente comme ceci:

33a	*Enseigne*[♥]*-moi*, YHWH,
33b	le *CHEMIN* de tes LOIS^{♥♦♠}!
33c	Je *l'observerai** jusqu'au bout.
34a	Fais-moi discerner,
	et *j'observerai** ton *Enseignement*[♥];
34b	je le garderai* de tout *CŒUR*⁺.
35a	Fais-moi *CHEMINER* sur le sentier de tes commandements^{♦•};
35b	*CAR* je m'y suis plu.
36a	Tends mon *CŒUR*⁺ vers tes témoignages[•]
36b	et non pas vers le profit.
	- - - - -
37a	*Fais passer* mes YEUX⁺
37b	(loin) de voir la vanité.
37c	Sur ton *CHEMIN fais-moi vivre*.
38a	Fais lever pour ton serviteur ton dire!
38b	(afin) que (j'en arrive) à la crainte de toi!
39a	*Fais passer* m(a situation de) mépris,
39b	que j'ai redouté(e)!
39c	*CAR* tes JUGEMENTS^{×♠} (sont) bons°.
40a	Voici mon désir vers tes préceptes!
40b	En ta justice^{×°} *fais-moi vivre*!

Cette strophe comporte deux volets que nous étudierons séparément avant de considérer l'ensemble. Le premier couvre 33–36. Nous y distinguons quatre impératifs en 33a, 34a, 35a et 36a, quatre désignations des volontés divines en 33b, 34a, 35a et 36a (avec un contrepoint en 36b), et quatre engagements ou manières de s'engager du psalmiste en 33c, 34a, 34b et 35b. Leurs dispositions respectives apparaîtra dans le tableau suivant (où les correspondances se repèrent selon les colonnes):

33a	***Enseigne*♥-moi, YHWH,**
33b	le *chemin*⁺ de tes lois♥♦!
33c	Je l'*observerai** jusqu'au bout.
34a	Fais-moi discerner,
	et j'*observerai**

> ton ***Enseignement*♥**; + 34b je le garderai* de tout **cœur.**

35a	Fais-moi *cheminer*
	sur le sentier⁺ de tes commandements♦♦;
35b	car je m'y suis plu.
36a	Tends mon *cœur*
	vers tes témoignages•
36b	et non pas vers le profit.

On voit la même succession *impératif* + *désignation des volontés divines* + *attitude du psalmiste* en 33 et 35. Les volontés divines sont désignées ici et là respectivement comme *le chemin de tes lois* et *le sentier de tes commandements*, *chemin* et *sentier* constituant une paire stéréotypée[24], tout comme, nous le savons, *lois* et *commandements*. Après un second impératif (en 34aα et 36aα) est reprise en 34aβ l'attitude du psalmiste (avec la récurrence de *j'observerai*), mais en 36aβ une désignation des volontés divines, *commandements* et *témoignages* constituant à leur tour une paire stéréotypée[25]. Dans l'encadré central de notre tableau nous lisons une désignation des volontés divines et l'attitude du psalmiste. La première reprend (de par la récurrence de *enseigne[ment]*) l'impératif initial de 33, premier volet avant l'encadré central; la seconde utilise le mot cœur qu'on retrouve dans le dernier impératif, initial en 36, au début du deuxième volet après l'encadré central. Mais (comme le montre déjà la syntaxe) ses rapports sont évidemment plus étroits avec ce qui précède. On y lit en effet *garder* qui constitue, on le sait, une paire stéréotypée avec *observer* qu'on lisait au terme de 33 et de 34. Ainsi l'encadré central reprend le premier (*Enseigne*) et le dernier terme (*j'observerai*) de ce qui le précède. Nous avons déjà rencontré la paire stéréotypée *loi/Enseignement*, laquelle nous permet de voir encore le

---

24 *drk/ntyb* selon Avishur pp. 169–170.206.282.300.
25 Voir ci-dessus n.17. Girard (p.260) a perçu le parallèle en 33–34 avec par deux fois *prière* + *promesse de fidélité* (dans cette dernière se lisant *observer*).

même enchaînement dans l'encadré central (*ton Enseignement* + *je garderai*) qu'en 33bc (*tes lois* + *j'observerai*)[26].

Le second volet contient cinq impératifs, demandes à YHWH, dont les premier et quatrième, puis second et cinquième sont semblables (respectivement *Fais passer* et *fais moi vivre*). L'impératif central et les deux derniers comportent une motivation, après pour les troisième et quatrième, avant pour le dernier, comme ceci:

37a	*Fais passer* mes yeux
37b	(loin) de voir✦ la vanité.
37c	Sur ton chemin *fais-moi vivre*.
38a	Fais lever pour ton serviteur ton dire!
38b	(afin) que (j'en arrive) à la crainte✦ de toi!
39a	*Fais passer* m(a situation de) mépris,
39b	que j'ai redouté(e)!
39c	Car tes jugements˟ (sont) bons°.
40a	Voici mon désir vers tes préceptes!
40b	En ta justice°˟ *fais-moi vivre*!

Notons de 39c à 40b la répartition des termes des paires stéréotypées *bonté/justice* et *juger/justice*[27], la demande de 40b se trouvant ainsi articulée au motif de 39c. Notons enfin le rapport entre la première demande et la première motivation à partir de la paire stéréotypée *craindre/voir*[28]: détourner ses yeux de la vanité et craindre YHWH sont les deux faces d'une même attitude[29].

---

26 La répartition en 33–36 et 37–40 ne faisait problème ni pour nous dans *SVT*, ni pour Girard dans son commentaire. Il n'en va pas de même pour la structure interne de chacun de ces volets. Ici pour 33–36 (nous verrons plus loin pour 37–40 et pour l'ensemble) nous ne parvenions à quelque structure que pour 33–35a. Girard propose de voir un diptyque où se répondraient en parallèle 33 + 34 et 35 + 36. Nous sommes d'accord pour la correspondance entre 33 et 35, mais 34 et 36 nous paraissent ordonnés autrement dans leurs rapports à 33 et 35 tandis que se dégage un centre où nous lisons, ainsi mise en relief, la mention de la Torah (Enseignement), les récurrences de *cœur* et de *enseigne/Enseignement* jouant autrement que ne le propose Girard : il néglige la seconde (pour nous voir ci-dessus), il voit la première à l'appui de la correspondance entre 34 et 36, mais pour nous plus précisément de 34b (au centre) à 36 (au terme).

27 *ṭwb/ṣdq* selon Avishur p.281, et *špṭ/ṣdq ibid* p.768, à l'index.

28 *yr'/r'h* selon Avishur p.702.

29 Ici encore nous ne parvenions dans *SVT* à découvrir quelque structure que dans 37–39a. Girard pour sa part voit ici encore un diptyque selon un parallèle 37ab +

   Quels sont les rapports entre les deux volets 33–36 et 37–40? Présentons-en les indices à partir du tableau suivant:

33		*CHEMIN*	(x)	
		TES LOIS♦		(x')
34	CŒUR⁺		(y)	
35a		*CHEMINER*		(x)
35b–36	(*CAR*) CŒUR⁺		(y)	
37	YEUX⁺		(y')	
		CHEMIN	(x)	
39		(*CAR*) TES JUGEMENTS♦		(x")

Etant donnée la paire stéréotypée *loi/jugement* nous lisons comme se correspondant *le chemin de tes lois* en 33 (xx') et au terme en 37.39: *chemin + tes jugements* (xx"). Et étant donnée la paire stéréotypée *cœur/yeux*[30] on voit qu'en 33–34 le premier fait suite à *chemin + tes lois* (xx' + y), tandis qu'en 37–39 les seconds précèdent *chemin + tes jugements* (y' + xx"). Quant à *cheminer + cœur* de 35–36 ils se lisent en parallèle à *chemin + cœur* de 33–34 (x + y // x + y), mais en chiasme avec *yeux + chemin* de 37 (x + y / y' + x). La conjonction *car* précède le dernier des termes relevés ci-dessus tant en 32–36 qu'en 37–40. Le chemin choisi est celui des lois et jugements divins inscrits au cœur du fidèle, tandis que ses yeux prennent garde de ne pas se tourner vers la vanité[31].

   37c–38 // 39 + 40, les récurrences entre les deux premiers et les deux derniers impératifs ne lui ayant pas échappé, mais la place centrale de 38 où se trouve mentionné le désir du fidèle de parvenir à la *crainte* de YHWH.

30   *lb/ ᶜynyym* selon Avishur pp. 279.607.623–625.

31   Notre distinction en quatre volets pour 33–40 ne tenant pas, nous ne reviendrons pas sur notre proposition de *SVT*, trop thématique, pour la structure de l'ensemble de la strophe. Girard ne voit que le mot *chemin(er)* pour faire le lien entre 33–36 et 37–40, mais, on l'a vu, on peut relever d'autres indices et être plus précis sur la structure d'ensemble de la strophe.

La sixième strophe se présente comme ceci[32] :

41a	(Que) me vienne ta loyauté*⁺, YHWH,
41b	et ton salut*°, selon ton dire[∇] !
42a	(Que) je réponde (à l'homme) me méprisant, une *parole*[∇] :
42b	*car* j'ai eu confiance en ta *parole*[∇].
	- - -
43a	Ne délivre° pas de ma bouche
43b	la *parole*[∇] de fidélité⁺
43c	jusque tout à fait.
43d	*Car* sur ton jugement♠ j'ai compté.
44a	Et je garderai ton Enseignement♥ continuellement.
44b	pour toujours et (à) jamais.
	- -- -
45a	Et j'irai au large.
45b	*Car* tes préceptes, j(e les) ai recherchés.
	- - -
46a	J'ai *parlé*[∇] de tes témoignages♦
46b	devant les rois;
46c	je n'ai pas eu honte.
47a	Je me suis délecté de *tes commandements*♦♦
47b	*que j'ai aimés*.
48a	J'ai levé les paumes
48b	vers *tes commandements*♦
48c	*que j'ai aimés*.
48d	J'ai médité sur tes lois♥♠♦.

L'ensemble se présente comme une série régulière de demandes ou d'affirmations concernant le psalmiste suivies de leur motivation introduite par *car* pour les trois premières (42b, 43d–44, 45b, la dernière se lisant en 47–48). Puisque 41–42a et 43abc sont des demandes adressées à YHWH nous pouvons distinguer deux volets, le premier en 41–44, le second en 45–48. Examinons chacun, puis leur ensemble. En 41–42 les demandes

---

32   Nous modifions ici la traduction de Girard pour le verbe de 42a. A la suite de nombreux traducteurs nous entendons le verbe initial de 42a d'un cohortatif. Nous verrons que la structure de 41–42 incite à ce choix. La traduction en français par *que je réponde* garde d'ailleurs quelques chose de l'ambivalence de la forme de l'hébreu.

comportent deux paires stéréotypées, soit celle de *loyauté/salut*[33], puis celle de *dire/parole*, l'articulation entre les demandes et la motivation se faisant principalement à partir de la récurrence de *parole*, mais aussi à partir de cette dernière paire stéréotypée. En 43–44 nous retrouvons une demande suivie de ses motifs. Les motifs comportent un certain chiasme en 43d–44a: sur ton jugement + *j'ai compté* / *je garderai* + ton enseignement. Alors qu'en 41–42 nous lisions deux demandes suivies d'un motif, ici nous lisons une demande suivie de deux motifs. Mais il y a plus en ce qui concerne le rapport entre les demandes. Nous voyons en effet répartis ici et là les termes de non moins de trois paires stéréotypées, soit *loyauté/fidélité*[34], *délivrer/sauver*[35], et *dire/parole*. La loyauté du dire divin est appelée à garantir la fidélité du dire du psalmiste. Ce dernier appelle sur lui le salut, et que ne soit pas ôtée (délivrée) de sa bouche la parole de fidélité.

Dans le second volet les affirmations de 45a et 46 considèrent pour ainsi dire les effets des interventions divines auprès du psalmiste: il est au large, il parle et témoigne. La motivation de 45b est aussi concise que celle de 42b, toutes deux étant introduites par *car*. Mais les motivations de 43d–44 et 47–48 sont, on va le voir, plus développées et plus précisément apparentées entre elles. Auparavant considérons la dernière motivation en sa structure interne. On y lit:

47a	Je me suis délecté
	de *tes commandements*♦
47b	*que j'ai aimés.*
48a	J'ai levé les paumes
48b	vers *tes commandements*♦
48c	*que j'ai aimés.*
48d	J'ai médité
	sur *tes lois*♦.

Entre les trois affirmations de 47a, 48ab 48d se lisent les relatives de 47b et 48c. *Commandements* et *lois* constituent la paire stéréotypée que l'on sait. Comparons à présent 43d–44 et 47–48. Jouent ici la répartition des termes de deux paires stéréotypées de 43d–44 au dernier terme de 47–48, soit *loi/jugement* et *loi/enseignement*. Ce sont là (avec les *commandements* de 47a et 48b) les points d'appui fondamentaux du fidèle. L'articulation de 46

---

33 *ḥsd/yš[c]* selon Avishur p.281.
34 *ḥsd/'mt* selon Avishur p.758, à l'index.
35 *nṣl/yš[c]* selon Avishur pp. 88 et 225.

à 47–48 se fait à partir de la répartition ici et là des termes de la paire stéréotypée *commandement/témoignage*.

L'ensemble de la strophe, compte tenu des proportions respectives des
unités pourrait être symbolisé par:

$$X! + y \mathbin{/\!/} X'! + Y / \mathbin{/} x + y' \mathbin{/\!/} X + Y'$$

On peut remarquer que les motivations sont alternativement brèves (y
en 42b et y' en 45b) et plus étoffées (Y en 43d–44 et Y' en 46–47, avec la
parenté de contenus que nous avons notée). C'est le terme *parole/parler*
qui marque l'articulation d'une partie à l'autre. On le lit en effet dans les
deux demandes (X! et X'!) et dans la deuxième promesse (X), ainsi que
dans la première motivation. Ainsi s'articulent les demandes motivées de
41–44 et le fruit de leur exaucement en 45–48[36].

---

36 A ne pas distinguer demandes et motifs et en isolant les récurrences (et autres indi-
    ces structurels) de leurs contextes nous nous sommes fourvoyé dans *SVT* sur la
    structure de cette strophe. Il faut dire que de l'aveu de Girard lui-même cette stro-
    phe «ne compte décidément pas parmi les mieux structurées» de notre psaume. Il
    distingue cependant avec pertinence deux volets 41–44 et 45–48, notant le rôle
    d'articulation de la récurrence de *parole/parler* d'ici à là. Il dit ne trouver aucun
    indice *patent* de l'unité interne de chacune des parties, et nous en sommes
    d'accord, mais on peut pourtant, nous l'avons vu, déceler raisonnablement quelque
    structure pour chacune (la répartition des termes de paires stéréotypées aidant).
    C'est particulièrement vrai pour 41–44 : lui-même distingue un parallèle en 41–43
    [auxquels nous avons joint ci-dessus 44] où il fait jouer les correspondances entre
    parole et *dire*, puis entre *loyauté* et *fidélité*, lesquels s'avèrent être des paires sté-
    réotypées. En 47–48 il ne voit dans les récurrences qu'une mini-inclusion, ce qui
    nous semble un peu restrictif.

Venons-en à **la septième strophe**, et commençons par en présenter le texte comme ceci:

49a *Souviens-toi* de la parole$^\nabla$ à ton serviteur.
49b sur laquelle tu m'as fait compter.
50a *Ceci* (est) ma *consolation* dans mon humiliation:
50b *car* ton dire$^\nabla$ m'a fait vivre.
51a   Des o r g u e i l l e u x m'ont raillé jusque tout à fait;
51b   (loin) de *ton Enseignement*♥ je n'ai pas tendu (mon oreille).
52a *Je me suis souvenu* de tes jugements♠ depuis toujours,
52b **YHWH**, et je me *console*.
53a   Une (bouffée de) chaleur m'a saisi (à cause) des m é c h a n t s
53b   abandonnant *ton Enseignement*♥.
54a   Musiques *ont été pour moi* tes lois♥♠
54b   *dans* la maison de mon séjour-d'étranger.
55a *Je me suis souvenu*, *dans* la nuit,
55b de ton nom, **YHWH**.
55c et je garde* *ton Enseignement*♥.
56a *Ceci a été pour moi* (un atout):
56b *car* tes préceptes, j(e les) ai observés*.

La structure de cette strophe est concentrique autour de 52. Mais examinons tout d'abord quelques mini-structures. La première apparaît en 49–50, structurés en chiasme, en 49a et 50b se lisant les termes de la paire stéréotypée *dire/parole*, soit ces points d'appui du psalmiste qui selon 49b et 50a lui offre sécurité et consolation. On verra aussi un certain chiasme en 53–54 puisque aux extrêmes sont mentionnées les deux difficultés, soit les méchants et la vie à l'étranger tandis qu'aux centres s'opposent les attitudes des méchants et du psalmiste par rapport à l'*Enseignement* et aux *lois*, deux termes dont nous savons qu'ils forment une paire stéréotypée. Enfin 55–56 se présentent comme ceci:

55a   Je me suis souvenu$^+$, dans la nuit,
55b   de ton nom, **YHWH**.
55c   et je garde$^+$*
            ton Enseignement.
56a   Ceci a été pour moi (un atout):
56b   *car* tes préceptes,
        j(e les) ai observés*.

Considérons d'abord 55c–56. Nous avons là une petite symétrie concentri-que autour de 56a, *tes préceptes* répondant clairement à *ton Enseignement*, tandis que *garder* et *observer* de 55c et 56b constituent la paire stéréotypée que l'on sait. En 55 nous avons une affirmation plus fondamentale puisque l'objet de l'attention du psalmiste n'est pas seulement Enseignement et préceptes de YHWH, mais YHWH lui-même. En 55 le parallèle entre ab et c est marqué par l'emploi pour les verbes des termes de la paire stéréotypée *se souvenir/garder*[37]: garder l'Enseignement YHWH, c'est là effective-ment se souvenir de lui. Et on en dira autant, aux extrêmes 55ab et 56b de l'observation des préceptes. Ainsi 55ab introduit au petit ensemble concen-trique 55c–56.

Venons-en maintenant à la structure littéraire de l'ensemble de la stro-phe. Elle est clairement concentrique autour de 52. La correspondance en-tre 49–50 et 55–56 est clairement indiquée par les récurrences de *se souve-nir, ceci,* et *car.* La correspondance entre 51 et 53 repose sur la récurrence de *ton Enseignement,* mais aussi sur la mention ici des orgueilleux, là des méchants, évidemment apparentés entre eux. Notons que si l'articulation n'est pas autrement marquée entre 49–50 et 51, il n'en va pas de même en-tre 53–54 et 55–56. On lit en effet d'ici à là:

53b	*ton Enseignement*♥	
54a		*ont été pour moi*
	tes lois♥	
54b		*dans* la maison de mon séjour-d'étranger
	- - -	
55ab		*dans* la nuit
55c	*ton Enseignement*♥	
56		*a été pour moi*

53–54 s'achèvent sur la mention du séjour à l'étranger, tandis que 55–56 commencent avec la mention de la nuit, la même préposition *dans (b)* étant ici et là employée. Ce lieu et ce temps sont lieu et temps d'épreuve. Quant à 53–54a et 55c–56, on y lit en parallèle les récurrences relevées ci-dessus, mais, compte tenu de la correspondance entre *tes lois* et *ton Enseignement* (paire stéréotypée), on peut aussi voir s'inverser 54a et 55c–56.

Dans l'unité centrale 52 nous lisons *se souvenir* comme en 49(–50) et 55(–56), puis YHWH comme en 55 et *consolation* comme *se consoler* en 50, toujours dans les unités extrêmes. Mais on lit aussi en 52 *tes jugements*

---

37 *zkr/šmr* selon Avishur p.656.

qui, on le sait, constitue une paire stéréotypée avec *ton Enseignement* que nous lisons précisément en 51 et 53, soit dans ces unités qui entourent immédiatement 52. Ainsi 52 se trouve-t-il mis en rapport avec les quatre unités qui l'entourent. Le fidèle s'est souvenu de YHWH comme de ses jugements, et il demande à YHWH de se souvenir lui aussi se son serviteur. Il sait par expérience quelle consolation il peut trouver dans le dire ou les jugements de YHWH. L'enseignement de YHWH, c'est ce qui l'a fait tenir face aux orgueilleux ou aux méchants[38].

---

38 Pour cette strophe nous en avions pressenti la structure concentrique tandis que Girard, 51–52 excepté, en avait mieux distingué les différents volets (selon lui : 49–50 + 51–52 + 53–54 + 55–56). Ayant soudé 51 et 52 il ne voyait donc dans notre strophe qu'un chiasme où 49–50 + 51–52 appelleraient en ordre inverse 53–54 + 55–56. Nos deux recherches se sont ici plus clairement qu'ailleurs servies l'une l'autre. Les indices qu'il voit comme marquant une double inclusion de chacune des deux parties (selon lui : ce sont *se souvenir/consoler* et *ton Enseignement/été pour moi*) fonctionnent en fait autrement à partir du moment où on distingue le centre 52.

La huitième strophe se présente comme ceci:

57a	Mon partage, *YHWH*, j(e l)'ai *dit*[▽],
57b	(c'est) de *GARDER* tes paroles[▽].
58a	J'ai apaisé ta face de *TOUT* cœur.
58b	Aie pitié⁺ de moi, selon ton *dire*[▽].
	- - - -
59a	J'ai pensé à mes chemins,
59b	et je fais revenir mes pieds vers tes témoignages[•] (*^cWD*).
60a	Je me suis hâté, et n'ai pas retardé,
60b	de *GARDER* tes COMMANDEMENTS^{••}.
61a	Les cordes des méchants* m'ont ligoté (*^cWD*).
	- - - - -
61b	Ton Enseignement[♥], je n(e l)'ai pas oublié.
62a	A la moitié de la nuit je me lève
62b	pour te rendre grâce
62c	des jugements[♠] de ta justice[○]*.
63a	(Je suis) associé, moi,
63b	à *TOUS* (ceux) qui t'ont craint,
63c	aux (gens) *GARDANT* tes préceptes.
64ab	Ta loyauté^{○+}, *YHWH*, a rempli la terre.
64c	TES LOIS^{♥♦♠}, apprends(-les-)moi.

Cette strophe comporte trois volets. Chacun commence par une expression plus ou moins développée de l'adhésion du fidèle aux volontés divines. Suit dans le premier et le dernier volet une demande brève du fidèle, dans le volet central un constat très bref des méfaits des méchants. Nous percevons une mini-structure en 59–60 où nous lisons:

59a	J'ai pensé à mes chemins,	
59b	*et* je fais revenir mes pieds	vers tes témoignages[•].
60	Je me suis hâté,	
	et n'ai pas retardé,	de garder tes commandements[•].

Deux expressions de la démarche (en 59), puis deux de l'empressement qui y est mis (en 60) précédent ici et là le but visé, soit les *témoignages* et les *commandements*, deux termes constituant une paire stéréotypée. En 61b–64b nous pouvons, au plan des contenus, percevoir un certain chiasme en 61b–62 puisque à *ton Enseignement* correspond *les jugements de ta justice*, puis à *je n'ai pas oublié* 62ab en leur entier: la nuit n'a pas effacé la mémoire de l'enseignement ou des jugements divins. Quant à 63 il présente un agencement inverse de celui de 59 et 60, soit *je suis associé* suivi de deux mentions de ceux auxquels le fidèle se dit associé. On ne voit pas de structure particulière en 64ab. Pour 61b–64b nous proposons, mais avec réserve étant donné les points d'appui trop thématiques, de voir un certain chiasme, avec aux centres *ceux qui t'ont craint* et *les gens gardant tes préceptes*, aux extrêmes les deux dimensions du temps (*au milieu de la nuit*) et de l'espace (*la terre*), et entre eux l'un des termes de la paire stéréotypée *loyauté/justice*[39]. L'articulation de 57–58a à 58b se fait à partir de la récurrence de *dire*: celui du psalmiste et celui de YHWH se font écho. Celle de 59–60 à 61a se fait à l'aide de la racine commune, relevée par Girard, entre *témoignages* en 59b et *ligoté* en 61a: les cordes des méchants, en ligotant le fidèle, l'empêchent de faire revenir ses pieds vers les témoignages divins. L'articulation entre 61b–64b et 64c se perçoit à partir de la répartition des termes de deux paires stéréotypées, car à ce titre *tes lois* (64c) répond à *ton Enseignement* et à *tes jugements* (en 61b et 62c), cela à partir des paires de *loi/enseignement* et *loi/jugement.*

Sur l'ensemble le nom divin se lit au début de 57–58a comme au terme de 61–64b. On lit *garder* tant en 57(–58a) qu'en (59–)60 et en 61–64b (en 63c), mais aussi l'adjectif *TOUT* en 58a comme en 63b, marquant ici l'engagement total envers YHWH, là désignant l'ensemble de ceux qui se sont engagés. En 58b et 64a nous voyons répartis les termes de la paire stéréotypée *loyauté/pitié*[40]. De 59–61a à 61b–64 , comportant quatre unités en parallèle, nous voyons répartis dans les unités extrêmes les termes de la paire stéréotypée *commandement/loi* (60b et 64c) et dans les deux autres unités les termes de la paire *just(ic)e/méchant*[41]. Ainsi cette strophe est-elle à lire selon trois volets où jouent les rapports indiqués par les récurrences et répartitions de termes de paires stéréotypées. Il ne paraît pas nécessaire de commenter chacun de ces rapports, la chose étant aisée au lecteur à partir des contextes où se situent les indices relevés[42].

---

39 *hsd/ṣdq* selon Avishur pp. 237 et 282.
40 *hsd/ḥn* selon Avishur p.758, à l'index.
41 *ṣdq/rš^c* selon Avishur p.765, à l'index.
42 Ni nous-même, ni Girard n'avions perçu la structure, d'ailleurs peu soulignée, de cette strophe. Nous la lisions en *SVT* selon un triptyque 57–58 + 59–63 + 64, et Girard selon un diptyque selon 57–60 et 61–64. Nous recueillons ici les observations des deux auteurs, mais les exploitons, on l'a vu, tout autrement (même si le premier volet de notre triptyque est encore 57–58, tandis que le troisième coïncide presque avec le second volet proposé par Girard).

Nous présenterons **la neuvième strophe** comme suit:

65a	Le *bon*, (voilà ce que) tu as fait avec ton serviteur,
65b	YHWH, selon TA PAROLE$^\nabla$.
66a	Le *bon*, le goût de la connaissance, *apprends*-(les-)moi.
66b	*Car* à tes commandements♦ j'ai été fidèle.
67a	Avant que je sois *humilié*, MOI, (j'étais) errant.
67b	Maintenant, TON DIRE$^\nabla$, j(e l)'ai gardé*.
68a	(Tu es) *bon*, TOI, et rendant-*bon*.
68b	*Apprends-moi tes lois*♥♦.
69a	Ils ont combiné contre moi le mensonge, les orgueilleux.
69b	*MOI*, de tout *cœur*⁺ j'observe* tes préceptes.
70a	Il s'est gorgé comme de graisse, leur *cœur*⁺.
70b	*MOI*, de ton *ENSEIGNEMENT*♥ je me suis délecté.
71a	(Cela a été) *bon* pour moi, *car* j'ai été *humilié*,
71b	de sorte que *j'apprenne*⁺ *tes lois*♥♦.
72a	(Il est) *bon* pour moi, *L'ENSEIGNEMENT*♥ de ta bouche⁺,
72b	plus que des milliers d'or et d'argent.

La structure de cette strophe est à la fois simple et complexe. Nous étudie-rons successivement 65–68, 69–70, 67–72, l'inclusion de l'ensemble, et quelques structures secondaires. En 65–68 nous repérons une symétrie concentrique autour de 67a. Nous lisons en effet en 65–66a comme en 68: *bon*, rapporté à YHWH ou à son action, et *apprends-moi*, demande adres-sée à YHWH[43]. En 66b et 67b le psalmiste proteste de sa fidélité aux vo-lontés divines. Les *commandements* mentionnés en 66b forment une paire stéréotypée avec les *lois*, mentionnées en 68, et symétriquement le *dire* mentionné en 67b en forme une autre avec la *parole* mentionnée en 65(–66a). De 65–66a à 68 on relèvera que les interpellations à YHWH et à TOI (pronom indépendant) se répondent.

Le parallèle en 69–70 est aisé percevoir, 69a et 70a dénonçant la per-versité des méchants, 69b et 70b, commençant tous deux par le pronom in-dépendant (en hébreu) *MOI*, protestant au contraire de la fidélité du psal-miste. En 69b et 70a s'opposent le *cœur* du fidèle et celui des orgueilleux,

---

43 En 66a se lisent les deux termes de la paire stéréotypée *yd^c/lmd* (selon Avishur pp.502–503 et 522.

ce qui suggère aussi l'opposition entre le mensonge dénoncé en 69a et l'Enseignement divin objet de la délectation du fidèle en 70b.

Considérons maintenant 67–72. Nous avons déjà vu les correspondances ordonnées parallèlement en 69–70. Or il se trouve qu'entre 67–68 et 71–72 les correspondances sont elles aussi ordonnées parallèlement. Nous lisons en effet *humilié* en 67a et 71a, au sujet du fidèle, puis le bon rapport du fidèle aux volontés divines en 67b et 71b, tandis qu'an 68 et 72 nous retrouvons *bon* et que sont répartis ici et là les termes de la paire stéréotypée *loi/enseignement*. Ainsi pouvons-nous avancer que 67–72 sont structurés en chiasme puisqu'aux extrêmes se répondent 67–68 et 71–72 (selon une ordonnance parallèle) et aux centres (selon une ordonnance parallèle également) 69 et 70.

Mais il existe aussi une belle inclusion de l'ensemble de la strophe dans la correspondance entre 65–67a et 71–72, ici selon une inversion. Nous lisons en effet *bon* en 65–66a et 72, puis en 66b et 71b les termes d'une paire stéréotypée, soit *commandements* et *lois*, et enfin en 67a et 71a la présentation du fidèle *humilié*. Ainsi l'ensemble de la strophe se trouve-t-elle incluse par les correspondances en ordre inversé de 65–67a à 71–72. Dans la suite de notre étude nous retiendrons cette inclusion pour la présentation de l'ensemble de la strophe. Faire jouer dans leurs contextes tous les indices ainsi ordonnés donne aux rapports ainsi proposés des significations que le lecteur n'aura aucune peine à découvrir. On aura noté en particulier comment *bon* joue dans les structures commandant 65–68, 67–72, et dans l'inclusion de l'ensemble de 65–67a à 71–72[44].

---

44 On pourrait encore repérer quelques structures secondaires, et d'abord en 70–72. Nous voyons en effet répartis en 70a et 72 les termes de la paire stéréotypée *bouche/cœur* (*ph/lb* selon Avishur p.765, à l'index), s'opposant le cœur des orgueilleux et la bouche de YHWH. En 70b et 71b nous lisons respectivement *Enseignement* et *lois* dont nous savons qu'ils forment une paire stéréotypée, puis au centre de cet ensemble 71a, lequel donc, comme 67a, se trouve au centre d'une symétrie concentrique, mais ici moins serrée, les indices ne s'inscrivant pas dans des correspondances aussi parfaitement homogènes qu'en 65–68. Peut-être pourrait-on enfin percevoir une certaine structure en 68–70. On lirait au centre 69b, lequel commence par un pronom indépendant, comme 68 et 70b entre lesquels se répondent ce que fait YHWH et ce à quoi s'applique le psalmiste. Nous avons déjà dit la correspondance entre 69a et 70a. En 68 et 70b nous voyons se correspondre *tes lois* et *ton enseignement* dont nous savons qu'ils constituent une paire stéréotypée. Mais, nous l'avons dit, ces deux derniers ensembles doivent être considérés comme secondaires. Ils ne prennent pas en compte en effet autant de données du texte que ceux précédemment exposés. Nous avons repris ici et mieux exploité nos observations de *SVT* où nous voyions se répondre 65, 67b, 69b–70a et 72, ainsi qu'entre eux 66–67a, 68–69 et 70–71. Quant à Girard selon un chiasme où se répondraient 65 et 72 aux extrêmes, et aux centres 66–68 et 69–71, il ne voyait rien d'autre dans les deux volets ainsi déterminés que des inclusions et concaténations (de même qu'au niveau des plus petites unités [selon lui] 66–68 et 69–71).

La dixième strophe peut être présentée comme ceci:

73a	Tes mains# m'ont fait et me stabilisent.
73b	Fais-moi discerner◊, et J'APPRENDRAI+ tes commandements♦•.
74a	(Que) *LES (GENS) TE CRAIGNANT* me VOIENT° et se réjouissent!
74b	*CAR* sur ta parole∇ j'ai compté.
75a	J'ai CONNU◊+°, YHWH,
75b	*CAR* (ils sont) justice♦Σ, tes jugements♠:
75c	et (c'est sans préjudice à ta) fidélité* (que) tu m'as humilié.
76a	*(QU')ELLE SOIT* donc, ta loyauté*=♠, ma consolation,
76b	selon ton dire∇ à ton serviteur!
77a	(Que) me viennent tes affections=, et je vivrai.
	- - - - -
77b	*CAR* ton Enseignement♥, (ce sont) mes délices.
	- - - - -
78a	(Qu')ils aient *HONTE*, les orgueilleux!
	CAR (par) mensonge ils m'ont recourbé.
78b	Moi, je médite sur tes préceptes.
79a	(Que) reviennent à moi *LES (GENS) TE CRAIGNANT*!
79b	Ils CONNAITRONT°+ tes témoignages•.
80a	*(QU')IL SOIT*, mon cœur#, parfaitΣ par tes lois♥♦♠
80b	de sorte que je n'aie pas *HONTE*.

Autour de l'affirmation de 77b deux panneaux se répondent comme nous le verrons plus loin. Mais commençons par considérer le premier en lui-même. En 73–77a nous voyons d'abord le souhait de 74 encadré par les affirmations de 73 et 75. On lit en 73 les verbes *discerner* et *apprendre*[45] et en 75 le verbe *connaître* qui constitue une paire stéréotypée avec chacun[46], le sujet discernant, apprenant, connaissant, étant toujours le psalmiste. Mais en 74 il est question des gens te craignant qui *voient... car...* comme en 75 il est question du fidèle qui *connaît... car...* Or *connaître/voir* est encore une paire stéréotypée[47]. Ainsi est-il manifeste que 73 et 75 (au sujet du fidèle) encadrent 74 (au sujet de ceux qui craignent). Les deux affirmations extrêmes de 73a et 75c ne sont pas sans un certain rapport d'opposition apparente entre le fait d'avoir créé et le fait d'humilier, pro-

---

45   Qui, rappelons-le en passant (voir n.22), constituent une paire stéréotypée.
46   Soit *yd ͨ/byn* selon Avishur p.759, à l'index, et *yd ͨ/lmd* (voir n.43).
47   *yd ͨ/r'h* selon Avishur pp. 259.261.293.294. En 74 on lit aussi les termes de la paire *yr'/r'h* (voir n.28).

blème à bout duquel justement le fidèle semble être parvenu. Quant à 76–77a il faut d'abord les considérer en eux-mêmes. On peut y lire en parallèle 76a et 77a: *Qu'elle soit donc + ta loyauté + ma consolation // Que me viennent + tes affections + je vivrai. Loyauté* et *affections* forment une paire stéréotypée[48], puis en 76b le point d'appui fondamental: *ton dire*. Ce dernier nous réfère à *ta parole* au centre de 73–75, les deux constituant la paire stéréotypée que l'on sait. De plus de 75, dernière unité en 73–75, à 76a, première unité en 76–77a, nous voyons jouer les deux paires stéréotypées de *loyauté/justice* et *loyauté/fidélité*. Ainsi 76–77a s'articulent-ils à 73–75 pour en constituer comme l'aboutissement.

Considérons maintenant 78–80. Comme indice structurel, ils ne présentent en eux-mêmes que l'inclusion par *honte* de 78a à 80b. Mais en 78–79 nous retrouvons, inversé, un agencement semblable à celui de 73–77a: ici ce qui se rapporte au fidèle se lit au centre et ce qui se rapporte à d'autres autour du centre. On aura noté la parenté entre 74 et 79 puisqu'il est question ici et là des craignant YHWH: ici ils *connaîtront*, alors qu'en 74 il était dit qu'ils *voient*. Or nous avons vu que ces deux verbes constituent une paire stéréotypée. En 78a il est question de la catégorie opposée aux craignants: les orgueilleux, mais on ne retrouve ici que le *car* de 74. Quant à 80, qui conclut 78–80, il commence comme la conclusion de 73–77b avec *Qu'il soit...*, et si 76–77a visaient à obtenir au fidèle la consolation et la vie, 80 demande pour lui la perfection et la non-confusion.

On pourrait donc symboliser la structure d'ensemble de notre strophe par X.Y.X' (73–75) + Z (76–77a) / x (77b) / Y'.X".Y" (78–79) + Z' (80).

Notons encore l'inclusion de l'ensemble par la répartition des termes des paires stéréotypées *cœur/main*[49] en 73 et 80, unités extrêmes, puis *connaître/voir*, ainsi que la récurrence de *craindre* en 74 et 79, deuxième et avant-dernière unités. On lit aussi les termes des paires stéréotypées *commandement/témoignage* en 73 (première unité de 73–75) et 79 (dernière unité de 78–79). Quant à 75 (dernière unité de 73–75) et 78a (première unité de 78–79), on les découvre en rapport avec l'unité finale de 80, 75 à partir des paires stéréotypées *justice/perfection*[50] et *loi/jugement*, 78a à partir de la récurrence de *honte*. On notera enfin la répartition des termes de la paire stéréotypée *loi/enseignement* en 77b (centre de la strophe) et 80. Finalement 80, au terme de notre strophe, présente un assemblage de 73 et 75 (X et X' en 73–75), 76 (Z, au terme du premier volet), 77b (x au centre de la strophe), et 78 (*honte*: Y'), ce qui manifeste son caractère conclusif.

---

48 *ḥsd/rḥm* selon Avishur pp. 192.260.261.282. 294.
49 *lb/yd* selon Avishur pp.279.504–505.522.
50 Voir n.10.

Le fidèle attend des lois du Seigneur un cœur parfait pour n'être point confondu[51].

* * *

La onzième strophe se présente comme ceci:

81a	Elle s'est *ACHEVEE* pour ton SALUT[∞], ma gorge:
81b	sur TA PAROLE[∇] j'ai compté.
82a	Ils se sont *ACHEVES*, mes yeux, pour *TON DIRE*[∇],
82b	à *DIRE*[∇]: «*Quand* me consoleras-tu?»
83a	Car j'ai été *COMME* un parchemin en fumée:
83b	tes lois^{♥♦▲}, je *N*(e les) ai *PAS* oubliées.
84a	Combien (*k.mh*) (sont) les jours de ton serviteur?
84b	*Quand* feras-tu
84c	contre mes *poursuivants* le jugement^{▲+}?
85a	Ils ont creusé pour (*l*) moi, les orgueilleux, des tombes,
85b	(eux) qui *N*('agissent) *PAS* selon (*k*) ton Enseignement[♥].
86a	Tous tes COMMANDEMENTS^{♦♦} (sont) FIDELITE^{+*}.
86b	(Avec) mensonge ils m'ont *poursuivi*.
	AIDE[∞]-moi!
87a	(Il s'en est fallu) *COMME* de peu
	(qu')ils (ne) m'(aie)nt *ACHEVE* sur la terre.
87b	Moi, je *N*'ai *PAS* abandonné tes préceptes.
88a	Selon ta LOYAUTE* fais-moi VIVRE°,
88b	et je garderai le TEMOIGNAGE[•] de ta bouche.

Quant aux mini-structures, il est possible d'en déceler une en 81–82a où nous lisons:

---

51 Reprenant et complétant les indices repérés dans *SVT* nous parvenons ici à une proposition nouvelle, plus simple et plus proche des données du texte. Quant à Girard, dont la proposition a guidé notre découverte, il voit ici un diptyque où se liraient en parallèle 73–75 + 76 et 77–79 + 80. Nous sommes d'accord sur la correspondance entre 76 (auquel il convient cependant de joindre 77a) et 80. Mais il faut au centre distinguer 77a avec la mention de l'Enseignement (la Torah), et nous avons vu la structure interne de 73–75 comme de 78–79.

81a	Elle s'est *achevée* pour (*l*) ton salut°, ma gorge^{+}:	82a	Ils se sont *achevés*, mes yeux,
81b	**sur** (*l*) **ta parole**$^{\triangledown}$ j'ai compté.		**pour** (*l*) **ton dire**$^{\triangledown}$,

De 81 à 82a, relevés ci-dessus en caractères **gras**, nous lisons la récurrence de *achever*, la correspondance entre les deux parties du corps que sont la gorge et les yeux, et enfin les termes de la paire stéréotypée (déjà relevée) *dire/parole*. En 81 *ta parole* a été précédé par *ton salut* (l'un et l'autre introduits par la même préposition *l*, qu'on retrouve encore devant *ton dire*), tandis que *elle s'est achevée* s'explicite dans *j'ai compté*. En 84–85, nous lisons successivement deux questions et deux propositions (principale et relative) dénonçant les méfaits des ennemis. On peut, nous semble-t-il, voir au plan thématique un parallèle entre les quatre propositions, la première et la troisième visant le terme de la vie du fidèle (les jours… une tombe…), la deuxième et la quatrième se référant respectivement au jugement et à l'Enseignement qui viennent de YHWH, les ennemis tombant sous le coup du premier par leur manque de docilité au second. Au plan formel l'ensemble est discrètement inclus par la récurrence de *k* dans l'amorce de la question initiale (*k.mh*) et dans la référence finale (*selon* = *k*) à l'Enseignement divin. En 86b–87a, ici encore au plan thématique, on voit l'appel central *aide-moi* encadré par deux évocations des méfaits des ennemis. Toujours au plan thématique on voit en 87b–88 la demande de 88a encadrée ici par deux évocations de la fidélité du psalmiste, l'une référée au passé, l'autre visant l'avenir.

Considérons maintenant la structure d'ensemble de la strophe. Le centre en est en 84–85 où nous lisons ***Quand*** et ***poursuivants*** que nous lisons pour le premier en 82b–83a et pour le second en 86b–87a, unités de contenus apparentés à celui de 84–85: il s'agit dans ces trois unités d'obtenir de YHWH une aide contre les ennemis. A un plan formel on notera la récurrence de *comme* de 83a à 87a. Dans les quatre autres unités, 81–82a, 83b, 86b et 87b–88, nous lisons l'attachement du fidèle aux volontés divines. De 81 à 88 notons deux indices: la présence de trois parties du corps, soit la gorge et les yeux (du fidèle) et la bouche (de YHWH), et la répartition ici et là des termes de la paire stéréotypée *gorge/vi(vr)e*[52]. En 83b et 86a nous trouvons répartis les termes de la paire stéréotypée *commandement/loi*. On lit la négation avec un verbe de même sujet et de sens appa-

---

52 *npš/ḥyh* selon Avishur pp. 272 et 295 (de même que *ḥyh/ npš* pp. 419 et 458). Existe aussi *npš/ḥyym* (p.66).

renté en 83b et 87b. En 86a et 88 sont répartis les termes de deux paires stéréotypées *commandement/témoignage* et *loyauté/fidélité*.

Pour ce qui est des enchaînements entre unités relevons de 81–82a à 82b la récurrence de *dire*, de 83b à 84–85 la répartition des termes de la paire stéréotypée *loi/jugement*, de 84–85 à 86 celle des termes de la paire *fidélité/jugement*[53], Mais il est encore un rapport, évidemment important tant il est indiqué par le texte, entre la première unité partant du fidèle et la dernière faisant appel à YHWH, soit 81–82a et 86b–87a. On y rencontre en effet la récurrence de *achever* (deux fois en 81–82a) et la répartition des termes de la paire *aide(r)/salut*[54]. Aux extrêmes de ces deux unités nous lisons la détresse du fidèle, mais au centre en 81–82a l'expression de sa fidélité (sur ta parole j'ai compté) et en 86b–87a un appel bref et pressant à YHWH (aide-moi). Ce passage de la fidélité de l'orant au salut attendu de YHWH est évidemment plein de sens: YHWH ne peut qu'exaucer qui se présente à lui en de telles dispositions[55].

---

53 *'mt/mšpt* selon Avishur pp. 155.183.184.252.288.
54 *ᶜzr/yšᶜ* selon Avishur pp. 71–72.
55 Dans *SVT* nous avions pressenti la structure d'ensemble de cette strophe, mais notre analyse manquait de précision et nous restions embarrassé par 88. Girard quant à lui voit cette strophe structurée selon un chiasme où se répondraient aux centres 84 et 85–86, aux extrêmes 81–83 et 87–88. Mais à y regarder de plus près à 81–83 ce sont 86–88 qui correspondent (étant à distinguer trois temps ici et là), et l'on pourrait aux centres distinguer 84 et 85, mais sans joindre à ce dernier 86. Si nous préférons parler de symétrie concentrique autour de 84–85 et non de chiasme avec pour centres 84 et 85, c'est parce que ces deux derniers versets n'ont entre eux que des rapports d'ordre thématique et peu manifestes à première lecture. Dans la répartition de *fidélité* et *loyauté* (termes d'une paire stéréotypée) en 86a et 88a Girard voit une inclusion pour 85–88; le point devient encore plus pertinent si c'est de 86–88 (après le centre 84–85) qu'il s'agit. Girard a bien perçu le caractère propre de 86a quand il écrit qu'il «détonne tout à fait, thématiquement, par rapport aux v. 85.86b». *Détonner*, c'est trop dire, mais la perception est juste.

Dans **la douzième strophe** il nous semble préférable d'entendre *tes juge-ments* de 91a comme le sujet du verbe et de comprendre le *l* de 91a comme Girard[56] entend celui de 95a. Cela dit, pour en faire percevoir la structure, le texte de ladite strophe peut être présenté dès l'abord comme ceci:

89a	*POUR TOUJOURS*[+], YHWH,
89b	ta parole (est) placée aux cieux*.
90a	De génération en génération[+]
	(dure) ta fidélité[=].
90b	Tu as stabilisé la terre* et *elle se (main)tient.*
91a	(Quant) à tes jugements[=], *ils se sont (main)tenus*
	(jusqu'à ce) jour(-ci),
	- - - - -
91b	*CAR TOUS* (les êtres sont) tes serviteurs.
	- - - - -
92a	Si ton Enseignement n('était) pas mes délices
92b	alors j'aurais ***PERI*** dans mon humiliation.
93a	*POUR TOUJOURS*[+] je n'oublierai pas *TES PRECEPTES*,
93b	*CAR* par eux tu m'as fait vivre.
94a	A toi [*lk*] (j'appartiens), moi.
	Sauve-moi!
94b	*CAR TES PRECEPTES*, j(e les) ai recherchés.
95a	(Quant) à moi [*ly*], ils ont espéré, les méchants, me faire ***PERIR***.
95b	Tes témoignages*, je (les) discerne.
96a	De *TOUT* achèvement j'ai vu l'extrémité.
96b	Large (est) ton commandement* tout à fait.

Considérons d'abord chaque petit ensemble présentant quelque structure interne, et d'abord 89–91a. Nous y lisons:

56　Qui traduit 91a par : A tes jugements, ils se sont maintenus jusqu'à ce jour-ci.

89a	Pour toujours[+],
	YHWH,
89b	ta parole (est)
	placée aux cieux*.
90a	De génération en génération[+]
	(dure) ta fidélité[=].
	- - - -
90b	Tu as stabilisé
	la terre*
	et elle se *(main)tient.*
	- - - -
91a	(Quant) à tes jugements[=],
	ils se sont *(main)tenus*
	(jusqu'à ce) jour(-ci),

Nous avons ici un petit triptyque selon 89–90a, 90b, 91a. En 88–90a 89b est entouré par 89a et 90a qui entre eux sont parallèles: *pour toujours* + *ta parole* // *de génération en génération* + *ta fidélité*, les deux expressions de la durée constituant une paire stéréotypée[57]. On peut voir en 90b les deux verbes entourer *la terre*. 91a n'a pas de structure propre, mais on remarque que autour du centre 90b se répondent d'abord *fidélité* (répondant à *ta parole* en 89–90a) et *jugements*, termes d'une paire stéréotypée[58], puis, au plan du sens, *se maintenir* et *placer*, et enfin, aux extrêmes de ce petit ensemble *jusqu'à ce jour-ci* et *pour toujours* (auquel fait écho *de génération en génération* en 89–90a). On voit bien que dans le centre 90b *stabiliser* fait suite à *placer*, tandis que *se maintenir* pour la terre prépare *se maintenir* pour les jugements. De 90b aux volets extrêmes on notera les attaches que constituent la récurrence de *se maintenir* comme nous venons de le voir, et avec 89b la répartition des *cieux* et de la *terre*, paire stéréotypée des plus classiques[59]. 91b ne s'intègre pas à la structure que nous venons de décrire, nous verrons ci-dessous comment il se situe dans la structure d'ensemble de la strophe.

Considérons à présent 92–96, le statut particulier de 96 devant apparaître comme pour 91b quand nous étudierons la structure d'ensemble de la strophe. En 93–94 nous lisons une symétrie concentrique que ce simple tableau suffira à faire percevoir:

---

57 *ʿwlm/dwr wdwr* selon Avishur p.764, à l'index.
58 Voir n.53.
59 *šmym/ʾrṣ* selon Avishur p.767, à l'index.

93a	Pour toujours je n'oublierai pas
	tes préceptes,
93b	*car*
	par eux tu m'as fait vivre.
94a	A toi (…) moi.
	Sauve-moi!
94b	*Car*
	tes préceptes,
	j(e les) ai recherchés.

Prolongeant cette symétrie on lit *périr* en 92b et 95a. Quant 92a et 95b–96 ils se répondent de par leurs contenus. 96 est structurellement articulé à 95b. Nous percevons en effet un chiasme en 95b + 96 à partir de la répartition des termes de la paire stéréotypée *commandement/témoignage* et des deux termes apparentés *discerner* et *voir*[60]. On pourrait symboliser cette mini-structure par xy/YX.

Sur l'ensemble de la strophe nous nous trouvons donc devant deux petits ensembles structurés en 89–91a et 92–96, avec entre eux 91b. Cette affirmation centrale est reliée à ce qui précède par *car*, mais au centre de la symétrie qui le suit par le contenu: tous les êtres sont tes serviteurs et moi je suis à toi. Ainsi 91b (*car…*) est en rapport avec 94aα comme 93b (*car…*) avec 94aβ, et comme 94b (*car…*) avec 93a, cette occurrence de *car* dans un des termes se correspondant se rencontrant ainsi trois fois dans notre strophe. Ainsi *car* en 91b apparente ce centre à ce qui suit. On notera aussi l'adjectif *tout* en 91b et 96a. Dans chacun des deux volets 89–91a et 92–96 nous lisons *pour toujours* (en 89a et 93a)[61].

---

60 Dont nous avons vu plus haut que chacun constituait une paire stéréotypée avec *connaître*.
61 Pour cette strophe nous avons repris, dans une présentation plus claire, notre proposition de *SVT*. Girard ne voit dans cette strophe qu'un diptyque où se répondraient parallèlement 89–91 + 92 et 93–94 + 95–96, mais avoue chercher en vain des indices structurels attestant la cohérence interne de ses deux volets. Il relève pourtant en note (11) quelques indices (*cieux/terre, tout, se maintenir*) qui auraient pu le guider vers la structure de petites unités et, à partir d'elles, vers celle de l'ensemble. Les récurrences de *périr* et *tes préceptes* auraient pu le guider vers l'ensemble structuré 92–96, et on peut regretter que pour cette strophe il n'ait pas prêté plus d'attention à notre proposition dans *SVT*.

La treizième strophe se présente ainsi:

97a	*QUE* J'AI AIME* ton *ENSEIGNEMENT*!
97b	*TOUT* le jour, (c'est) *LUI*, (l'objet de) ma *MEDITATION*.
98a	*PLUS QUE (mn)* mes ennemis il me rend sage°, ton commandement•,
98b	*CAR* pour toujours, *LUI*, (il est) à moi (*ly*).
99a	*PLUS QUE (mn) TOUS* les (gens) m'ayant appris (des choses) j'ai réfléchi,
99b	*CAR* tes témoignages• (sont) une *MEDITATION* pour moi (*ly*).
100a	*PLUS QUE (mn)* les vieux *JE DISCERNE*°,
100b	*CAR TES PRECEPTES*, je (les) ai observés⁺.
101a	*(Loin) de (mn) TOUTE ROUTE* de mal j'ai retenu mes pieds.
101b	de sorte que je garde⁺ TA PAROLE^∇.
102a	*(Loin) de (mn)* tes jugements je ne me suis pas détourné,
102b	*CAR TOI*, tu m'as **ENSEIGNE**.
103a	*QU'* ils ont été doux pour mon palais, T(ES) DIRE(S)^∇,
103b	*PLUS QUE* le miel pour ma bouche!
104a	*(A cause) de (mn) TES PRECEPTES JE DISCERNE*°
104b	C'est pourquoi J'AI HAÏ*
104c	**TOUTE** *ROUTE* de mensonge.

Il nous semble que le plus simple pour cette strophe (*mem*) est de se laisser guider par les amorces de chaque verset, soit *Que (mh)* en 97 et 103, *Plus que (mn)* en 98, 99 et 100, *Loin de (mn)* en 101 et 102[62]. En 104 l'amorce se fait avec *mn* encore, mais en un autre sens. On obtient ainsi cinq unités, soit 97 (*Que...!*) , 98–100 (*Plus que...[mn]*), 101–102 (*Loin de...[mn]*), 103 (*Que...!*) et 104 (*A cause de...[mn]*). Il n'y a pas de structure interne à 97. En 98–100 tout semble commandé par l'effet de série *Plus que... car...* par trois fois, mais on notera aussi dans le premier et le dernier, et plus pré-

---

62 Pour 102 nous avons légèrement modifié la traduction de Girard afin de rendre cette récurrence de *mn* avec le même sens d'éloignement. N'aurait-on pas pu rendre *mn* en 104a par *à partir de* pour garder l'idée d'éloignement ?

cisément en 98a et 100a, la répartition des termes de la paire stéréotypée
sage(sse)/discernement[63].

En 98–99 nous lisons:

98a	*Plus que (mn)…*	il me rend sage,
		ton commandement•,
98b	*car…*	à moi (*ly*).
99a	*Plus que (mn)…*	j'ai réfléchi,
99b	*car*	tes témoignages•…
		pour moi (*ly*).

La paire stéréotypée *commandement/témoignage*, déjà rencontrée, vient à
l'appui de la correspondance entre ces deux désignations de la loi.
L'articulation entre 97 et 98–100 se fait à partir des trois récurrences de
TOUT…LUI…. LUI se rapporte ici à l'enseignement, là au commandement.
La *MEDITATION* porte ici sur l'enseignement, là sur les témoignages. La
méditation dure *tout* le jour selon 97b, la réflexion dépasse celle de *tous* les
maîtres selon 99a.

En 101–102 on aura vu l'inversion des tournures de 101a à 102a: *loin
de…* mal + j'ai retenu mes pieds… *loin de* tes jugements + je ne me suis
pas détourné: je me suis gardé *loin du* mal, mais je ne me suis pas gardé
loin de tes jugements. De 98–100 à 101–102 on notera la récurrence de
tout en 99a et 101a, la présence de pronoms indépendants en 98b et 102b,
la répartition en 100b et 101b des termes de la paire stéréotypée *gar-
der/observer*. Il y a gradation d'ici et là: le pronom indépendant en 98b se
rapporte au commandement, en 102b à YHWH lui-même, en 100b ce sont
les préceptes qu'il s'agit d'observer, mais en 101b de garder la parole. Au
vu de ses contextes, la récurrence de *tout* est moins significative, marquant
seulement le caractère absolu de l'affirmation ici et là.

En 103 on perçoit sans peine le parallèle, autour de *tes dires*, entre
doux + pour mon palais et *le miel + pour ma bouche*. De 101–102 à 103
on notera la présence des *pieds* gardés loin de (toute route du mal) et celle
de la *bouche* et du *palais* savourant au contraire les dires de YHWH,
l'opposition se jouant à l'aide des prépositions *mn* et *l*. En 104 c'est à peu
près l'inverse: à partir (*mn*) des préceptes divins le fidèle se met à (*l.m^{c}n*)
haïr toute route de mensonge.

---

63 *ḥkm/byn* selon Avishur p.758, à l'index.

Nous pouvons maintenant considérer l'ensemble de la strophe. Nous y lisons donc successivement 97, 98–100, 101–102, 103 et 104. Dans les unités extrêmes et incluant le tout nous lisons les termes de la paire stéréotypée *aimer/haïr*[64]. L'Enseignement de YHWH exige de haïr toute route de mensonge. Dans l'unité centrale 101–102 nous lisons *toute route (de mal)* comme dans la dernière unité *toute route de mensonge*, puis *tu m'as enseigné* comme *Enseignement* dans la première unité 97. Avant le centre 101–102 on lit en 97 *Que...!*, puis en (98–)100 *je discerne... tes préceptes*; après le centre nous lisons en 103 de nouveau *Que...!*, puis en 104 *tes préceptes je discerne*. Tous les indices ainsi répartis confirment donc que nous avons bien à faire à cinq unités, celle du centre étant en rapport avec les deux extrêmes, tandis que les deux volets entourant ce centre respectent entre eux un parallèle[65].

* * *

La quatorzième strophe peut être présentée comme ceci:

105a	(Elle est) une lampe[#] *pour* MON PIED*, *ta parole*,
105b	une lumière^{#≈} *pour* mon sentier.
106a	J'ai juré - et je (re)lève (le défi) -
106b	de garder les *JUGEMENTS*[♠] de ta JUSTICE[◊].
107a	J'ai été humilié jusque tout à fait.
107b	YHWH, fais-moi VIVRE^{≈⇓} selon *ta parole*.
108a	Aux générosités de MA BOUCHE⁼ prends-donc-plaisir, YHWH,
108b	et tes *JUGEMENTS*[♠], apprends-(les-)moi.
	- - - - -
109a	Ma GORGE^{+⇓} (est) dans MA PAUME[◦]* continuellement.
109b	Ton Enseignement[♥], je *n*(e l)'ai *pas* oublié.
110a	Ils ont donné, les MECHANTS[◊], une trappe pour moi.
110b	(Loin) de tes préceptes je *ne* me suis *pas* égaré.
111a	J'ai hérité de tes témoignages *pour toujours*.
111b	Car (ils sont) l'allégresse de *MON CŒUr*^{◦+=}, eux.
112a	J'ai tendu *MON CŒUR*^{◦+=}
112b	à (tout) faire (selon) tes LOIS^{♥♠},
112c	*pour toujours*, jusqu'au bout.

---

64   *'hb/śn'* selon Avishur p.220.

65   Si l'on voulait à tout prix distinguer 101 et 102, on parlerait alors sur l'ensemble
     d'un chiasme. Nous sommes parvenu ici à tirer bien meilleur parti que dans *SVT*
     des indices structurels nombreux de cette strophe. Girard distingue sommairement

Cette strophe comporte deux volets que nous étudierons tour à tour avant de considérer leur ensemble. Dans le premier nous voyons 105–106 et 107b–108 se répondre autour de 107b. En 105 autour de *ta parole* se répondent en parallèle *une lampe*[#] *pour mon pied* et *une lumière*[#] *pour mon sentier*, *lampe* et *lumière* constituant une paire stéréotypée[66]. Puis 106 tire les conséquences de cette première affirmation. En 107b–108 nous voyons les demandes de 107b et 108b entourer la demande centrale de 108a, se répondant d'ici à là en ordre inverse *ta parole* et *tes jugements*, puis *fais-moi vivre* et *apprends-moi*. Le fidèle demande à connaître de la parole et des jugements divins, mais il demande à YHWH de prendre plaisir à ce qui vient de sa bouche à lui. Au centre le psalmiste mentionne de façon concise l'humiliation extrême dont il a souffert. Entre 105–106 et 107b–108 nous voyons se répondre d'abord les récurrences *parole* et *jugements*, en début et fin ici et là, mais aussi de 105b à 107b *lumière* et *vi(vr)e*, termes d'une paire stéréotypée[67]. Le volet 109–112 ordonne 109 et 110b–112 autour du rappel des pièges des méchants en 110a. En 110b–112 on relève l'ordonnance inversée de *pour toujours… mon cœur…* et *mon cœur… pour toujours…* Entre 109 et 110b–112 notons les rapports indiqués par la récurrence de la négation et par la répartition des termes de deux (et même trois) paires stéréotypées. La négation se lit en 19b et 110b se rapportant à un verbe de même sujet et de contenu apparenté: je n'ai pas oublié… je ne me suis pas égaré… Quant aux paires stéréotypées notons d'abord celle de *cœur/gorge*[68] de 109a à 111b.112a, ici dans un contexte heureux pour le fidèle. On peut y ajouter dans les mêmes propositions celle de *cœur/paume*[69], avec la même connotation. Une autre paire stéréotypée met en rapport 109b et 112b, soit *loi/Enseignement*, Enseignement et lois auxquels le fidèle se montre ici et là fermement attaché.

---

un diptyque avec en parallèle 97–100 + 101 et 102–104a + 104bc et ne trouve aucun indice structurel d'une unité interne pour les deux volets ainsi déterminés.

66 *'wr/nr* selon Avishur p.183.
67 *'wr/hyym* selon Avishur pp. 166 et 189. Peut-être pourrait-on ajouter un jeu de mots entre *ntybty* (mon sentier) et *ndbwt* (les générosités) de 105b à 108a ?
68 Voir n.21.
69 *lb/kp* selon Avishur pp. 218.279.504.

Nous pouvons maintenant considérer l'ensemble de la strophe, soit les rapports entre 105–108 et 109–112. L'un et l'autre volet sont ordonnés autour d'une présentation des épreuves du fidèle en 107a et 110a. Chacun s'amorce (en 105a et 109a) avec une proposition comportant mention soit du pied, soit de la paume du fidèle, deux parties du corps constituant une paire stéréotypée[70], et s'achève avec une proposition où on lit *TES JUGEMENTS* et *TES LOIS*, deux termes dont nous savons qu'ils constituent eux aussi une paire stéréotypée. Autour du centre (107a) du premier volet nous lisons *TES JUGEMENTS* et VIVRE, le premier constituant une paire stéréotypée avec *TES LOIS* que nous lisons dans la *dernière* proposition du deuxième volet (en 112b), le deuxième avec MA GORGE que nous lisons dans la *première* proposition du deuxième volet (en 109a). En 108a et 111b + 112a nous lisons les termes de la paire stéréotypée *bouche/cœur*[71], la première étant censée plaire à YHWH et le second trouvant sa joie en lui ou s'appliquant à agir selon ses lois. Ne reste plus à signaler de 106b à 110a la répartition des termes de la paire stéréotypée *just(ic)e/méchant*[72]. A garder la première le fidèle se verra protégé des pièges des seconds. La répartition de ces divers indices peut se récapituler dans le tableau suivant:

		Ma GORGE[‖]		109a
105a	**MON PIED***	=	**MA PAUME***	
106a				109b
106b	les *JUGEMENTS*[♠]			
	de ta JUSTICE[◊]	=	les MECHANTS[◊]	**110a**
	107a			
107b	VIVRE[‖]			
			MON CŒUR[=]	111b
108a	MA BOUCHE[=]		*MON CŒUR*[=]	112a
108b	**tes *JUGEMENTS*[♠]**	=	**tes LOIS[♠]**	112b

---

70 *kp/rgl* selon Avishur p.83.
71 Voir n.44.
72 Voir n.41.

Du premier au second volet on aura noté la disparition des demandes à
YHWH. Dans le premier lesdites demandes (107b–108) répondent aux
protestations de fidélité (105–106), mais dans le second on ne lit autour du
centre que de ces protestations de fidélité (109 et 110b–112), d'où
l'originalité dans cette strophe de 107b–108 qui d'ailleurs sont les seuls à
comporter, et par deux fois, le nom divin[73].

Lisons **la quinzième strophe** à l'aide la présentation que voici:

113a	Les divisés, j(e les) ai haïs*=,
113b	TON ENSEIGNEMENT♥, J(e l)'AI AIME*.
114a	Ma cachette et mon bouclier, (c'est) toi.
114b	Sur ta parole∇ j'ai compté.
115a	Détournez-vous de moi, MALFAISANTS+=:
115b	j'observe les commandements♦♦ de mon Dieu.
	- - - - -
116a	*Soutiens-moi* selon ton dire∇ et je vivrai.
116b	Ne me fais pas avoir honte
	(sans tenir compte) de mon regard-confiant.
117a	*Soutiens-moi* et je serai sauvé.
	- - - - -
117b	Je scruterai *TES LOIS*♥♦♠ continuellement.
118a	Tu as vilipendé tous les (gens) errant (loin) de *TES LOIS*♥♦,
118b	car mensonge (est) leur imposture.
119a	(Les réduisant en) scories,
	tu as fait cesser tous les MECHANTS+ de la terre.
119b	C'est pourquoi *J'AI AIME** tes témoignages•.
120a	Elle a frissonné par peur#-de-toi, ma chair;
120b	(à cause) de tes jugements▲, j'ai craint#.

On peut évidemment voir un parallèle entre 113a et 113b, jouant d'ici à là
des oppositions. Mais étant donné l'homogénéité du contenu on peut aussi
considérer ensemble 113b et 114 et les voir ordonnés comme ceci:

---

73 Ainsi, même si pour y parvenir nous avons du améliorer de beaucoup notre proposition de *SVT*, nous ne partageons pas le pessimisme de Girard quant à la structure
de cette strophe : «On cherche en vain tout indice d'unité de la strophe dans son
ensemble. De plus, entre les deux mini-diptyques, l'un ordinaire (v. 105–108) et
l'autre chiastique (v. 111–112), se détachent deux distiques (v. 109–110) dépour-
vus de tout lien strict avec le reste». Dans sa tentative pour déceler la structure de
105–108, il ne tient pas compte du caractère propre de 107a et voit seulement se
répondre 105 et 107, puis 106 et 108.

113b	ton Enseignement,
	j(e l)'ai aimé.
114a	**Ma cachette et mon bouclier,**
	(c'est) toi.
114b	Sur ta parole
	j'ai compté.

Au centre 114a se trouve en chiasme avec 113b et avec 114b, mais dans un ordre inverse d'ici à là. Dans ce centre le psalmiste ne parle pas seulement de l'Enseignement divin ou de la parole divine, mais de Dieu lui-même (toi). En 116–117a la disposition concentrique est limpide, 116a et 117a se répondant en parallèle, avec la même amorce *Soutiens-moi*. En 118–119a nous retrouvons encore une disposition concentrique puisque la dénonciation du mensonge en 118b est entourée par deux expressions du traitement que YHWH fait subir aux méchants, ces derniers n'étant évidemment autres que *ces gens errant loin de tes lois*. En 119b–120 on retrouvons une disposition semblable à celle de 113b–114 puisqu'au centre il est question de la peur *de toi*, mais en 119b et 120b de l'amour des *témoignages* ou de la crainte suscitée par les *jugements*. Notons cependant en 120a et 120b la répartition des termes de la paire stéréotypée *peur/crainte*[74]. En 117b–120 on pourrait voir une symétrie concentrique autour de 118b, se répondant successivement 118a et 119a, puis 117b et 119b–120. Mais nous préférons considérer autour de 118–119a la correspondance entre 117b et 119b–120.

La structure d'ensemble de la strophe semble respecter, nous le verrons ci-dessous, une symétrie concentrique à une irrégularité près. Mais commençons par quelques structures partielles. En 113–115 on peut voir un parallèle 113a + 113b–114 // 115a + 115b, alternant les divisés ou malfaisants avec ce qui concerne le psalmiste lui-même en sa fidélité. Mais c'est en 113–115a que les indices sont les plus explicites. On lit en effet les termes de la paire stéréotypée *haine/mal*[75] accompagnant donc la correspondance entre 113a et 115a, et encore ceux de la paire *aimer/haïr*[76], articulant 113b(–114) et 115a. En 117b–120 nous pouvons voir 118–119a encadré par 117b et 119b–120 qui entre eux se répondent, comme le montre d'ailleurs la répartition ici et là des termes de la paire stéréotypée que constituent *lois* et *jugements*. Nous avons repéré la structure concentrique de 116–117a. Cette structure se prolonge de 113b à 120. Nous lisons en effet en 115b et 117b *commandements* et *lois* qui, nous le savons, constituent

---

74 *phd/yr'* selon Avishur pp. 446.685.702.
75 *śn'h/r'*[c] selon Avishur pp. 453 et 461.
76 Voir n.64.

une paire stéréotypée, les contenus de 115b et 117b étant très semblables. En 115a et (118–)119a nous voyons répartis les termes de la paire stéréotypée *mal(faisant)/méchan(ce)t(é)*[77], et de 113b(–114) à 119b(–120) nous retrouvons *aimer*. Par ailleurs en 113b–114 nous lisons une unité plus longue suivie de deux brèves, alors qu'en 117b–120 nous avons une unité brève suivie de deux longues (Xyz appelant z'YX'). On voit donc que, n'était 113a, le centre 116b est concentriquement entouré successivement par 116a et 117a, puis 115b et 117b, 115a et 118–119a, et enfin 113b–114 et 119b–120. Etant donné le parallèle entre 113a et 113b on pourrait pour la structure d'ensemble tenir ensemble 113–114. Autour de 116–117a on peut aussi découvrir une certaine ordonnance entre 113–115 et 117b–120. On lit en effet en 113–114 et en 117b *ton Enseignement* et *tes lois*, deux termes dont nous savons qu'ils constituent une paire stéréotypée. Nous avons vu plus haut la correspondance entre 115a et 118–119a. En 115b et 119b–120 nous lisons *commandements* et *témoignages*, deux termes dont nous savons également qu'ils constituent une paire stéréotypée. Ainsi pourrait-on tenir que cette strophe présente un triptyque ABA', le volet central 116–117a étant lui-même structuré selon un schéma du même type (aba'), les deux volets extrêmes (113–115 et 117b–120) se répondant à la fois selon un chiasme et selon un parallèle[78].

77 *r^c/rš^c* selon Avishur p.80.
78 Nous reprenons ici pour l'essentiel notre proposition de *SVT*, mais dans une présentation plus claire. Selon Girard il faudrait voir ici un chiasme ayant pour centres 116 et 117, et pour extrêmes 113–115 et 118–120. Mais c'est ignorer le changement de perspective entre 117a et 117b et manquer la symétrie concentrique en 116–117a. Girard ne perçoit de mini-structure ni en 113–115, ni en 118–120.

La structure de **la seizième strophe** se percevra plus aisément si nous en disposons le texte selon les trois volets que voici:

121a	J'ai *FAIT* JUGEMENT⬥ et *JUSTICE*⁺⁼#□.
121b	Ne me fais pas reposer aux (mains des gens) *m'opprimant*.
122a	Garantis à *TON SERVITEUR* le BON(heur)° #^!
122b	(Que) ne *m'oppriment* pas les orgueilleux!
123a	Mes yeux se sont achevés pour ton SALUT⁼≈
123b	et pour le dire de ta *JUSTICE*⁺⁼#□.
	- - - - -
124a	*FAIS* avec *TON SERVITEUR* selon ta LOYAUTE□^≈.
124b	TES LOIS♥⬥▲, apprends^{αβ}-(les-)moi.
125a	(Je suis) *TON SERVITEUR*, moi. Fais-moi discerner^{αγ},
125b	et je connaîtrai^{βγ} TES TEMOIGNAGES⬥.
126a	(C'est) le temps de *FAIRE*, pour YHWH:
126b	ils ont coupé (court à) ton Enseignement♥.
	- - - - -
127a	*C'est pourquoi* j'ai aimé* TES COMMANDEMENTS⬥•
127b	plus que l'or, plus que l('or) pur.
128a	*C'est pourquoi tous* tes préceptes,
	j(e les) ai *tous* considérés-DROITS⁺°.
128b	*Toute* route de mensonge, j(e l)'ai haïe*.

La structure concentrique de 121–123 est clairement indiquée par les récurrences, soit:

121a	J'ai fait jugement" et *justice*"$^{=\#}$.
121b	Ne me fais pas reposer aux (mains des gens) *m'opprimant*.
122a	Garantis à ton serviteur le bon(heur)$^{\#}$!
122b	(Que) ne *m'oppriment* pas les orgueilleux!
123a	Mes yeux se sont achevés pour ton salut$^{=}$
123b	et pour le dire de ta *justice*$^{=\#}$.

Le centre 122a est entouré par des propositions comportant successivement *opprimer* et *justice*. De plus *bon(heur)* qui se lit en 122a constitue une paire stéréotypée avec *justice*[79] En 121a *jugement* et *justice* constituent une paire stéréotypée[80], et de même en 123 *salut* et *justice*[81]. La docilité du fidèle (121a et 123) lui permet d'attendre de YHWH la libération des oppresseurs (121b et 122b), et mieux encore le bonheur (122a).

Le deuxième volet se présente selon une alternance régulière des invitations faites à YHWH et de ceux qu'elles concerne, soit:

124a	*Fais*
	avec *ton serviteur* selon ta loyauté.
124b	Tes lois$^{♥}$, apprends^{αβ}-(les-)moi.
125a	(Je suis) *ton serviteur*, moi.
	Fais-moi discerner^{αγ},
125b	et je connaîtrai^{βγ} tes témoignages.
126a	(C'est) le temps de *faire*, pour YHWH:
126b	ils ont coupé (court à) ton Enseignement$^{♥}$.

Les trois verbes *apprendre, discerner, connaître*, constituent deux à deux les trois paires stéréotypées déjà relevées à propos de la strophe X. En 124b et 125aβ nous lisons respectivement *apprendre* et *discerner*, en 124aβ et 125aα *ton serviteur*, en 124aα et 126a le verbe *faire* avec pour sujet YHWH, en 124b (invitation à YHWH) et 126b (personnes concernées) *tes lois* et *ton Enseignement* dont nous savons qu'ils constituent une paire stéréotypée, et encore *apprendre* et *discerner* en 124b et 125aβ (invitations à YHWH) qui font paire stéréotypées avec *connaître* que nous lisons en

---

79 Voir n.27.
80 *špt/ṣdq* selon Avishur p.768, à l'index.
81 *yšʿ/ṣdq* selon Avishur p.760, à l'index.

125b (personne concernée). On notera dans notre colonne de droite d'une part la progression entre la simple mention du serviteur, puis l'autoprésentation de ce même serviteur (ton serviteur, moi), et enfin sa protestation de fidélité aux témoignages divins, et d'autre part l'opposition qui survient en 126b avec ceux qui méprisent l'Enseignement divin.

Le troisième volet se lit comme ceci:

127a	*C'est pourquoi*	j'ai aimé*
		tes commandements
127b		*plus que* l'or,
		plus que l('or) pur.
128a	*C'est pourquoi*	*tous* tes préceptes,
		j(e les) ai *tous* considérés-droits[+o].
		- - - - -
128b		*Toute* route de mensonge,
		j(e l)'ai haïe*.

En 127–128a, on repère sans peine un chiasme à six termes, les deux objets de comparaison se lisant aux centres (introduits l'un et l'autre par *plus que*), puis *tes commandements* et *tes préceptes*, et aux extrêmes les appréciations *j'ai aimé… j'ai considérés-droits*. On lit ensuite en 128 en parallèle les rapports se jouant à partir d'oppositions entre *tous tes préceptes* et *toute route de mensonge* (donc avec *tout* ici et là), puis entre *j'ai considérés-droits* et *j'ai haïe*. Tant le chiasme de 127–128a que le parallèle de 128 sont introduits par *C'est pourquoi*. Incluant l'ensemble on aura remarqué *j'ai aimé* et *j'ai haï*, termes, on le sait, d'une paire stéréotypée.

Qu'en est-il de l'ensemble de notre strophe? Considérons les rapports entre premier et deuxième volet, puis entre deuxième et troisième, pour en venir au terme au rapport entre les volets extrêmes. Entre premier et deuxième volet nous retrouvons les récurrences de *faire* et *ton serviteur*, mais aussi la répartition des termes de plusieurs paires stéréotypées, indices qui se rencontrent dans les contextes suivants:

121a[b]	J'ai *FAIT* JUGEMENT♦ et *JUSTICE*□.	[...]
122a[b]	Garantis à *TON SERVITEUR* le BON(heur)^!	[...]
123a	Mes yeux se sont achevés pour ton SALUT=	
123b	et pour le dire de ta *JUSTICE*□.	
	- - - - -	
124a	*FAIS* avec *TON SERVITEUR* selon ta LOYAUTE□^=.	
124b	TES LOIS♦, apprends-(les-)moi.	
125aα[βb]	(Je suis) *TON SERVITEUR*, moi.	[...]
126a [b]	(C'est) le temps de *FAIRE*, pour YHWH:	[...]

On peut d'ici à là repérer le dispositif suivant, en mettant côte à côte nos deux volets:

J'AI FAIT	JUGEMENT♦	*FAIS*	
	et	*TON SERVITEUR*	
	JUSTICE□		LOYAUTE□^=!
	- - -		
TON SERVITEUR	BON(heur)^!		
	- - -		
	SALUT=		LOIS♦!
	et...	*TON SERVITEUR*	
	JUSTICE□	*FAIRE*	

Il s'agit du *faire* du fidèle au début du premier volet, de celui de YHWH aux extrêmes du deuxième, l'un appelant l'autre. On lit BON(heur), LOYAUTE et LOIS à l'intérieur d'une demande. Pour ce qui est de LOYAUTE, il forme une paire stéréotypée non seulement avec BON(heur), mais aussi avec JUSTICE et SALUT[82]. On sait enfin que JUGEMENT et LOI forment eux aussi une paire stéréotypée. Enfin *TON SERVITEUR* est mentionné comme tel pour la demande centrale du premier volet (122a) et aux extrêmes du deuxième, en 124a dans une demande, en 125a pour introduire la dernière instance faite à YHWH.

Entre le deuxième volet et le troisième les indices sont peu nombreux, soit la répartition ici et là des termes de deux paires stéréotypées, celles que constituent LOIS et COMMANDEMENTS, ainsi que TEMOIGNAGES et COMMANDEMENTS. Il s'agit en 124 et 125 de connaître lois et témoignages, en 127 d'aimer les commandements, connaissance et amour se conjuguant. Le rapport entre le premier volet et le troisième repose lui aussi sur deux paires stéréotypées, mais peut-être, au vu des contextes, de plus grande portée.

---

82 *ṭwb/ḥsd* selon Avishur pp. 238.253.281, *ḥsd/ṣdq* (voir n.39), *ḥsd/yš* ᶜ (voir n.33).

On lit *JUSTICE* aux extrêmes de 121–123 et BON(heur) en leur centre. Or ces deux termes forment paire stéréotypée avec la DROITURE[83] reconnue aux préceptes dans le dernier verset de notre strophe. Tant cette justice pratiquée et désirée par le fidèle que ce bonheur que YHWH lui assurera se révèlent marqués par la droiture. On voit donc que dans notre strophe chacun des trois volets est en rapport avec les deux autres, mais que le rapport le plus étroit est entre les deux premiers volets[84].

---

83 ṣdq/yšr (voir n.7), et ṭwb/ yšr selon Avishur p.281.

84 Nous avons ici repris notre proposition de *SVT* pour 121–123 et pour 124–126 (dans *SVT* nous lisions 126b avec la suite), mais examiné à nouveaux frais 127–128. Girard pour sa part voit un diptyque selon 121–124 et 125–128 (sans tranches distinctes). Girard voit en 121–124 une structure des plus tentantes à partir des récurrences disposées comme suit :

j'ai fait	justice	[x.z]
m'opprimant	ton serviteur	[y.w]
que ne m'oppriment	ta justice	[y.z]
fais	ton serviteur,	[x.w]

où l'on voit l'ordonnance en chiasme dans la première colonne et en parallèle dans la seconde. Mais nous avons repéré ci-dessus l'autonomie structurelle de 121–123, puis de 124–126. Le verbe *faire* n'a pas le même sujet en 121a (le psalmiste) et en 124a (YHWH). Il nous semble donc que sa récurrence est plus déterminante en *124–126* où YHWH est par deux fois (124a et 126a) son sujet. Quant aux autres récurrences nous en avons rendu compte autrement.

La dix-septième strophe se présente comme ceci:

129a	Merveilles (sont) tes témoignages*.
129b	C'est pourquoi les a observés* ma gorge.
130a	L'ouverture de tes paroles$^\nabla$ *illumine*,
130b	faisant discerner les ignorants.
131a	Ma bouche, j(e l)'ai ouverte (toute grande) et j'ai reniflé,
131b	car tes commandements**, j(e les) ai désirés.
	- - - - -
132a	Fais-*face* vers moi et aie pitié de moi,
132b	selon le jugement* (destiné) aux (gens) aimant ton nom.
133a	Mes pas, stabilise(-les) par ton dire$^\nabla$,
133b	et ne laisse pas dominer en moi toute iniquité.
134a	Rachète-moi de l'oppression de l'humain,
134b	et je *garderai** tes préceptes.
135a	Ta *face*, *illumine*(-la) sur ton serviteur,
135b	et apprends-moi tes lois♥♦♠.
136a	Des rivières d'eaux ont descendu (de) mes yeux,
136b	à cause (du fait que les gens) n'ont pas *gardé** ton Enseignement♥.

On voit ici alterner les propositions dont YHWH ou l'un ou l'autre aspect de son Enseignement est sujet, soit dans un énoncé (129a et 130), soit dans une série de demandes (132–134a[85] et 135), et celles dont le psalmiste est sujet, protestant de sa fidélité (en 129b, 131, 134b, et 136 où , pour n'être pas le sujet grammatical, le psalmiste n'en est pas moins clairement l'acteur). Considérons l'une et l'autre série. On ne voit pas d'indice du rapport de contenus entre 129a et 130. Mais en 130 et 132–134a nous voyons répartis *paroles* et *dire* dont nous savons qu'ils constituent une paire stéréotypée. En 132–134a et 135 nous trouvons *face* dans le premier mot et, répartis ici et là, *jugement* et *loi* dont nous savons qu'ils constituent une paire stéréotypée. On lit aussi *illumine* en 130 et 135. Dans l'autre série on notera récurrence (pour *garder*) et termes de la paire stéréotypée *garder/observer* en 129b, 134b et 136. Une partie du corps du psalmiste est en jeu en 129b (ma gorge), 131 (ma bouche) et 136 (mes yeux). On notera

---

85   Seule unité où on pourrait peut-être percevoir une certaine structure en distinguant 2 + 1 + 2 impératifs, les deux premiers appelant l'attention de YHWH sur son fidèle, les deux derniers le priant de le protéger tant de l'iniquité que des ennemis, celui du centre se référant au dire de YHWH. Mais c'est plus là une segmentation qu'une structure proprement dite.

le mouvement ascendant de l'une à l'autre. En 129a et 135 (de la deuxième série) nous lisons respectivement *tes témoignages* et *tes lois* qui chacun forme une paire stéréotypée avec *tes commandements* de 131 (première série). Entre les deux dernières unités l'articulation se fait aussi à l'aide de la répartition ici et là des termes d'une paire stéréotypée, soit *tes lois* et *ton Enseignement*. On pourrait distinguer quatre et quatre unités. Les quatre premières sont incluses entre *tes témoignages* et *tes commandements* (paire stéréotypée), les quatre dernières présentes l'alternance régulière des indices: *fais-face* + *je garderai* // *ta face* + *n'ont pas gardé*. Il existe aussi de l'une à l'autre de ces deux parties un parallèle entre leurs deuxième et troisième unités comme l'indiquent: *observés** (129b) + *illumine* (130) // *je garderai** (134b) + *illumine* (135)[86].

---

86 Nous avons repris ici notre proposition de *SVT*, mais sans plus distinguer un centre 132–133a (voir sur 132–134a à la note précédente). Girard quant à lui distingue les deux volets d'un diptyque (sans tranches distinctes) en 120–132 et 133–136b. Nous distinguons aussi deux volets, mais en 129–131 (où on lit les exclamations adressées à YHWH au sujet de la loi) et 132–136 (où sont adressées des demandes à YHWH).

Dans **la dix-huitième strophe** nous distinguons les volets suivants:

137a	(Tu es) *JUSTE*$^{+}$*, TOI, YHWH,
137b	droits* (sont) tes JUGEMENTS°.
138a	Tu as *COMMANDE*• la *JUSTICE*$^{+}$* de *TES TEMOIGNAGES*•
138b	et la *FIDELITE*$^{+°}$ *TOUT A FAIT*.
	- - - - -
139a	Elle m'a abattu, ma jalousie,
139b	car ils ont *oublié* tes paroles$^{\triangledown}$, mes *ADVERSAIRES*.
140a	(Il est) passé-au-creuset, ton dire$^{\triangledown}$ *TOUT A FAIT*, /
140b	et ton serviteur l'a aimé.
141a	Petit, MOI, et dédaigné,
141b	tes préceptes, je n(e les) ai pas *oubliés*.
	- - - - -
142a	Ta *JUSTICE*$^{+}$* (est) une *JUSTICE*$^{+}$ *pour toujours*,
142b	ton Enseignement (est) *FIDELITE*$^{+°}$.
143a	*L'ADVERSITE* et la détresse m'ont trouvé.
143b	Tes *COMMANDEMENTS*• (sont) mes délices.
144a	(Ils sont) *JUSTICE, TES TEMOIGNAGES*•, *pour toujours*.
144b	Fais-moi discerner, et je vivrai.

Dans le premier volet nous lisons d'abord un parallèle en 137: *juste* et *droit* constituent, nous le savons, une paire stéréotypée, et après chacun de ces adjectifs nous voyons mis en parallèle *toi, YHWH* et *tes jugements*. On pourrait aussi lire *YHWH* au centre et en parallèle avant et après: *juste + toi / droits + tes jugements*. 138 ne présente pas de structure particulière, mais on y lit aussi les termes d'une paire stéréotypée, *justice* et *fidélité*[87], soit les deux objets du verbe initial *tu as commandé*. De plus en 137b et 138b nous lisons encore les termes d'une paire stéréotypée avec *jugement* et *fidélité*[88]. Ces deux versets vantant la justice, la droiture, et la fidélité divines manifestées dans ses jugements et ses témoignages, se tiennent donc étroitement.

---

[87] *'mt/ṣdq* selon Avishur pp. 110.237.256.642. Et puisque *commandement* et *témoignage* constituent une paire stéréotypée, on peut aussi repérer les termes de ladite paire en 138a où cependant c'est le verbe *commander* qui est employé.

[88] Voir n.53.

Le deuxième volet est d'une structure un peu plus complexe. on y lit:

139a	Elle m'a abattu, ma jalousie,
139b	car ils ont *oublié*
	tes paroles$^\nabla$,
	mes adversaires.
140a	(Il est) passé-au-creuset,
	ton dire$^\nabla$ tout à fait,
140b	et ton serviteur l'a aimé.
141a	Petit, moi, et dédaigné,
141b	tes préceptes,
	je n(e les) ai pas *oubliés*.

On voit 141 inverser exactement les données de 139, et de par le contenu, et de par la disposition structurelle: xyz devient z'y'x'. La récurrence de *oublier* joue ici entre les extrêmes. Quant à 140 il constitue avec 139 une symétrie concentrique autour de *mes adversaires*, jouant ici encore sur des oppositions: ils ont oublié, mais ton serviteur a aimé. Quoi? Les premiers *tes paroles*, le second *ton dire*, *parole* et *dire* constituant la paire stéréotypée que l'on sait. Avec 141 140 constitue une symétrie de type y'x' z' y"x", *tes préceptes* reportant à *ton dire* et *ne pas oublier* à *aimer*. La jalousie de 139a double l'oubli des adversaires de 139b et fait contraste avec lui, tant et si bien que se répondent au long de ces trois versets *jalousie, amour* et *non-oubli* de la part du fidèle, l'amour expliquant tant la jalousie que le non-oubli. On remarquera aussi l'insistance sur le *dire* passé au creuset alors que ne le précèdent et suivent que les simples mentions de la *parole* et des *préceptes*. Les deux centres de 139–140 et de 140–141 se répondent en opposant les adversaires et le fidèle petit et dédaigné.

Le troisième volet peut être présenté comme ceci:

142a	Ta *justice*$^+$ (est) une *justice*$^+$ *pour toujours*,
142b	ton Enseignement (est) fidélité$^{+\circ}$.
143a	l'adversité et la détresse m'ont trouvé.
143b	Tes commandements$^\bullet$ (sont) mes délices.
144a	(Ils sont) *justice*, tes témoignages$^\bullet$, *pour toujours*.
144b	Fais-moi discerner, et je vivrai.

En 142 le parallèle est patent entre *ta justice* + *une justice pour toujours* et *ton Enseignement* + *fidélité*, jouant ici à nouveau la paire stéréotypée *fidé-*

lité/justice[89]. En 143b–144a nous lisons un chiasme *tes commandements* + *mes délices / justice* + *tes témoignages*, jouant ici les termes de la paire *commandement/témoignage*. *Pour toujours* s'ajoute au premier volet du parallèle en 142, au second volet du chiasme en 143b–144a. En 142 sont vantées la justice durable de la justice divine et la fidélité de l'Enseignement divin, en 143b–144a les délices que sont pour le fidèle les commandements divins et la justice durable des témoignages divins. Sont donc récurrents d'ici à là *justice* et *pour toujours*. En 143a et 144b s'opposent adversité/détresse et vie pour le fidèle. L'adversité et la détresse ne sont nullement mises en rapport avec l'Enseignement divin, par contre la vie est donnée comme l'effet d'un bon discernement des commandements et témoignages divins.

Nous pouvons maintenant considérer l'ensemble de la strophe. Avant d'étudier les riches rapports entre les volets extrêmes repérons sur l'ensemble du premier au deuxième volet la récurrence de *tout à fait*, mais aussi l'emploi des deux pronoms indépendants de cette strophe, soit *toi* en 137 et *moi* en 141, puis du deuxième volet au troisième la récurrence de *adversaires/adversité* de 139 à 143. Ainsi le volet central se trouve-t-il articulé aux deux volets extrêmes. Mais les rapports entre ces volets extrêmes requièrent plus d'attention. Les indices sont répartis comme le montrera le tableau suivant où l'on tient compte de l'analyse ci-dessus pour chaque volet:

137: *JUSTE*[+] * DROITS* + *JUGEMENTS*[°]	142–143a: *JUSTICE*[+] * + *JUSTICE*[+] * *FIDELITE*[+°]
138: *COMMANDE*[•] + *JUSTICE*[+] * + *TEMOIGNAGES*[•] *FIDELITE*[+°]	143b–144: *COMMANDEMENTS*[•] *JUSTICE*[+] * + *TEMOIGNAGES*[•]

La séquence identique *commande(ment)/justice* + *témoignages* dans la seconde partie de chacun de ces deux volets est nette. On voit aussi que chacun des deux volets commence avec *JUST(IC)E*, qui se lit par deux fois en 142–143a tandis qu'en 137 lui fait écho DROITS avec lequel il constitue une paire stéréotypée. *FIDELITE* se lit au terme de 138 comme de 142–143a. YHWH, ses jugements, ses témoignages et sa justice sont justes. En eux se manifeste sa fidélité. Ces rapports étroits entre premier et troisième volet

---

89 On pourrait être tenté en 142 de lire *pour toujours* entre le parallèle *ta justice* + *une justice // ton Enseignement* + *fidélité*, mais ne pouvant retrouver la même disposition en 143b–144a nous préférons laisser *pour toujours* rattaché à *ta justice* (et non comme *pivot* au milieu du parallèle).

montrent comment ils encadrent le volet central pour former avec lui un petit triptyque[90].

* * *

La dix-neuvième strophe comprend les trois volets que voici:

145a	*J'ai appelé* de tout CŒUR°.
145b	Réponds-moi, **YHWH**!
145c	TES LOIS^{♥♦♠}, j(e les) OBSERVE⁺.
146a	*Je t'ai appelé.* Sauve-moi!
	- - - - -
146b	Je *GARDE*⁺ *TES TEMOIGNAGES*[•].
147a	*Je suis venu-AVANT*, à l'aube, et J'AI CRIE[◊].
147b	Sur tes paroles[∇] j'ai compté.
148a	*Ils sont venus-AVANT*, mes YEUX°,
	les heures-de-*GARDE*⁺ (du matin),
148b	pour méditer sur ton dire[∇].
	- - - - -
149a	Ma VOIX[◊], entends⁼(-la), selon ta loyauté*.
149b	**YHWH**, selon TON JUGEMENT[♠] fais-moi vivre.
150a	Ils se sont *approchés*, les (gens) poursuivant un complot;
150b	de TON ENSEIGNEMENT[♥] ils se sont éloignés.
151a	(Tu es) *proche*, toi, **YHWH**,
151b	et tous tes commandements^{♦♠} (sont) fidélité*.
152a	*AVANT*, j'ai connu⁼ (quelque chose) de *TES TEMOIGNAGES*[•],
152b	car pour toujours tu les as fondés.

---

[90] Nous avons repris ici pratiquement à nouveaux frais, même si bien évidemment nous nous appuyons sur nombre d'indices déjà repérés, l'analyse tentée dans *SVT*. Girard voit un chiasme sur l'ensemble, 137–138 + 139 appelant en ordre inverse 140–141 + 142–144. Nous serions d'accord sur la répartition en trois volets 137–138 + 139–141 + 142–144. Mais la structure de 139–141 ne permet pas d'y distinguer 139 d'une part et 140–141 de l'autre, 140 jouant tant avec 139 qu'avec 141. En 137–138 la récurrence de *justice* ne fonctionne pas comme une inclusion, mais comme élément d'un parallèle, et de même en 142–144. Les récurrences n'entrant pas dans le cadre du diptyque de Girard trouvent leur fonction structurelle si l'on accepte de voir notre strophe commandée par un triptyque. Voir ci-dessus.

Le premier volet présente une structure assez simple, soit:

145a	*J'ai appelé* de tout cœur.
145b	Réponds-moi, **YHWH**!
145c	Tes lois, j(e les) observe.
146a	*Je t'ai appelé.*
	Sauve-moi!

145c se lit au centre tandis que 145ab et 146 se lisent en parallèle, la réponse attendue n'étant autre que le salut espéré.

Le deuxième volet présente une structure légèrement plus complexe:

146b	Je *garde* tes témoignages˙.	*garde*
147a	*Je suis venu-avant*, à l'aube, et j'ai crié.	*...avant*
147b	Sur tes paroles$^{\nabla}$ j'ai compté.	+ paroles$^{\nabla}$
148a	*Ils sont venus-avant*, mes yeux,	*...avant*
	les heures-de-*garde* (du matin),	*garde*
148b	pour méditer sur ton dire$^{\nabla}$.	+ dire$^{\nabla}$

Les indices portés à droite de notre tableau montrent une symétrie concentrique en 146b–148a, le centre en étant repris au terme, selon une figure structurelle connue. On se souvient que *parole* et *dire* constituent une paire stéréotypée. L'accent est donc sur ce point d'appui que constitue pour le fidèle vigilant le dire, les paroles de YHWH.

Le troisième volet est structuré selon une symétrie concentrique[91] comme le montre la disposition des indices relevés ici à droite du texte:

---

91 Au titre de mini-structure on notera que le premier verset de ce volet est lui-même agencé selon une symétrie concentrique, se correspondant autour du nom divin successivement *selon ta loyauté* et *selon ton jugement*, puis *entends* et *fais-vivre*, et enfin *ma voix* et *moi* (en tenant compte de l'ordre de l'hébreu, *moi* traduisant un pronom suffixe du verbe).

149a	Ma voix, entends⁼(-la),.	[entends⁼]
	selon ta loyauté*	[loyauté*]
149b	**YHWH**, selon ton jugement fais-moi vivre.	[YHWH]
150a	Ils se sont *approchés*, les (…) poursuivant un complot;	[*approchés*]
150b	de ton Enseignement ils se sont éloignés.	**[éloignés]**
151a	(Tu es) *proche*,	[*proche*]
	toi, **YHWH**,	[YHWH]
151b	et tous tes commandements• (sont) fidélité*.	[fidélité*]
152a	Avant, j'ai connu⁼ (quelque chose) de tes témoignages•,	[connu⁼]
152b	car pour toujours tu les as fondés.	

Entendre et *connaître* constituent une paire stéréotypée[92], tout comme, nous le savons, *loyauté* et *fidélité*. Avec *éloignés* le centre joue de l'opposition avec *(ap)proche(r)* qu'on lit en 150a et 151a: la proximité des poursuivants et celle de YHWH sont évidemment de sens opposés. La première s'accorde avec le centre 150b, la seconde s'y oppose. En 151–152a on notera la répartition des termes de la paire stéréotypée que constituent *commandements* et *témoignages*. Qui a reconnu la fidélité de YHWH, YHWH selon sa loyauté devrait l'entendre. Car si dans leur poursuite se sont approchés dangereusement du fidèle ceux qui se sont éloignés de l'Enseignement de YHWH, ce dernier lui aussi et d'abord est proche de son fidèle pour l'exaucer.

Qu'en est-il de la structure d'ensemble de notre strophe? Les indices en sont répartis comme suit:

---

92   *šmᶜ/ydᶜ* selon Avishur pp. 515–516 et 522.

145a	J'ai appelé de tout CŒUR°.
145b	Réponds-moi, YHWH!
145c	TES LOIS^{♥♦▲}, j(e les) OBSERVE⁺.
146a	Je t'ai appelé. Sauve-moi!
	- - - - -
146b	Je *GARDE*⁺ *TES TEMOIGNAGES*[•].
147a	*Je suis venu-AVANT*, à l'aube, et J'AI CRIE[◊].
147b	Sur tes paroles j'ai compté.
148a	*Ils sont venus-AVANT*, mes YEUX°,
	les heures-de-*GARDE*⁺ (du matin),
148b	pour méditer sur ton dire.
	- - - - -
149a	Ma VOIX[◊], entends(-la), selon ta loyauté.
149b	YHWH, selon TON JUGEMENT[▲] fais-moi vivre.
150a	Ils se sont approchés, les (gens) poursuivant un complot;
150b	de TON ENSEIGNEMENT[♥] ils se sont éloignés.
151a	(Tu es) proche, toi, YHWH,
151b	et tous TES COMMANDEMENTS^{♦♦} (sont) fidélité*.
152a	*AVANT*, j'ai connu⁼ (quelque chose) de *TES TEMOIGNAGES*[•],
152b	car pour toujours tu les as fondés.

Deux paires stéréotypées aident à percevoir le rapport **entre les deux premiers volets**, soit *cœur/yeux*[93] et *garder/observer*. En ordre inversé 145a et 145c appellent 146b et 148a. **Entre les deux derniers volets** nous repérons en ordre inverse de 146b + 147a à 149a + 152a *tes témoignages + (venu-)avant + crié / ma voix + avant + tes témoignages*. *Cri* et *voix* constituent une paire stéréotypée[94]. On lit encore *venus-avant* en 148a et, comme nous l'avons déjà relevé, *tes commandements* de 151b forme avec *tes témoignages* une paire stéréotypée. Les témoignages divins font remonter le fidèle au temps d'avant dans sa vie comme dans la journée, et c'est en se fondant sur eux qu'il fait entendre sa voix à YHWH en criant vers lui. **Dans les volets extrêmes** nous lisons le nom divin et y voyons répartis les termes des paires stéréotypées que forment avec *tes lois*: *ton jugement, ton Enseignement, tes commandements.* Dans le premier volet le fidèle témoigne de sa fidélité aux lois divines, dans le dernier il demande à vivre selon le jugement divin, au contraire de ceux qui s'éloignent de l'Enseignement divin,

---

93   Voir n.30.
94   *qwl/šw^ch* selon Avishur pp. 172.177.321.

lui reconnaissant que les commandements de YHWH sont fidélité. Tels
sont les mots et thèmes par où chacun de ces trois volets se rapporte aux
deux autres[95].

* * *

La vingtième strophe est structurée selon une symétrie concentrique
qu'aidera à percevoir la disposition suivante du texte:

153a	*VOIS* mon humiliation et AFFRANCHIS$^{\alpha}$-moi.
153b	*CAR* TON ENSEIGNEMENT$^{\blacktriangledown}$ je *N*(e l)'ai *PAS* oublié.
154a	*DISPUTE*$^{+}$ (avec mes opposants) ma *DISPUTE*$^{+}$ (judiciaire) et rachète-moi$^{\beta}$
154b	A *TON DIRE*$^{\nabla}$, *FAIS-MOI VIVRE*.
155a	(Il est) éloigné *DES* (*mn*) méchants, le SALUT$^{\alpha\beta\gamma\delta}$,
155b	*CAR* TES LOIS$^{\blacktriangledown\blacktriangle}$, ils *N*(e les) ont *PAS* recherchées.
156a	Tes affections$^{\circ}$ (sont) *abondantes*, YHWH.
156b	Selon tes *JUGEMENTS*$^{+\blacktriangle}$ *FAIS-MOI VIVRE*.
157a	(Ils sont) *abondants*, mes poursuivants et mes adversaires.
157b	(Loin) *DE* (*mn*) tes témoignages je *N*'ai *PAS* tendu (à dévier).
158a	J'ai *VU* des (gens) trahissant, et je déteste
158b	(ceux) qui, *TON DIRE*$^{\nabla}$, *N*(e l)'ont *PAS* gardé.
159a	*VOIS* que, tes préceptes, j(e les) ai aimés.
159b	YHWH, selon ta loyauté$^{\gamma\epsilon\circ}$* *FAIS-MOI VIVRE*.
160a	La tête de TA PAROLE$^{\nabla}$ (est) fidélité*;
160b	(il est) pour toujours, tout *JUGEMENT*$^{+\blacktriangle}$ de ta justice$^{\delta\epsilon}$.

Pour ce qui est de mini-structures relevons seulement l'agencement semblable de 156–157a et 157b–158. Ici et là un même indice fonctionne dans
des contextes opposés, soit *abondant* en 156a et 157a, visant d'abord les
affections de YHWH, puis les adversaires, et la négation, servant ici à ex-

---

95 Dans *SVT* nous ne distinguions que deux volets, en 145–148 et 149–152. Nous reprenons ici avec plus de rigueur les structures partielles, et partant la structure
d'ensemble. Girard voit dans notre strophe un diptyque sans tranches distinctes selon précisément 145–148 et 149–152, mais il repère pourtant bien quelques agencements structurels en 145–146a et 146b–148, croyant même discerner une cohérence interne en 149–151, mais ces trois propositions requièrent des ajustements.
Si nous les mentionnons, c'est qu'elles vont dans le sens d'un triptyque. Dans *SVT*
nous cherchions nous-même la structure interne de 145–146, 147–148 et 149–151,
mais nos propres propositions avaient besoin d'ajustements, ceux auxquels nous
avons procédé ci-dessus.

primer la justice du fidèle, mais là l'indocilité des traîtres[96]. Les unités extrêmes de la symétrie concentrique commencent l'une et l'autre par *Vois*. Mais on voit aussi de 154 à 160 fonctionner deux paires stéréotypées, soit celles que constituent *dispute* et *jugement*[97], puis *dire* et *parole*. En 154 le psalmiste recourt à la *dispute* et au *dire* de YHWH, en 160 il énonce les qualités du *jugement* et de la *parole* de YHWH. On voit d'ici à là l'inversion des termes se correspondant. En 155 et 157b–158 nous lisons d'abord en 155a et 157b deux propositions semblables utilisant la même préposition (*mn*), mais dans des contextes opposés: loin *des* méchants le salut, mais loin *de* tes témoignages je n'ai pas tendu. Les personnages en question sont ici au début, là au terme, et inversement pour ce qui est de leur rapport avec YHWH (ou le salut et les témoignages dont il est l'auteur), mais la préposition *mn* s'applique ici aux méchants (personnes), là aux témoignages (objet). On comparera aussi, de même sens, 155b et 158b, avec la négation ici et là: tes lois, ils *n'*ont *pas* recherchées // ton dire, ils *n'*ont *pas* gardé. Nous avons montré plus haut l'agencement de 156–157a. Notons que nous sommes au centre de la strophe, et que nous pourrions donc ici distinguer le centre 156b et deux unités l'entourant immédiatement, 156a et 157a, dont le rapport d'opposition est comparable à celui entre 155a et 157b. Ainsi donc la strophe est structurée selon une symétrie concentrique autour de 156–157a, ou même 156b.

Mais il est quelques autres récurrences à considérer. Du centre 156b aux extrêmes on retrouve *jugement* (160b) et *fais-moi vivre* (154b). En 154a et 156b nous avons encore la répartition des termes de la paire *dispute/jugement*[98]. En 156a et 159b nous lisons *affections* et *loyauté*, eux aussi termes d'une paire stéréotypée[99]. L'articulation entre 153–154 et 155 se joue à partir de la récurrence de *car* introduisant ici *ton Enseignement* et là *tes lois*, deux termes dont nous savons qu'ils constituent une paire stéréotypée. Mais on notera encore une autre paire stéréotypée dont les termes sont répartis ici et là, soit *racheter/sauver*[100]. En 155 à 156–157a relevons la répartition de *tes lois* et *tes jugements*, termes d'une paire stéréotypée. En 157b–158 à 159–160 nous lisons *voir* et voyons répartis *ton dire* et *ta parole*, paire déjà souvent rencontrée. Entre les quatre unités entourant le

---

96 En 159–160 les quatre termes *loyauté, fidélité, jugement, justice* forment chacun une paire stéréotypée avec les trois autres, ce qui fait au total six paires stéréotypées (*ḥsd/'mt* [voir n.34] *ḥsd/mšpt* selon Avishur p.282 *ḥsd/ṣdq* [voir n.39], *'mt/mšpt* [voir n.53] *'mt//ṣdq* [voir n.87], et *špt/ṣdq* [voir n.80]).Il est bien difficile dans ces conditions de voir là des indices d'une structure.

97 *ryb/špt* selon Avishur pp. 68.110.230–231.330.

98 Voir note précédente.

99 Voir n.48.

100 *g'l/yšᶜ* selon Avishur p.635.

centre 156–157a on notera aussi un parallèle. En effet on lit en 153–154 comme en 157b–158 le verbe *voir* et *ton dire*, tandis qu'en 155 et 159–160 sont répartis *salut* et *loyauté*, termes d'une paire stéréotypée[101], ainsi que *salut* et *justice*, également paire stéréotypée[102]. En inscrivant ces indices dans leurs contextes respectifs le lecteur n'aura aucune peine à découvrir les effets de sens ainsi suggérés par le texte[103].

---

101 Voir n.33.
102 Voir n.81.
103 En *SVT* nous distinguions deux volets 153–155 et 156–160. Nous avons repris ici l'analyse à nouveaux frais. Girard propose de lire en parallèle 153–155 + 156 et 157–159 + 160, voyant des parallèles tant en 153–156 qu'en 157–160. Mais il hé-site à adopter 153–157 et 158–160, envisageant même «l'inséparabilité des v. 156–157», soit presque exactement cette unité (156–157a) que nous découvrons au cen-tre de la strophe. Nous pensons pouvoir rendre compte de façon plus pertinente – et au niveau de la structure d'ensemble – des correspondances qu'il signale à l'intérieur de chacun de ses deux volets (récurrences de *faire vivre* et *voir*, syno-nymie de *affranchir* et *sauver*, *ton dire* et *ta parole*).

La vingt et unième strophe se lit selon les trois volets que voici[104]:

161a	Des chefs m'ont poursuivi sans motif.
161b	Mais (c'est) de tes paroles$^\nabla$ (qu')il a eu peur, MON CŒUR$^+$.
162a	(Je suis) débordant-d'allégresse, moi, *A CAUSE DE* ton dire$^\nabla$,
162b	comme un (homme) ayant trouvé un butin *ABONDANT*.
	- - - - -
163a	Le mensonge, j(e l)'ai haï* et abominé.
163b	*Ton Enseignement*, j(e l)'ai *AIME**.
164a	Sept (fois) par jour je t'ai loué$^\Diamond$
164b	*A CAUSE DES* jugements de ta JUSTICE$^{\Diamond=}$.
165a	(Il y a) une paix *ABONDANTE* pour les (gens) *AIMANT ton Enseignement*;
165b	(il n'y a) point pour eux d'ébranlement.
	- - - - -
166a	J'ai regardé-avec-confiance vers ton SALUT$^=$, YHWH.
166b	Tes commandements$^\bullet$, j'ai (tout) fait (en conformité avec eux).
167a	Elle a *gardé*, MA GORGE$^+$, *tes témoignages$^\bullet$*,
167b	les *AIMANT** tout à fait.
168a	J'ai *gardé* tes préceptes et *tes témoignages$^\bullet$*,
168b	car tous mes chemins (sont) devant toi.

Le premier volet semble structuré selon le chiasme suivant:

161a	Des chefs m'ont poursuivi sans motif.
161b	Mais (c'est) de tes paroles$^\nabla$ (qu')il a eu peur, mon cœur$^+$.
162a	(Je suis) débordant-d'allégresse, MOI à cause de ton dire$^\nabla$,
162b	comme un (homme) ayant trouvé un butin abondant.

On connaît le rapport entre *paroles* et *dire*. Deux oppositions commandent les autres correspondances, soit celle entre la *peur* suscitée au *cœur*, et *l'allégresse* pour *moi*, et celle entre la seule *poursuite* de chefs hostiles

---

104 Comme nous le faisions déjà dans notre étude de *SVT*, en 161b nous lisons le *w* initial comme adversatif et modifions en ce sens la traduction de Girard.

dont rien ne dit qu'ils seront vainqueurs et cet homme effectivement victo-
rieux puisqu'il joui d'un *butin* abondant.

Le second volet se lit selon les correspondances disposées comme suit:

163a	Le mensonge,	[x']
	j(e l)'ai haï* et abominé.	[y']
163b	*Ton Enseignement,*	[x]
	j(e l)'ai *aimé*.	[y]
- - - - -		
164a	Sept (fois) par jour je t'ai loué$^\lozenge$	[y"]
164b	à cause des jugements de ta justice$^\lozenge$.	[x"]
165a	(Il y a) une paix abondante	[z]
	pour les (gens) *aimant**	[y]
	ton Enseignement;	[x]
165b	(il n'y a) point pour eux d'ébranlement.	[z']

Le parallèle se découvre sans peine en 163 où s'opposent *le mensonge* et
ton Enseignement, et dans les seconds termes *haïr* et *aimer* dont nous savons qu'ils constituent une paire stéréotypée. Inversé le parallèle se retrouve en 164 + 165aβ, se répondant ici *louer* et *aimer*, puis *les jugements
de ta justice* et *ton Enseignement*. On voit que *ton Enseignement* commence en 163 le second volet du parallèle, tandis qu'il achève le second
volet en 164–165. Quant à *aimer*, il achève ici le second volet et là le
commence. En 164 l'enchaînement entre les deux termes du parallèle est
accompagné par la répartition en 164a et 164b des termes de la paire stéréotypée *justice/louange*[105]. Reste l'opposition entre la *paix* (165aα) et
l'ébranlement (165b) ou plus justement la correspondance entre la paix et
l'absence d'ébranlement. Leur mention vient en 164–165 au terme de chacun des deux volets du parallèle susdit, l'enrichissant pour ainsi dire d'un
troisième terme. On pourrait donc symboliser la structure de ces trois versets par: x' + y' // **x** + **y** / y" + x" + z // **y** + **x** + z'. On voit que l'inversion
des parallèles se joue en 163b–164 (x + y / y" + x"). Par ailleurs dans les
seconds volets ici et là se joue l'inversion des récurrences (auxquelles correspondent les caractères **gras** dans nos symboles) *ton Enseignement* + *aimer* en *aimer* + *ton Enseignement*.

---

105 *ṣdq/thlh* selon Avishur pp. 109 et 226.

Venons-en au troisième volet:

166a	*J'ai* regardé-avec-confiance	→	vers **ton** salut, YHWH.
166b	**Tes** commandements*,	←	*j'ai* (tout) fait (en conformité avec eux).
167a	Elle a *gardé*, *ma* gorge,	→	*tes témoignages**,
167b			les aimant tout à fait.
168a	*J'ai gardé*	→	**tes** préceptes et *tes témoignages**,
168b	car tous *mes* chemins	→	(sont) devant **toi**.

On voit clairement que 167a et 168a (avec les deux récurrences de *garder* et *tes témoignages*) encadrent 167b. Au plan des personnes (1ère et 2ème, soit le psalmiste et YHWH) l'ordonnance est la même en 166a (*j'ai* regardé... **ton** salut...) et en 168b (*mes* chemins... devant **toi**) qu'en 167 et 168a (*ma* gorge... *tes* témoignages / *j'ai* gardé... *tes* témoignages). Seul 166b inverse ces données (**Tes** commandements, *j'ai* fait..., ce qu'indique sur notre tableau l'inversion de la flèche), mais on y lit *tes commandements* qui constituent une paire stéréotypée avec *tes témoignages* (en 167a et 168a). 167b ne mentionne ni la 1ère, ni la 2ème pers (la 3ème se substituant en quelque sorte ici à la 2ème pour désigner les témoignages). Mais on ne peut à partir de là voir une structure bien nette à l'ensemble de ce volet, à la différence de ce que nous percevions dans les deux premiers.

Qu'en est-il de la structure de cette strophe? Du premier au deuxième volet l'enchaînement s'opère à partir de deux récurrences, soit *à cause de* (162a et 164b) et *abondant* (162b et 165a): L'allégresse du fidèle a sa *cause* dans le dire de YHWH, comparé à un butin *abondant*; à *cause* des jugements de YHWH une paix *abondante* descend sur le fidèle. Dans la deuxième et la troisième strophe on lit *aimer* (et son antonyme *haïr* dans la deuxième) ainsi que, répartis, les termes de la paire stéréotypée que constituent *justice* et *salut*. C'est l'Enseignement de YHWH *qu'aime* le fidèle (amour qui va de pair avec la *haine* du mensonge) et il *aime* tout à fait ses témoignages; c'est à cause des jugements de sa *justice* qu'il loue Dieu sept fois le jour, après avoir regardé avec confiance vers son *salut*. Dans les strophes on voit répartis *mon cœur* et *ma gorge*, termes, on le sait, d'une paire stéréotypée. C'est au même qu'appartiennent ce *cœur* imperturbable devant l'ennemi et cette *gorge* aimant les témoignages divins, l'absence de peur venant sans aucun doute de la fidélité aux témoignages[106].

---

106 Dans *SVT* nous distinguions 161–163a, 163b–165 aα, et 165aβ–168, avec de bonnes amorces pour ce que nous avançons ici de la structure de 161–162 et 166–168. Mais nous reprenons ici l'analyse à nouveaux frais. Girard propose de lire en parallèle 161–162 + 163–164 et 165–166 + 167–168. Mais un manque de précision dans l'étude des structures partielles grève ces deux propositions d'ensemble.

Et nous arrivons ainsi à **la vingt-deuxième et dernière strophe**. Elle se présente, comme nous allons le montrer, selon les quatre volets que voici :

169a	(Qu')approche mon cri
169b	*en face de toi*, YHWH!
169c	*Selon* TA PAROLE$^\nabla$ fais-moi discerner.
170a	(Que) vienne mon appel-à-la-pitié *en face de toi*!
170b	*selon* TON DIRE$^\nabla$ DELIVRE-MOI$^{\circ +}$.
	- - - - -
171a	(Qu')elles proclament, mes lèvres*, une *LOUANGE*$^\lozenge$!
171b	*CAR* tu m'apprends TES LOIS$^{\blacklozenge \blacktriangledown \spadesuit}$.
172a	(Qu')elle réponde, ma langue*, à *TON DIRE*$^\nabla$!
172b	*CAR* tous *TES COMMANDEMENTS*$^\blacklozenge$ (sont) JUSTICE$^{\lozenge \clubsuit}$.
	- - - - -
173a	(Qu')elle soit, ta main, à mon *AIDE*$^\circ$*!
173b	*CAR* tes préceptes, j(e les) ai choisis.
174a	J'ai désiré ton SALUT*$^{+\clubsuit}$, YHWH,
174b	TON ENSEIGNEMENT$^\blacktriangledown$, (ce sont) mes délices.
175a	(Que) vive ma gorge et (qu')elle te *LOUE*$^\lozenge$!
	- - - - -
175b	(Que) TES JUGEMENTS$^\spadesuit$ m'*AIDENT**!
176a	Je me suis égaré comme un mouton périssant.
176b	Cherche ton serviteur!
176c	*CAR TES COMMANDEMENTS*$^\blacklozenge$, je n(e les) ai pas oubliés.

En 169–170 nous voyons alterner selon les quatre propositions: *en face de toi* + *selon ta parole... en face toi* + *selon ton dire*, le rapport entre *parole* et *dire* nous étant connu. La première et la troisième proposition comportent respectivement *Qu'approche mon cri* et *Que vienne mon appel-à-la-pitié*, expressions équivalentes. Les demandes finales de la deuxième et de la quatrième proposition vont en croissant: *fais-moi discerner* et *délivre-moi*. En 171–172 nous apercevons encore un parallèle.

En 171a et 172a nous lisons respectivement *Qu'elles proclament mes lèvres!* et *Qu'elle réponde ma langue!* Or *langue* et *lèvres* constituent une paire stéréotypée[107]. En 171b et 172b nous lisons *car* suivi de deux formulations des volontés divines, *tes lois* et *tes commandements* dont nous savons qu'elles forment une paire stéréotypée. Aux extrêmes, en 171a et

---

107 *šptyym/lšwn* selon Avishur p.768, à l'index.

172b nous lisons les termes de la paire stéréotypée *justice/louange*[108]: la justice appelle la louange, la louange n'est que justice.

173–175a nous semblent structurés concentriquement autour 174a. Nous lisons en effet en 173b et 174b deux expressions équivalentes de l'attachement du psalmiste à la loi divine, puis en 173a et 175a deux souhaits qui s'enchaînent l'un l'autre: *Qu'elle soit, ta main, à mon aide!* et *Que vive ma gorge et qu'elle te loue!*, l'accomplissement du second dépendant de l'exaucement du premier. On aura remarqué les deux parties du corps qui sont à l'œuvre : la main de YHWH apportant son aide et permettant ainsi à la gorge du fidèle de louer l'auteur de cette aide. C'est là l'explicitation du désir exprimé au centre, celui du *salut*. D'ailleurs *aide* et *salut* forment, on le sait, une paire stéréotypée.

En 175b–176 nous lisons:

175b	*(Que) tes jugements m'aident!*
176a	- Je me suis égaré comme un mouton périssant.
176b	- *Cherche ton serviteur!*
176c	Car tes commandements, je n(e les) ai pas oubliés.

Ici force nous est bien de partir des contenus puisque nous ne lisons aucune récurrence et aucune paire stéréotypée. On notera cependant que 176a et 176b s'enchaînent puisque c'est son serviteur *égaré* que YHWH est invité à venir *chercher*. Il semble qu'on puisse en dire autant de 176c et 175b (et donc en ordre inverse dans le texte): c'est parce que le serviteur n'a pas oublié les commandements qu'il peut espérer que les jugements divins l'aident et en formuler la demande. Le *car* initial de 176c ne se rapporte pas à ce qui précède immédiatement, mais à la demande initiale dont il donne ici une raison (*car...*)[109]. On pourrait donc symboliser comme suit la structure de ce volet (D= demande, R = raison) : D1.R2.D2.R1. Il y a alternance des demandes et de raisons, mais les thèmes se répartissent pour l'un aux extrêmes, pour l'autre aux centres.

Qu'en est-il de la structure d'ensemble de cette dernière strophe? A partir du tableau ci-dessous (où une barre / indique l'inversion de deux termes par rapport à l'ordre du texte) nous pouvons faire les remarques suivantes. De 169–170 à 173–175, soit du premier volet au troisième, relevons ici aux

---

108 Voir n.105.

109 Dans le même volume de *SVT* que nous citons ici nous donnons (p.263, n.6) d'autres exemples de telles *insertions littéraires* décelés par J. S. Kselman (Ps 51,6), D.T. Tsumura (Hab 2,2 et Jr 9,2), R. Meynet (Ct 1,5), pensant trouver un agencement comparable en Ps 85,9.

extrêmes et là au centre le nom divin et les termes de la paire stéréotypée *délivrer/sauver*. Puis sur les trois volets contenus en 171–176 on notera que celui du centre (173–175a) comporte en ses extrêmes *aide* et *louer*, lesquels nous retrouvons respectivement au début de 175b–176 (dernier volet) et de 171–172 (premier volet en 171–176). Ces deux dernières unités (autour de 173–175a) comportent en leur terme *car... tes commandements*. On lit aussi au terme de 171–172 et 173–175a les termes de la paire stéréotypée *justice/lou(ang)e*. Nous avons dit plus haut les rapports entre les deux. Répartis entre ces deux volets notons encore les termes de la paire *salut/justice*[110]. C'est dans le salut accordé que se manifeste la justice divine. Relevons enfin la récurrence de *ton dire* de 170b (dans premier volet de la strophe) à 172a (dans le premier volet de 171–176), et l'on se souvient du rapport avec *ta parole* que nous lisons déjà en 169c. Si *parole* et *dire* divins doivent susciter discernement et délivrance pour le fidèle, on soupçonne sans peine quel type de discours sa langue tiendra en retour. On perçoit donc finalement un ensemble 171–176 introduit par le premier volet 169–170 en rapport d'une part avec son centre 173–175a et d'autre part avec son volet initial 171–172. Nous avons vu plus haut l'agencement concentrique de 173–175a, volet central en 171–176.

---

110 Voir n.81.

169ab	YHWH			
169c				TA PAROLE$^\nabla$
170a				
170b		**DELIVRE**$^{\circ+}$		*TON DIRE*$^\nabla$

171a		*LOUANGE*$^\Diamond$		
171b			*CAR...*	TES LOIS$^{\blacklozenge\heartsuit\spadesuit}$
172a				*TON DIRE*$^\nabla$
172b		JUSTICE$^{\Diamond\clubsuit}$ /	*CAR...*	*TES COMMANDEMENTS*$^\blacklozenge$

173a		*AIDE*$^{\circ*}$		
173b			CAR	
174a	YHWH /	SALUT$^{*+\clubsuit}$		
174b				TON ENSEIGNEMENT$^\heartsuit$
175a		*LOUE*$^\Diamond$		

175b		*AIDENT*$^{\circ*}$	/	TES JUGEMENTS$^\spadesuit$
176a				
176b				
176c			*CAR...*	*TES COMMANDEMENTS*$^\blacklozenge$

Or c'est au centre de ce volet que nous lisons le nom divin, comme d'abord en 169ab, au début du premier volet 169–170 comme de toute la strophe. Par ailleurs c'est dans l'ensemble 171–176 que nous lisons dans notre strophe les différentes formulations des volontés divines. La première, *tes lois*, en 171b, forme des paires stéréotypées tant avec *tes commandements* que nous avons repéré au terme de 171–172 comme de 175b–176, qu'avec *ton Enseignement* en 174b (dans le volet central de 171–176), et avec *tes jugements*, en 175b, au début du dernier volet. Ainsi cette strophe est-elle puissamment structurée mettant en valeur ce désir du salut auprès de YHWH, salut attendu de l'Enseignement dispensé par YHWH, Enseignement faisant la joie et assurant la vie du fidèle[111].

---

111 Tant nous-même dans *SVT* que Girard distinguions bien deux volets d'un diptyque en 169–172 et 173–176. Mais si nous sommes d'accord avec Girard pour distinguer dans le deuxième 173–175a et 175b–176, nous croyons que sa distinction de 169–171 et 172 dans le premier ne tient pas et qu'il faut en revenir comme dans *SVT* à 169–170 et 171–172. D'ailleurs Girard (p.275) perçoit lui-même en 169–170 «un petit diptyque miniature».

2ème partie: Enchaînements et structures à partir de I et jusqu'à XXII

Nous étudions dans cette partie les rapports entre strophes à l'intérieur des structures d'ensemble où ils s'inscrivent. Pour ce qui est desdites structures, il s'agit ici de toutes celles partant de I et comprenant successivement deux, trois, quatre, cinq… et jusqu'à vingt-deux strophes. A part le premier, les enchaînements entre strophes seront donc compris dans les structures couvrant un nombre pair de strophes (en leurs centres). Nous avons voulu suivre le déroulement du texte pour en étudier les structures au fur et à mesure que le lecteur avance dans sa lecture. Avertissons le lecteur que, procédant systématiquement, nous étudions toutes les possibilités de structures partielles dans notre psaume. Il s'avère qu'elles ne sont pas toutes aussi nettes. La démarche choisie nous impose de commencer par des ensembles restreints, lesquels ne sont pas toujours les plus convaincants. Que le lecteur veuille donc bien ne pas préjuger de la suite par le commencement; et d'ailleurs si le cœur lui en dit, il peut fort bien commencer par les ensembles plus importants et en venir ensuite aux plus restreints (il lui suffirait pour cela de s'aider de la table des matières). Pour ne pas lasser le lecteur nous ne commenterons pas toutes les correspondances signalées par les indices structurels, mais seulement quelques-unes, et surtout celles qui ne relèvent pas des huit termes désignant la loi. Le lecteur peut d'ailleurs facilement par lui-même exploiter lesdits indices en les replaçant dans leurs divers contextes. Les termes soulignés se retrouvent d'une strophe à l'autre selon un ordre parallèle, ceux qui sont en *italiques* selon une inversion. Un terme en *italiques souligné* indique et un parallèle et une inversion. La traduction des pronoms indépendants de l'hébreu est rendue en petites CAPITALES. Dans les volets centraux les flèches verticales ↓↑ indiquent un rapport au premier volet (↑) ou au dernier (↓) de l'autre strophe. Dans nos tableaux de relevé des indices nous mettons dans une première colonne les huit termes désignant la loi et ceux qui sont de même racine (par exemple *commander* [*commandements*], *enseigner* [*Enseignement*], *parler* [*parole*], *dire* comme verbe,…), puis sur la droite des tableaux les autres termes. Nous utilisons la répartition des termes de paires stéréotypées principalement dans les strophes consécutives où ils se perçoivent plus aisément, sans nous interdire pour autant d'y recourir pour les rapports entre strophes plus éloignées l'une de l'autre. Mais nous avons préféré le plus souvent nous en tenir aux indices les plus manifestes, c'est-à-dire aux récurrences, même si les paires stéréotypées pourraient ici ou là compléter avantageusement la liste des indices. Etant donné que les termes désignant la loi se retrouvent chacun dans une très large majorité de nos vingt-deux strophes, l'étude structurelle, sans les négliger pour autant, devra porter une attention prioritaire aux autres termes (relevés à droite de nos tableaux). Nous signalerons cependant les rapports entre strophes comportant comme récurrents l'emploi des *huit* termes désignant la loi dans notre psaume.

Enchaînement I–II

Pour ce qui est des rapports **entre I et II** nous repérons les indices suivants[112]:

I	1–4		_chemin_[+]... **YHWH**
		ses _témoignages_... de tout cœur... recherchent	
			ses _chemins_[+]... TOI
		tu as commandé	
		tes préceptes	garder
	5–8		mes _chemins_[+]... garder
		tes lois	regarder
		tous tes commandements	
		je rendrai grâce*... cœur	
		jugements	
		tes lois	je _garde_
II	9–11		sa _route_[+]... garder... de tout mon cœur
			je t'ai recherché
		tes commandements	tout mon cœur
	12a	**Béni***↓...TOI (tu) ↑ **YHWH**↑	
	12b–16	tes lois	
		jugements	_chemin_[+] de
		de tes _témoignages_	
		tes préceptes	je regarde... tes routes[+]
		tes lois	

---

112 Pour cet enchaînement entre strophes contiguës comme pour les suivants nous sommes dépendants de l'étude structurelle de chaque strophe, laquelle nous avons renouvelée ici par rapport à _SVT_. Nous donnerons cependant la référence à notre première tentative dans _SVT_ pour chacun de ces enchaînements, quitte à l'occasion à y glaner quelque remarque. Pour I–II on le trouvera pp. 327–329. Outre que notre étude structurelle de chaque strophe n'était pas toujours suffisamment au point, ce qui évidemment grève l'étude des rapports entre strophes, nous relativisions par trop l'impact du vocabulaire de la loi, auquel sa fréquence n'interdit pas de jouer un rôle d'indice structurel. Nous le relèverons ici et par la suite sans en omettre.

Nous faisons jouer ici les paires stéréotypée *chemin/route*[113] et *rendre grâce/bénir*[114]. Les volets extrêmes se répondent parallèlement et selon une inversion. Le volet central 12a en II se réfère aux deux volets de I.

Qui *de tout cœur recherche* YHWH selon 10 partage le bonheur de ceux qui font la même démarche (2), son *chemin* (1.5) ou sa *route* (9) étant conformes aux *chemins* (14) ou *routes* (15) de YHWH. C'est qu'il sait qui a commandé ces préceptes (4) sur lesquels il médite (15), et il prie pour ne pas errer loin de tels commandements (10), mais au contraire *garder* ces lois (5.8) et lui-même selon cette parole (9). Il pourra alors *regarder* sans honte ces commandements (6) et ces routes (15) données par celui auquel il sait aussi *rendre grâce* (7), *bénissant* (12a) l'auteur de cet Enseignement présenté ici sous diverses formes[115].

---

113 *drk/'rh* selon Avishur p.757 à l'index.
114 *ydh/brk* selon Avishur pp. 283.288.486.495.
115 Nous nous sommes efforcé ici de formuler un commentaire dont nous estimons par la suite pourvoir laisser pour partie (et surtout pour les récurrences relevant des diverses désignations de la loi) le soin au lecteur.

Ensemble I–III

Nous pouvons maintenant considérer l'ensemble des trois premières strophes, soit le rapport **entre I et III** autour de II[116]. Nous y lisons (les subdivisions à l'intérieur des strophes sont celles que nous y avons reconnues dans notre première partie):

I	1–4	l'Enseignement	
		ses *témoignages*… de tout cœur*… TOI	
		tu as *commandé*	
	5–8	tes lois	tous
		tes *commandements*	cœur*
		les jugements	*ne… pas!*
III	17–19	ton Enseignement… MOI… *ne… pas!*	
		tes *commandements*	
	20		ma gorge*↓↑
		tes jugements↓	tout↓↑
	21–24	tes *commandements*	
		tes *témoignages*	
		tes lois	
		tes *témoignages*	

Nous faisons jouer ici la paire stéréotypée *cœur/gorge*[117]. Les volets extrêmes se répondent en parallèle et selon une inversion. Le volet central 20 de III se réfère aux deux volets de I.

Cette gorge broyée de désir vers les jugements de YHWH (20) appartient à qui veut rendre grâce à YHWH avec droiture de cœur (7) et le recherche de même (2). On notera ici la mention répétée dans chacune des deux strophes de *commandements/commander*, les deux premières (4 et 6)

---

116 Pour ne pas avoir à répéter les mots *strophe* et *verset* convenons une bonne fois que nous indiquons les premières en chiffres romains et les seconds en chiffres arabes.

117 Voir I[ère partie], n.21. Par la suite le seul chiffre romain indiquera la partie où se trouve la note en référence.

dans un contexte des plus positifs, les deux dernières (19–21) dans le contexte d'une inaccessibilité ou d'une méconnaissance desdits commandements.

Ensemble I–IV

Considérons à présent **I–IV**, s'y trouvant aux centres les deux strophes consécutives de II et III. Ce petit ensemble I–IV présente une symétrie croisée, c'est-à-dire un chiasme et un parallèle superposés. Considérons d'abord le chiasme, et d'abord ses centres **II et III**, strophes consécutives[118]. Relevons ci-dessous les indices de leurs rapports (les passages omis, indiqués par [...], ne comportent pas d'indice pour cette comparaison):

II	9–11		garder
		ta *parole*	tout... pas *errer*
		tes *commandements*	
	[12a]		
	12b–16	tes lois	
		tous les jugements	
		tes témoignages... toute... *je regarde*	
		tes lois	
		ta *parole*	
III	17–19		je garderai
		ta *parole*	*je regarderai*
		tes commandements	
	20	jugements↓	tout↓↑
	21–24		*errant*
		tes *commandements*	
		tes témoignages	
		ils ont *parlé*	
		tes lois	
		tes témoignages	

---

118 Sur leur enchaînement voir *SVT*, pp.332–334.

Les volets extrêmes se répondent en parallèle et selon une inversion. Le volet central 20 de III se réfère au dernier volet de II (l'adjectif *tout*, vu ce qu'il qualifie ici et là, ne constituant pas un indice de correspondance), et ainsi ce dernier volet de II appelle finalement chacune des trois unités de III.

On notera dans la deuxième proposition de chacune de ces deux strophes le rapport entre *se garder selon la parole* et *garder la parole*. D'ailleurs *parole/parler* se lit deux fois dans chacune de ces strophes. En 16 il s'agit de ne pas oublier *la parole*, mais en 23 de ces chefs qui *ont parlé* contre le fidèle. Ce dernier prie pour ne pas *errer* loin des *commandements* divins (10), c'est-à-dire ne pas faire partie de ces maudits *errant* loin desdits *commandements* (21). C'est qu'il veut pouvoir *regarder* les routes de YHWH (15) et les merveilles émanant de son Enseignement (18). De 14 à 24 les *témoignages* sont cités dans un contexte de bonheur intense, suscitant allégresse et délices.

Poursuivant l'étude du chiasme en I–IV, comparons maintenant **I et IV**. On y repère les indices suivants:

I	1–4			*chemin*
		Enseignement		*YHWH*
		ses *témoignages*... *cœur**...ses <u>chemins</u>		
		<u>tu</u> <u>as</u> <u>commandé</u>		
		<u>tes</u> <u>préceptes</u>		
	5–8			mes <u>*chemins*</u>
		tes lois		
		<u>tes</u> <u>commandements</u>...*cœur**... appris		
		les <u>jugements</u>		
IV	25–27	ma <u>*gorge*</u>*... mes <u>*chemins*</u>... apprends		
		tes lois	le <u>*chemin*</u> de	
		<u>tes</u> <u>préceptes</u>		
	28		ma gorge*	
	29–32		le <u>*chemin*</u> (du mensonge)	
		ton *Enseignement*	le <u>*chemin*</u>	
		<u>tes</u> <u>jugements</u>		
		tes *témoignages* ...YHWH... le <u>*chemin*</u>		
		de <u>tes</u> <u>*commandements*</u>	mon <u>*cœur*</u>*	

Nous faisons jouer ici la paire stéréotypée *cœur/gorge*[119]. Les volets extrêmes se répondent parallèlement et selon une inversion. Le centre 28 de IV se réfère aux deux volets de I.

On notera dès l'abord que *chemin* se lit trois fois en I et cinq en IV, indiquant ainsi un thème largement commun à nos deux strophes. S'opposent les chemins de YHWH (3 et 27.30.32) et celui du mensonge (29), les chemins du fidèle (1.5 et 26) ayant évidemment à s'accorder aux premiers. Tandis que dans la première strophe *le cœur* du fidèle recherche ces témoignages qui finalement suscitent en lui l'action de grâce (2 et 7), dans la quatrième *sa gorge* colle à la poussière et est affligée de chagrin (25 et 28). Qui veut être fidèle à l'Enseignement de YHWH connaîtra ceci et cela. Sur un autre registre le fidèle se présente à la fois comme quelqu'un qui *a appris* les jugements divins (7) et comme quelqu'un qui a encore besoin de les *apprendre* si l'on en croit la demande de 26 (qui d'ailleurs sera renouvelée maintes fois dans le psaume).

Pour ce qui est du parallèle I + II // III + IV, nous connaissons déjà les rapports entre I et III (voir dans l'ensemble I–III). Il nous reste donc à examiner ceux **entre II et IV**. Nous y lisons les indices suivants:

---

119 Voir n.21.

II	9–11		sa *route**
		selon <u>ta</u> parole	*mon cœur*
		tes commandements	*mon cœur*

	12a		YHWH↓

	12b–16		*apprends-moi*
		tes lois	*j'ai décrit*
		les <u>jugements</u>	le *chemin** de
		<u>tes</u> <u>témoignages</u>	
		tes préceptes	*je médite*... tes *routes**
		tes lois	
		ta parole	

IV	25–27	<u>selon *ta parole*</u>	mes *chemins**
			décrits... *apprends-moi*
		tes lois	*chemin** de
		tes préceptes	*je méditerai*

	28	selon ta parole↓↑	

	29–32		*chemin**... *chemin**
		tes <u>jugements</u>	
		tes <u>témoignages</u>... YHWH...	*chemin** de
		tes commandements	*mon cœur*

Nous faisons jouer ici la paire stéréotypée *chemin/route*[120]. Les volets extrêmes se répondent selon un parallèle et une inversion. Le volet central 28 de IV se réfère aux deux volets extrêmes de II. Le volet central 12a de II appelle le dernier volet de IV, si bien que finalement ce dernier volet de IV se réfère aux trois volets de II.

La même prière: *Apprends-moi tes lois* se lit en 12b et 26b. Les deux «descriptions» de 13 et 26 se répondent, la première ayant pour objet les jugements divins, la seconde les chemins du fidèle, réalités qui ont justement à se rencontrer. La *méditation* de 15 et celle de 27 ont pour objet les préceptes et les merveilles de YHWH. Il y a comme un échange entre le fidèle qui applique *son cœur* à YHWH et à son dire (10–11) et YHWH qui

---

120 Voir n.113.

0

lui élargit le cœur (32). On aura noté que *chemin* se lit une fois et *route* deux fois en II, mais *chemin* cinq fois en IV, se répondant ici et là le chemin (route) du fidèle (9 et 26) et chemins (routes) de YHWH (14.15 et 27.30.32, avec l'opposition au chemin du mensonge en 29). Enfin si le fidèle doit veiller à se garder *selon la parole* divine (9), ce ne peut être là finalement que le fruit d'une prière (25 et 28). On aura remarqué le rapport particulièrement fort entre le dernier volet de II et le premier de IV. On peut même y découvrir l'ordonnance suivante des récurrences:

12b–16	ta parole 25–27
- - - -	- - - - - -
Apprends-moi *tes lois*	*chemins*
[j'ai décrit]	[j'ai décrits]
chemin + tes préceptes + je médite	Apprends-moi *tes lois*
tes lois	*chemin* de tes préceptes + je méditerai
- - - - -	- - - - - -
ta parole	

On lit *ta parole* au terme de 12b–16 et au début de 25–27. Sur notre tableau *Apprends-moi tes lois* se lit à la première ligne de 12b–16 et à l'avant-dernière de 25–27, tandis que la série *chemin/préceptes/méditer* se lit à l'avant-dernière ligne avant *ta parole* et à la dernière en 25–27. En 12b–16 *tes lois* au terme (avant *ta parole*) rappelle l'objet de *Apprends-moi* à la première ligne. En 25–27 *chemins* au début (après *ta parole*) prépare le même terme au début de la série de la dernière ligne. Ce dispositif souligne à sa manière l'articulation entre ces deux volets, et partant entre les strophes II et IV.

Ainsi les quatre premières strophes sont-elles agencées entre elles non seulement selon un chiasme, mais aussi selon un parallèle, soit ce que nous appelons une symétrie croisée, ce qui pourrait se représenter dans le schéma suivant. Nous notons au dessus de l'indication de la strophe le nombre (en *italiques*) de récurrences (autres que les huit désignations de la loi et mots de même racine) commandant les rapports ordonnés en chiasme, et au dessous celui commandant les rapports ordonnés en parallèle. Les traits seront discontinus quand le nombre de récurrences est compris entre un et trois, pleins entre quatre et six, gras entre sept et onze. Nous userons de ce système jusqu'au terme de notre étude des rapports entre strophes. Voici donc le schéma pour I–IV:

```
┌─────────────────────┐
│  4          2       │
│  I          II      │
│   ◥◣     ◢◤          │
│  III        IV      │
│  3          6       │
└─────────────────────┘
```

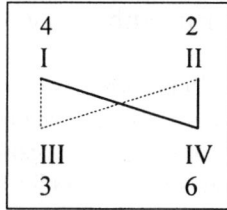

Dans le chiasme c'est le rapport entre I et IV, strophes extrêmes de ce petit ensemble, qui est le plus nettement indiqué, dans le parallèle celui entre II et IV, strophes finales de chacun des deux volets de l'ensemble.

Ensemble I–V

Nous arrivons maintenant à **l'ensemble I–V**. Montrons tout d'abord que ces cinq strophes sont agencées entre elles selon une symétrie concentrique autour de III. Nous connaissons déjà le rapport entre II et IV (voir dans l'ensemble I–IV). Il nous reste à montrer ici les rapports **entre I et V**:

I	1–4		*chemin*
		Enseignement	de <u>YHWH</u>
		ses <u>témoignages</u>	<u>de tout cœur</u>
			ses *chemins*
		tu as <u>commandé</u>	
		tes préceptes	
	5–8		mes *chemins*
		tes lois	
		tes commandements	*cœur*
		les <u>jugements</u>	de <u>ta justice</u>
		tes lois	
V	33–36	Enseigne-moi,	<u>YHWH</u>… le *chemin* de
		tes lois	
		ton Enseignement	<u>de tout cœur</u>
			Fais-moi *cheminer*
		tes commandements	mon *cœur*
		tes <u>témoignages</u>	
	37–40		ton *chemin*
		tes <u>jugements</u>	
		tes préceptes.	En <u>ta justice</u>

Le parallèle (termes <u>soulignés</u>) est ici le plus marqué. Pour autant le chiasme (termes *italiques*), s'il s'appuie sur des termes relevant presque exclusivement de la loi, n'en est pas moins présent.

L'Enseignement est dit de *YHWH* non seulement parce qu'il en est l'auteur (1), mais aussi parce que c'est lui-même qui *enseigne* (33). Il s'agit de le rechercher *de tout cœur* (2), puis de le garder de même (34). Le fidèle rend grâce à YHWH d'avoir appris les jugements de sa *justice* (7), cette *justice* dont il attend la vie (40). On aura remarqué que le thème du chemin est ici encore très présent comme en II et IV, tant et si bien que c'est tout l'ensemble I–V qui en est tissé. La strophe III se trouve ainsi être le centre d'un ensemble concentrique I–V.

Mais les deux volets I–II et IV–V de cette symétrie peuvent encore se lire en parallèle. Nous connaissons déjà les rapports entre I et IV (voir dans l'ensemble I–IV). Voyons ceux **entre II et V**:

II	9–11	garde<u>r</u>… <u>de tout mon cœur</u>	
		tes commandements…	mon cœur
		ton dire	
	12a		YHWH↑
	12b–16	*tes lois*	
		<u>jugements</u>	*chemin** de
		tes témoignages	
		<u>tes préceptes</u>	
		tes lois	
V	33–36	YHWH… *chemin** de	
		tes lois…	<u>je garderai de tout cœur</u>
		*cheminer sur le sentier** de*	
		tes commandements…	mon cœur
		tes témoignages	
	37–40		ton <u>chemin</u>*
		ton dire	
		tes <u>jugements</u>	
		<u>tes préceptes</u>	

Nous faisons jouer ici la paire stéréotypée *chemin/sentier*[121]. Les volets extrêmes se répondent selon un parallèle et selon une inversion. Le volet central 12a de II appelle le premier volet de V, si bien ce premier volet de V se réfère aux trois volets de II.

Entre les premiers volets nous retrouvons l'articulation entre se *garder* soi-même et *garder* l'Enseignement de YHWH, ici et là le rapport à cet Enseignement se jouant au *cœur* du fidèle. Le *chemin* des témoignages de

---

121 Voir n.24.

YHWH (14), de ses lois (33), le *sentier* de ses commandements (35), bref celui de YHWH (37), voilà par où le fidèle demande à *cheminer* (35).

Schématiquement l'ensemble I–V peut donc être présenté comme ceci (selon le système déjà employé pour I–IV):

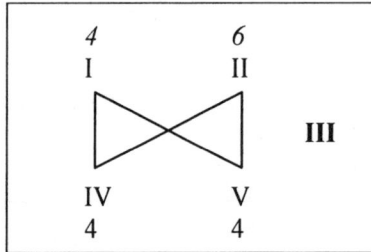

La structure est ici très régulièrement indiquée, tant celle de la symétrie concentrique autour de III que le parallèle entre I–II et IV–V.

Ensemble I–VI

Nous pouvons maintenant passer à **l'ensemble I–VI**. Commençons par l'enchaînement en leurs centres de **III** et **IV**[122]. On en trouve les indices répartis comme suit:

III	17–19		je <u>vivrai</u>
		<u>ta parole</u>	les <u>merveilles</u>
		ton Enseignement	
		tes commandements	
	20		*ma gorge*↑
		tes jugements ↓	
	21–24	<u>tes commandements</u>	
		<u>tes témoignages</u>	
		ils ont parlé	*médite*
		tes lois	
		<u>tes témoignages</u>	
IV	25–27		ma gorge. Fais-moi <u>vivre</u>
		ta parole	
		tes lois... je *méditerai* sur tes <u>merveilles</u>	
	28		*ma gorge*
		ta parole ↓↑	
	29–32	*ton Enseignement*	
		tes jugements	
		<u>tes témoignages</u>	
		tes <u>*commandements*</u>	

La symétrie croisée est ici complète puisque entre ces six volets on constate et un parallèle (termes soulignés), et un chiasme (termes *italiques*). De plus chaque centre fait appel aux deux volets de l'autre strophe comme

---

122 Sur leur enchaînement voir *SVT*, p.338. On pourra y mesurer le progrès réalisé ici.

l'indiquent les flèches qu'on y trouve[123], tant et si bien que chacun des six volets est en rapport avec les trois volets de l'autre strophe.

On notera le fait en particulier pour le premier volet de IV où se lisent le plus grand nombre de termes autres que des désignations de la loi. Si on se souvient de la paire stéréotypée que constituent *gorge* et *vi(vr)e*, on saisira encore mieux que le rapport entre ces deux strophes fait ressortir que la *méditation* des *merveilles* divines, dont la loi est ici le premier exemple, assure la vie aux fidèles.

Nous connaissons déjà le rapport entre II et V (voir dans l'ensemble I-V). Il nous reste donc à examiner dans le chiasme de I–VI les strophes extrêmes **I et VI**. Relevons les indices:

I	1–4	Enseignement	YHWH
		ses *témoignages*... recherchent... ils sont *allés*	
		tu as *commandé*	
		tes préceptes	<u>garder</u>... <u>tout à fait</u>
	5–8		*garder*
		<u>tes lois</u>	<u>honte</u>
		<u>tes</u> commandements	
		les *jugements*	
		<u>tes lois</u>	*je les garde... tout à fait*
VI	41–42		YHWH
	43–44		*tout à fait*
			je <u>garderai</u>
		ton *jugement*	
		ton <u>Enseignement</u>	
	45		*j'irai*
		tes préceptes	*j'ai recherchés*
	46–48	tes *témoignages*	<u>honte</u>
		<u>tes *commandements*</u> (*bis*)	
		<u>tes lois</u>	

---

123 En tenant compte de la paire stéréotypée *cœur/gorge* (voir n.21) on pourrait aussi avancer que *ma gorge* en 20 fait appel aux deux volets extrêmes de IV, puisqu'on

Ici il convient de repérer les rapports selon le schéma suivant[124] :

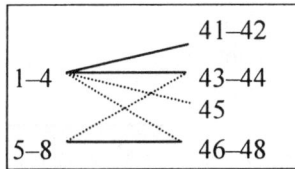

```
                      41–42
   1–4                43–44
                      45
   5–8                46–48
```

Autrement dit pour ce qui est du parallèle 41–42 + 43–44 répondent à 14,
puis 46–48 (mais non 45) à 5–8, mais pour ce qui est du chiasme 43–44
(mais non 41–42) répondent à 5–8, puis 45 + 46–48 à 1–4.

Celui qui a *recherché* les préceptes (45) fait partie de ceux-là qui de
tout cœur *recherchent* YHWH (2). Il est sûr *d'aller* au large (45) parce
qu'il fait partie de ceux *allant* dans l'Enseignement de YHWH (1). Il n'a
aucune *honte* à redouter, ni face aux commandements (6), ni face aux rois
(46), car il entend bien *garder* préceptes (4), lois (8) et Enseignement (44)
divins.

Mais en I–VI les strophes sont aussi organisées selon un parallèle.
Nous connaissons déjà les rapports entre I et III (voir dans l'ensemble I–
III), puis entre II et IV (voir dans l'ensemble I–IV). Il nous reste donc à
examiner celui **entre III et VI**. En voici la répartition des indices :

---

lit *mon cœur* en 32b, et l'on aurait le même phénomène qu'au centre 28 de IV avec
parole.

124 Nous n'avons pas encore dressé de tels schémas et ne le ferons pas systématiquement par la suite, mais le lecteur aurait intérêt à le faire chaque fois que la présentation rédigée de la structure ne lui suffit pas.

III	17–19	je garderai
	ta *parole*	
	ton Enseignement	
	tes commandements	
	20 *tes jugements*	
	21–24 tes commandements	
	tes témoignages	des chefs*
	ils ont parlé	médite
	tes lois	
	tes témoignages	mes délices
VI	41–42 *une parole… ta parole…*	
	43–44	
	parole ↑↓	
	ton jugement	je garderai↑
	ton Enseignement ↑	
— [45]		
	46–48 j'ai *parlé*	
	de ton témoignage… devant les rois*… je me suis délecté	
	tes commandements (*bis*)	j'ai médité
	sur tes lois	

Nous faisons jouer ici la paire stéréotypée *roi/chef*[125]. En VI 45 n'entre pas en jeu pour ce qui est du rapport avec III (il ne comporte aucun indice pointant sur un tel rapport). Nous le laissons donc et considérons ici et là trois volets. Les six volets peuvent se lire tant en parallèle qu'en chiasme. Au centre 43–44 de VI on lit *parole* comme dans les volets extrêmes tant de III que de VI, le thème étant ici dominant. Mais on lit aussi *je garderai* et *ton Enseignement* qu'on lisait dans le premier volet 17–19 de III. Quant au parallèle il aboutit en 21–24 et 46–48 avec les récurrences de *délices/se délecter, méditer* et la répartition ici et là de la paire stéréotypée *roi/chef.* Ainsi nous avons en I–VI chiasme et parallèle superposés.

Pour le fidèle les témoignages de YHWH sont ses *délices* (24), il s'est *délecté* dans ses commandements (48). Des *chefs* peuvent bien parler

---

125 *mlk/śrr* selon Avishur p.762, à l'index.

contre lui, lui parlera aussi devant les *rois*. C'est qu'il *médite* sur les *lois* divines (23 et 48) et est bien décidé à *garder* la parole (17) et l'Enseignement (44) de YHWH.

La structure de l'ensemble I–VI peut être présentée selon le schéma suivant:

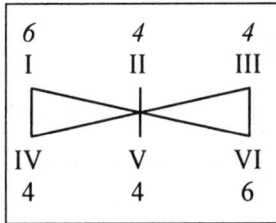

```
 6        4          4
 I        II         III
 ┌────────┬────────┐
 ├────────┼────────┤
 IV       V          VI
 4        4          6
```

La superposition du chiasme et du parallèle (ce que nous appelons symétrie croisée) est parfaite. Le rapport entre en I et VI, strophes extrêmes de cet ensemble, est un peu plus marqué.

Ensemble I–VII

Considérons maintenant **l'ensemble I–VII**. Considérons comment il est ordonné concentriquement autour de IV. Commençons par étudier le rapport **entre I et VII**. Les indices en sont situés comme suit:

| I | 1–4 | _Enseignement…_ | YHWH… _observant_ |
| | | | _garber…_ <u>tout à fait</u> |
		tes préceptes	
	5–8		<u>garder</u>
		tes <u>lois</u>	
		jugements	
		tes <u>lois</u>	<u>je garde</u>… _tout à fait_
VII	49–51		_tout à fait_
		ton <u>Enseignement</u>	YHWH
	52	tes jugements↓	YHWH↑
	53–56	ton _Enseignement_	
		tes <u>lois</u>	_YHWH_
		ton _Enseignement_	<u>_je garde_</u>
		tes préceptes	_observés_

On voit ici principalement un parallèle entre les volets extrêmes de I et de VII, mais aussi une inversion si l'on veut bien tenir compte des contextes de la récurrence de _tout à fait_ de 8b à 51a. Le volet central 52 de VII se reporte au dernier de I avec _jugements_ et au premier avec le nom divin. Nous lisons en I, répartis sur les deux volets trois fois _garder_ et une fois _observer_ (paire stéréotypée), et en VII, au terme, une fois chaque. Le thème semble bien faire le pont entre nos deux strophes.

Entre II et VI nous repérons les indices suivants:

II	9–11	garder
	ta *parole*	
	tes commandements	
	ton dire	
	12a	YHWH↑
	12b–16 tes lois	
	jugements	
	tes témoignages	
	tes préceptes	je médite
	tes lois	
	ta *parole*	
VI	41–42	YHWH
	ton dire	
	une *parole… ta parole*	
	43–44 la *parole*↑↓	
	ton *jugement*↓	je garderai↑
	45 tes préceptes↓	
	46–48 j'ai *parlé*	
	tes témoignages	
	tes commandements	
	tes commandements	j'ai médité
	sur tes lois	

Les volets extrêmes se répondent parallèlement et selon une inversion. Symétriquement 9–11 appelle 43–44 comme 12b–16 appelle 45. Le rapport entre 12a et 41–42 fait que le premier volet 41–42 de VI se réfère aux trois unités de II, et le rapport entre 12b–16 et 43–44 fait que le dernier volet 12b–16 de II appelle chacun des quatre volets de VI.

Ici *garder* (soi-même et l'Enseignement) et *méditer* (les préceptes et les lois) donnent la note propre du rapport entre ces deux strophes. On notera que *parole/parler* se lisent dans cinq de ces six volets, le plus souvent pour désigner la parole divine (9 et 16, 42 et 43), mais aussi celle du fidèle (42 et 46).

Il nous reste à examiner les rapports **entre III et V**. Les indices s'y lisent disposés comme suit:

III	17–19		*ton serviteur*… je *vivrai*
		je <u>garderai</u>… *mes yeux… je regarderai**	
		<u>ton</u> Enseignement	
		<u>tes</u> commandements	
	20		désir↓
		tes jugements↓	
	21–24	*tes commandements*	<u>mépris</u>… *<u>car</u>*
		tes témoignages	*observés*… <u>ton</u> <u>serviteur</u>
		tes lois	
		tes témoignages	
V	33–36	<u>Enseigne</u>-moi	
		tes lois	*observerai* (*bis*)
		<u>ton</u> Enseignement	je <u>garderai</u>
		<u>tes</u> <u>commandements</u>	car
		ton témoignage	
	37–40		*mes yeux… voir**… fais-moi *vivre*
			<u>ton</u> <u>serviteur</u>.. <u>mépris</u>… <u>car</u>
		tes jugements…	mon désir… fais-moi *vivre*

Nous faisons jouer ici la paire stéréotypée *voir/regarder*[126] Il y a parallèle et inversion entre les volets extrêmes de III et ceux de V. Avec *désir* et *jugement* 20 au centre de III appelle le dernier volet 37–40 de V. Par ailleurs le rapport entre le volet central de III et le dernier volet de V fait que finalement ce dernier volet de V se réfère à chacun des trois volets de III.

Ici les indices propres au rapport entre ces deux strophes sont nombreux (six récurrences et la répartition des termes d'une paire stéréotypée). Ici et là le fidèle tient à se présenter comme le *serviteur* de YHWH (17.23 et 38) dont les *yeux* s'appliquent à *regarder* l'Enseignement divin (18), se

---

126 *r'h/nbṭ* selon Avishur pp. 269.295.639.659.

gardant de *voir* ce qui n'est que vanité 37), dont le *désir* même est tourné vers jugements et préceptes divins (20 et 40), ce qui se traduit dans sa fidélité à *observer* les témoignages et l'Enseignement (22 et 34), espérant ainsi se voir épargner le *mépris* (22) qui l'éprouve (39), pour au contraire connaître cette *vie* qu'il espère de YHWH (17 et 37).

Ainsi, puisque se répondent I et VII, puis II et VI, et enfin III et V, on peut avancer que I–VII sont ordonnés selon une symétrie concentrique autour de IV.

Mais les deux volets I–III et V–VII se lisent aussi selon un ordre parallèle. Nous connaissons déjà les rapports entre I et V (voir dans l'ensemble I–V) comme entre II et VI (voir ci-dessus). Il nous reste donc à examiner les rapports **entre III et VII**. Les rapports s'y présentent à partir des indices suivants:

III	17–19		ton serviteur… je vivrai… *je garderai*
		ta parole	
		ton Enseignement	*étranger-en-séjour*
	20	*tes jugements*	
	21–24		j'ai observés
		ils ont *parlé*	*ton serviteur*
		tes lois	
VII	49–51	ta *parole*…	à *ton serviteur*… m'a fait vivre
		ton Enseignement	
	52	*tes jugements*	
	53–56	*ton Enseignement*	
		tes lois…	*séjour-d'étranger*… je garde
		ton Enseignement	j'ai observés

Le lecteur a là tous les indices pointant soit vers le parallèle, soit vers le chiasme, soit vers les deux simultanément (pour les volets centraux), entre nos six volets, chaque volet se trouvant ainsi en rapport avec les trois de l'autre strophe.

Les indices appartenant au registre de la loi ne sont qu'au nombre de quatre (*parole, enseignement, jugement, lois*), tandis qu'on en compte cinq appartenant à d'autres registres. Chacune de ces deux strophes commence par une demande en faveur du *serviteur*, lequel proteste encore de sa fidélité en 23, comme pour expliciter ce que signifie une telle relation. Sa demande concerne sa *vie*, comme il l'a déjà expérimenté (50) et espère encore l'expérimenter (17). Sa demande a toutes les chances d'être entendue étant donnée sa fidélité à *garder* et *observer* la loi, fidélité passée (22 et 56), présente (55), et à venir (17). YHWH ne pourra donc pas rester indifférent à son statut d'*étranger*.

La structure d'ensemble de I–VII se présente schématiquement comme ceci:

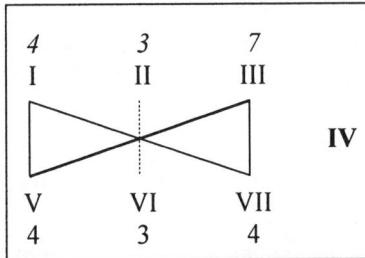

```
   4          3          7
   I          II         III

                                        IV

   V          VI         VII
   4          3          4
```

Le rapport entre II et VI est un peu moins marqué que les deux autres tant dans la symétrie concentrique autour de IV que dans le parallèle entre I–III et V–VII. Par contre dans la symétrie concentrique les strophes entourant la strophe centrale IV ont entre elles des rapports plus marqués (sept récurrences).

Ensemble I–VIII

Avançant dans le texte, nous voilà à même d'examiner la structure de **l'ensemble I–VIII**. Nous en examinerons le dispositif en chiasme, puis en parallèle. Partons pour le chiasme des deux strophes contiguës **IV et V**[127]. Entre la quatrième strophe et la cinquième nous pouvons repérer les indices suivants:

IV	25–27		ma gorge*... *fais-moi vivre*... mes *chemins*
		tes lois	chemin
		de *tes préceptes*	discerner
	28		(re)lève-moi↓... ma gorge*↑
	29–32		chemin
		ton Enseignement	chemin
		tes jugements	
		tes témoignages	YHWH... *chemin* de
		tes *commandements*	mon *cœur**
V	33–36	*Enseigne*-moi	YHWH... *chemin* de
		tes lois	discerner
		ton Enseignement	*cœur**... *cheminer*
		commandements	mon cœur*
		tes témoignages	
	37–40	ton *chemin*...	*fais-moi vivre*... fais lever
		tes jugements	
		tes préceptes	*fais-moi vivre*

Nous faisons jouer ici la paire stéréotypée *cœur/gorge*[128]. Les volets extrêmes se répondent parallèlement et selon une inversion. Le volet central 28 de IV appelle les deux volets de V.

On relève ici la fréquence de *chemin*, soit cinq fois en IV et trois en V, la complémentarité jouant entre les chemins de YHWH (27.30.32 et 33.37), opposés aux chemins du mensonge (en 29) et ceux du fidèle (26 et

---

127 Sur leur enchaînement voir *SVT*, pp. 342–344.
128 Voir n.21.

35). Ici et là le fidèle demande à ce que YHWH le *fasse vivre* (25 – premier verset de IV – et 40 – dernier verset de V–), le *(re)lève* (28) et *fasse lever* pour lui son dire (38). Sa *gorge* colle à la poussière (25) et est prise par le chagrin (28), mais YHWH élargiras son *cœur* (32), ce *cœur* gardant son Enseignement (34), et dont YHWH ne manquera pas d'exaucer la demande au sujet de ses témoignages (36), demande de *discernement* au sujet des préceptes (27) et de l'Enseignement (34).

Nous connaissons déjà les rapports entre III et VI (voir dans l'ensemble I–VI). Considérons donc à présent ceux **entre II et VII**. Les indices s'y présentent comme suit:

II	9–11		*garder*
		ta <u>parole</u>	
		ton <u>dire</u>	
	12a		*YHWH*
	12b–16	<u>tes</u> <u>lois</u>	
		jugements	
		<u>tes préceptes</u>	
		<u>tes</u> <u>lois</u>	je *n'oublie* pas*
		ta parole	
VII	49–51		*souviens*-toi*
		ta parole	
		ton <u>dire</u>	
	52		je me suis souvenu*↓
		tes jugements↓	*YHWH*
	53–56	<u>tes</u> <u>lois</u>… je me suis <u>souvenu</u>*… YHWH… je *garde*	
		<u>tes</u> <u>préceptes</u>	

Nous faisons jouer ici la paire stéréotypée *se souvenir/ne pas oublier*[129]. On repère ici sans peine parallèle et chiasme entre les six volets. Etant donnés la récurrence de *YHWH* de 12a à 53–56 et les correspondances en-

---

129 *zkr/l' škḥ* selon Avishur pp. 31.74.230.242.

tre 12b–16 et 52, on voit que les deux derniers volets de chaque strophe
sont entre eux disposés non seulement en parallèle, mais aussi en chiasme.

Le thème du *souvenir* lie entre elles ces deux strophes. Amorcé dans le
dernier volet de II au sujet de la parole que le fidèle n'oublie pas (16), il se
poursuit dans chacun des volets de VII quand le fidèle demande à YHWH
de se souvenir lui-même de ladite parole (49), protestant à nouveau du
souvenir qu'il en a (52), se souvenant ainsi de YHWH lui-même (55). La
preuve en est qu'il se *garde* selon cette même parole (9) et *garde*
l'Enseignement de YHWH.

Nous en venons maintenant aux strophes extrêmes de notre chiasme,
soit **I et VIII**. Voici les indices:

I 1–4		chemin
	Enseignement	de *YHWH*
	ses témoignages	de tout cœur…ses chemins
	tu as commandé	*garder*
	tes préceptes	
5–8		mes chemins… *garder*
	tes lois	tous
	tes commandements… je rendrai grâce… *cœur*… avoir appris	
	les jugements	de ta justice
	tes lois	je garde
VIII 57–58		
		YHWH… *garder*… de tout *cœur*
59–61a		mes chemins↓↑
	tes témoignages↑	garder↓↑
	tes commandements↓	
61b–64 ton *Enseignement*		te rendre grâce
	des jugements	de ta justice… tous… *gardant*
	tes préceptes	*YHWH*
	tes lois	apprends

On repère sans grand peine le dispositif en parallèle et en chiasme des deux
volets extrêmes ici et là. En 59–61a les flèches montrent que ce volet central de VIII se réfère aux deux volets extrêmes de I.

On remarquera que entre ces deux strophes nombreux sont les indices qui ne relèvent pas du vocabulaire de la loi, plusieurs termes concernant l'attitude du fidèle vis à vis des commandements (garder, apprendre, rendre grâce, le cœur). *Chemin(s)* se lit dans les deux volets de I et dans le volet central de VIII, *chemins* du fidèle (en 5 et 59) cherchant l'accord avec ceux de YHWH (1.3). On notera aussi en 7 et 62 la qualification des jugements comme *jugements de la justice* divine. Un souci du fidèle ressort dans les deux strophes, présent dans tous les volets, celui de *garder* la loi divine (4.5.8 et 57.60.63, soit trois occurrences ici et là), celle-là que YHWH lui a *apprise* (7) en réponse à sa demande (64), ce dont il entend bien *rendre grâce* à YHWH (7 et 62). Son *cœur* est engagé dans la recherche de YHWH (2), tout comme dans l'action de grâce (7) et la prière (58).

Ce rapport entre I et VIII étant ainsi repéré, nous pouvons avancer que I–VIII sont agencés entre elles en chiasme. Mais cela n'exclut pas un agencement parallèle. Nous connaissons déjà les rapports entre I et V (voir dans l'ensemble I–V), II et VI (voir dans l'ensemble I–VII), III et VII (*ibid.*). Nous restons à examiner les rapports **entre IV et VIII**. Ils se repèrent à partir des indices situés comme ceci:

IV	25–27	<u>ta parole</u>… mes chemins… *apprends-moi*	
		tes lois	le chemin de
		tes préceptes	
	28		(Re)lève-moi↓… selon
		ta parole↑	
	29–32		le chemin
		<u>ton Enseignement</u>	le chemin
			YHWH… le chemin
		tes commandements	mon *cœur*
VIII	57–58		*YHWH*
		<u>tes paroles</u>	*cœur*
	59–61a		mes chemins↓↑
		tes commandements↓	
	61b–64	<u>ton Enseignement</u>…	je me lève
		tes préceptes	<u>YHWH</u>
		tes lois	*apprends-moi*

Il est facile de repérer le parallèle et l'inversion entre les quatre volets extrêmes (*ta parole + ton Enseignement // tes paroles + ton Enseignement*[130];
*apprends-moi tes lois… tes préceptes + cœur / cœur + tes préceptes… tes
lois, apprends (les) moi*). Les indices des volets centraux se réfèrent,
comme l'indiquent les flèches, aux volets extrêmes de l'autre strophe, mais
ils permettent aussi de repérer un parallèle entre les deux premiers volets
de IV et les deux derniers de VIII, puis, inversement, un parallèle entre les
deux derniers volets de IV et les deux premiers de VIII. Le premier de ces
parallèles est indiqué par *mes chemins* (26a) + *(Re)lève-moi* (28b) // *mes
chemins* (59a) + *je me lève* (62a), le second par *ta parole* (28b) + *le chemin* (30a) // *tes paroles* (57b) + *mes chemins* (59a) [avec inversion du
nombre des noms]. Nous pouvons proposer le schéma récapitulatif suivant:

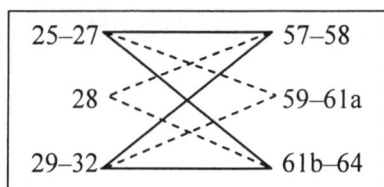

On retrouve *chemin(s)* dans les volets extrêmes de IV et dans le volet central de VIII, toujours avec les mêmes complémentarité (chemins de YHWH
et du fidèle) et opposition (chemins du mensonge). La même demande *apprends-moi tes lois* se lit dans le premier volet de IV et dans le dernier de
VIII. Si le fidèle *se lève* pour s'accorder à la loi, c'est en raison de
l'exaucement de sa prière en ce sens (28) et de sa décision (62). YHWH lui
élargit le *cœur* (32), mais lui-même s'applique de tout *cœur* à apaiser la
face de YHWH (58).

Ainsi I + II + III + IV appellent en ordre inverse et dans le même ordre
V + VI + VII +VIII. Il s'agit d'un chiasme et d'un parallèle superposés, ce
que nous avons coutume de nommer une symétrie croisée, ce qui schématiquement peut être présenté comme ceci:

---

130 On trouve aussi répartis en 30a et 64a (dans les derniers volets) les termes de la
   paire stéréotypée *loyauté/fidélité* (voir n.34).

7	2	3	6
I	II	III	IV
V	VI	VII	VIII
4	3	5	5

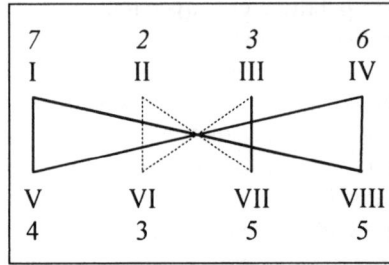

Ici on relèvera le rapport plus étroit entre la première et la dernière strophe de l'ensemble, et donc du chiasme, les deux strophes centrales du chiasme comptant encore entre elles six récurrences. Mais les rapports sont plus faibles entre les strophes centrales, sauf entre III et VII.

Ensemble I–IX

Nous en arrivons donc à **l'ensemble I–IX**, symétrie concentrique, on va le voir, autour de V, et dont les volets externes (I–IV et VI–IX) se lisent aussi en parallèle. Commençons par la symétrie concentrique. Qu'en est-il **entre IV et VI**? Repérons les indices que voici:

IV	25–27	ta *parole* *tes lois* *[tes préceptes*	je *méditerai*
	28	ta *parole*↓↑	(Re)lève-moi↓
	29–32	ton Enseignement tes jugements tes <u>témoignages</u> tes <u>commandements</u>… car… tu élargiras	fidélité *YHWH*… <u>honte</u>
VI	41–42	une <u>parole</u>/ta <u>parole</u>	*YHWH*
	43–44	la *parole*↑ ton jugement↓ ton Enseignement↓	de fidélité↓… car↓
	[45]	*[tes préceptes*	au large↓… car↓
	46–48	j'ai *parlé* de tes <u>témoignages</u> tes <u>commandements</u> tes <u>commandements</u> *tes lois*	 honte j'ai levé j'ai *médité*

On constatera sans peine les rapports en ordre parallèle et inversé entre les quatre volets extrêmes (25–27… 29–32 et 41–42… 46–48), et même entre les six volets de 25–32 et 41–44 + 46–48 (en faisant donc abstraction pour le moment de 45 en VI).

A bien considérer 28 et 43–44 on peut d'abord constater qu'ils comportent *parole* comme le volet qui les précède, ce qui va dans le sens du parallèle d'ensemble relevé ci-dessus, mais permet aussi de faire jouer en chiasme 25–27 avec 43–44, puis 28 avec 41–42. On peut ensuite découvrir aussi un chiasme entre 28–32 et 43–44.46–48. On lit en effet en 28 et 46–48 *parole/parler* et le verbe *(re)lever*, puis en 29–32 et 43–44 *ton Enseignement, ton (tes) jugement(s), fidélité, car*. Venons-en maintenant à 45. On peut le rattacher soit à ce qui précède, soit à ce qui suit. Si on le lit avec 43–44, on le trouve lui aussi en rapport avec 25–27 par la récurrence de *tes préceptes*. Si on le lit avec 46–48, on le trouve lui aussi en rapport avec 29–32 par les récurrences de *élargir/large* et *car*. Ainsi ces deux strophes entretiennent-elles entre elles des rapports structurellement situés. Nous y avons relevé *parole/parler* dans cinq volets sur sept, celle-là qui fait vivre le fidèle (25), le relève (28), lui procure à lui-même une parole (42), dont il parle en effet (46), souhaitant qu'elle ne quitte jamais sa bouche (43). A cette fin il *médite* sur les merveilles (27) et les lois (48) divines, sûr d'avoir ainsi le cœur au large (32 et 45) et d'éviter ainsi la *honte* (31 et 46). Il a choisi le chemin de la *fidélité* et prie YHWH que cette dernière ne quitte pas sa bouche (30 et 43).

Nous connaissons déjà les rapports entre III et VII (voir dans l'ensemble I–VII). Qu'en est-il **entre II et VIII**? Les indices s'en présentent comme ceci:

II	9–11		*garder*
		ta <u>parole</u>	de <u>tout</u> mon <u>cœur</u>
		tes commandements	dans mon <u>cœur</u>
		<u>ton</u> <u>dire</u>	
	12a		YHWH↑↓
	12b–16		<u>apprends</u>-<u>moi</u>
		tes <u>lois</u>	
		<u>jugements</u>	chemin de
		tes témoignages	
		tes <u>préceptes</u>	
		tes <u>lois</u>	je <u>n'oublie</u> <u>pas</u>
VIII	57–58		YHWH... <u>garder</u>
		tes <u>paroles</u>	de <u>tout</u> <u>cœur</u>
		<u>ton</u> <u>dire</u>	
	59–61a		mes chemins↓
		tes témoignages↓	garder↑
		tes commandements↑	
	61b–64		<u>je</u> <u>n'ai</u> <u>pas</u> <u>oublié</u>
		<u>jugements</u>	*gardant*
		tes <u>préceptes</u>	YHWH
		tes <u>lois</u>	<u>apprends</u>-<u>moi</u>

Ici il n'existe sur l'ensemble qu'un parallèle entre les volets extrêmes. Seule la récurrence de *garder* passe du premier volet de II au dernier de VIII. Mais nous pouvons par contre repérer un chiasme tant entre 9–12a et 57–61a qu'entre 12–16 et 59–64. En effet le nom divin se lit en 12a comme en 57–58, tandis qu'en 9–11 et 59–61a nous lisons *tes commandements* et *garder*; le nom divin se retrouve de 12a à 61b–64, tandis que de 12b–16 à 59–61a nous retrouvons *chemin* et *tes témoignages*.

Ainsi *garder* se lit dans le premier volet de II et dans chacun des trois volets de VIII. Il s'agit pour le jeune homme en 9 de *se garder*, ce qu'il ne pourra faire que s'il *garde* les paroles (57), les commandements (60) et les préceptes (63) divins. Il prend d'ailleurs bien garde de *ne pas oublier* parole (16) et Enseignement (61) divins, et redemande à YHWH de lui *ap-*

prendre ses lois (12 et 64). C'est ainsi que *de tout cœur* il le recherche (10) et apaise sa face (58). Il s'agit pour lui d'accorder ses *chemins* (59) au *chemin* des témoignages de YHWH et d'y trouver surabondance d'allégresse (14).

Aux extrêmes de la symétrie concentrique autour de V nous reste maintenant à examiner les rapports **entre I et IX**. Ils reposent sur les indices suivants:

I	1–4	*Enseignement*	YHWH… observant…
			de tout cœur… œuvré*… TOI
		tu as commandé	
		tes préceptes	garder
	5–9		*garder*
		tes lois	
		tes commandements	de cœur… appris
		tes lois	je garde
IX	65–67a	tu as fait*…	YHWH… *apprends*-moi
		tes commandements	*gardé*
	67b–70		TOI↑… apprends-moi↓
		tes lois↓	de tout cœur↑↓… j'observe↑
		tes préceptes↑	leur cœur↑↓
		ton Enseignement↑	
	71–72		j'apprenne
		tes lois	
		Enseignement	

Nous faisons jouer ici les termes de la paire stéréotypée *œuvrer/faire*[131]. Entre les volets extrêmes les rapports se jouent en parallèle et selon une inversion. Le volet central de IX se rapporte aux deux volets extrêmes de I selon que l'indiquent les flèches.

On remarquera que, plus nous avançons dans le psaume, plus les indices autres que ceux relevant du vocabulaire de la loi se multiplient. Ici *apprendre, garder, observer* (ces deux derniers termes formant la paire sté-

---

131 *p ^cl/^cśh* selon Avishur pp. 148.197.288.318.

réotypée que l'on sait), et partant le rôle du *cœur* prennent beaucoup d'importance. C'est de YHWH que le fidèle sait *apprendre* le bon (66), autant dire les jugements (7), les *lois* (68 et 71). Reste à *observer* les témoignages (2), *garder* les *préceptes* et les *lois* (4 et 5), le dire divin (67), *observer* les *préceptes* (69). Le *cœur* est engagé dans cette recherche (2), cette observance (69), prêt à rendre grâce à celui qui lui a appris de tels jugements (7), tandis que le *cœur* des orgueilleux est pour sa part gorgé comme de graisse (70). Le fidèle n'a pas *œuvré* à l'injustice (3), et c'est le bon que YHWH a *fait* avec son serviteur (65).

Etudions maintenant le parallèle entre les deux volets entourant V. Nous connaissons déjà les rapports entre I et VI (voir dans l'ensemble I–VI), II et VII (voir dans l'ensemble I–VIII). Il nous reste donc à étudier ceux entre III et VIII et entre IV et IX. **Entre III et VIII** les indices sont répartis comme suit:

III	17–19		je *garderai*
		ta parole	
		ton Enseignement	*terre*
		tes commandements	
	20	tes jugements↓	
	21–24	tes commandements	
		tes témoignages	
		ils ont *parlé*	
		tes lois	
VIII	57–58		garder
		tes *paroles*	
	59–61a	tes témoignages↓	garder↑
		tes commandements↑	
	61b–64	*ton Enseignement*	
		jugements	*gardant... terre*
		tes lois	

Entre les volets extrêmes les rapports se jouent en parallèle et selon une inversion. Le volet central de VIII se rapporte aux deux volets extrêmes de I selon que l'indiquent les flèches. Mais le volet central de III ne se rapporte qu'au dernier volet de VIII, et ainsi le dernier volet ici et là se rapporte aux deux premiers volets de l'autre strophe.

Garder se lit dans le premier volet de III et dans chacun des trois volets de VIII, toujours avec un complément désignant par un terme ou l'autre la loi. On relève aussi la récurrence de *terre* de19 à 64: étranger sur la terre, le fidèle peut cependant y vivre partout selon cette loyauté de YHWH, qui la remplit.

Il nous reste à étudier les rapports **entre IV et IX**. Ils s'appuient sur les indices suivants:

IV	25–27	ta parole	apprends-moi
		tes lois	
		tes préceptes	
	28	ta parole↑	
	29–32		mensonge
		ton Enseignement... *fidélité*... YHWH	
		tes commandements... car... mon cœur	
IX	65–67a		YHWH
		ta parole	apprends-moi... *car*
		tes commandements	*fidèle*
	67b–70		apprends-moi↑
		tes lois↑	le mensonge↓
		tes préceptes↑	leur cœur↓
		ton Enseignement↓	
	71–72		car... j'apprenne
		tes lois	
		Enseignement	

Il y a parallèle et inversion entre les volets extrêmes. Le centre 67b–70 de IX se trouve en rapport avec les deux volets extrêmes de IV, mais le centre 28 seulement avec le premier volet de IX, si bien que nous avons un chiasme entre les deux unités de 25–28 et les deux de 65–70. Ainsi donc les deux volets entourant le centre V respectent entre eux non seulement l'inversion manifestant la symétrie concentrique, mais aussi un parallèle.

Ici c'est *apprendre* qui se lit dans le premier volet de IV et dans chacun des trois volets de IX. *Apprends-moi tes lois* se lit dans le premier volet de IV et dans le volet central de IX, à quoi font écho dans cette dernière strophe la prière de 66 et le constat de 70. La *fidélité* choisie (30) et pratiquée (66) par le fidèle s'oppose au *mensonge* qu'il entend éviter (29) et dont il est victime (69). De tout *cœur* il observe les préceptes (69), ce *cœur* élargi par YHWH (32) et s'opposant à celui des orgueilleux (70).

La structure de l'ensemble I–IX se présente donc schématiquement comme ceci:

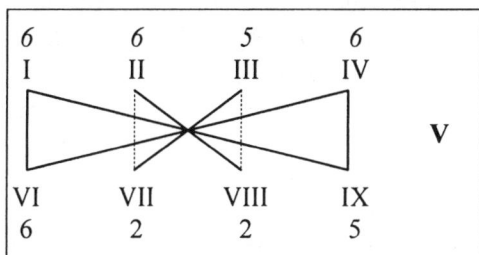

Dans la symétrie concentrique autour de V ce sont les strophes les plus proches ou les plus éloignées du centre dont le rapport est plus nettement marqué, dans le parallèle entre I–IV et VI–IX ce sont les strophes extrêmes.

Ensemble I–X

Nous pouvons maintenant considérer **l'ensemble I–X**, soit selon un chiasme, soit selon un parallèle. Commençons par les strophes centrales du chiasme, soit **V–VI**[132]. Nous y lisons:

V	33–36	Enseigne-moi	<u>YHWH</u>
		tes lois	
		ton Enseignement	je garderai
		tes commandements	car
		tes témoignages	
	37–40	*ton dire*	*mépris*
		car tes jugements	
		tes préceptes	
VI	41–42		<u>YHWH</u>
		ton dire	*méprisant*
	43–44	car↑↓… ton jugement↓… je garderai↑	
		ton Enseignement↑	
	45	car↑↓ tes préceptes↓	
	46–48	*tes témoignages*	
		tes commandements (*bis*)	
		tes lois	

Les volets extrêmes se répondent selon une inversion. Le premier volet central de VI fait référence au premier volet de V comme symétriquement le deuxième volet central de VI au dernier volet de V. Les premiers volets 33–36 et 41–42 comportent tous deux le nom divin. Ne reste plus à signaler que le rapport entre le deuxième et dernier volet de V et le premier volet central de VI, tant et si bien que le dernier volet de V appelle chacun des trois premiers volets de VI. Si on ne considérait que les deux premiers volets de VI qui contiennent pratiquement toutes les récurrences autres que des désignations de la loi, on pourrait avancer qu'ils se trouvent avec V

---

132 Sur leur enchaînement voir *SVT*, p.347.

dans un rapport en parallèle et en chiasme. Nous lisons en effet *YHWH* en 33–36 et 41–42, puis *car... ton (tes) jugement(s)* en 37–40 et 43–44, mais *je garderai* et *ton Enseignement* en 33–36 et 43–44, puis *mépris(er)* et *ton dire* en 37–40 et 41–42.

C'est *l'Enseignement* (*torah*) qu'il s'agit de *garder* en 34 comme en 44. Eprouvé par *le mépris* (39 et 42) le fidèle fait appel au *dire* divin (38 et 41), en appelant à *YHWH* (33 et 41) et à ses *jugements* (39 et 43).

Poursuivons l'étude du chiasme en considérant les rapports **entre IV et VII**. Ils sont signalés par les indices suivants:

IV	25–27		fais-moi vivre
		ta parole	
		tes lois	
		tes préceptes	
	28	ta parole↑	
	29–32	*ton Enseignement*	
		tes jugements	YHWH... *car*
VII	49–51	ta parole	*car*... m'a fait vivre
		ton Enseignement	
	52	tes jugements↓	YHWH↓
	53–56	ton Enseignement	
		tes lois	YHWH
		ton Enseignement	car
		tes préceptes	

On repère sans peine le parallèle et l'inversion entre les volets extrêmes de ces deux strophes. Le centre 28 de IV reçoit un écho dans le premier volet 49–51 de VII, le dernier volet 29–32 de IV dans le centre 52 de VII, si bien qu'on peut lire en parallèle 28 + 29–32 et 49–51 + 52.

On lit *ta parole* dans des demandes deux fois en IV, une en VII, mais inversement *ton Enseignement* une fois en IV (dans une demande), deux en VII (dans des protestations de fidélité en 51 et 55, à quoi il convient d'ajouter dans le dernier volet l'évocation de l'infidélité en 53). Ici le vocabulaire particulier, outre les trois interpellations à YHWH (31 et 52.55) se réduit à *faire vivre* (25 et 50, soit dans le premier volet ici et là), dans une demande en 25, dans un constat en 50.

Nous connaissons déjà les rapports entre III et VIII (voir dans l'ensemble I–IX). Examinons ceux **entre II et IX**, et cela à l'aide des indices suivants:

II	9–11		<u>garder</u>... de tout mon cœur... <u>errer</u>
		tes <u>commandements</u>	mon cœur
		ton <u>dire</u>	
	12a		YHWH↑
	12b–16	tes <u>lois</u>	*apprends-moi*... ta <u>bouche</u>
		tes préceptes	
		tes <u>lois</u>	je me délecte
		ta parole	
IX	65–67a		YHWH
		ta parole	*apprends-moi*
		tes <u>commandements</u>	errant
		ton <u>dire</u>	j'ai <u>gardé</u>
	67b–70		apprends-moi↓
		tes lois↓	de tout cœur↑
		tes préceptes↓...leur cœur↑... je me suis délecté↓	
	71–72		<u>j'apprenne</u>
		tes <u>lois</u>	ta <u>bouche</u>

On observe ici un parallèle entre les volets extrêmes. Par ailleurs le volet final en II est en rapport avec les trois volets de IX, et inversement le volet initial de IX est en rapport avec les trois volets de II. Enfin le volet central de IX est en rapport avec les deux volets extrêmes de II.

Apprendre se lit dans le dernier volet de II et dans chacun des trois volets de IX. Inscrit dans des demandes il a pour objet les lois (12b et 68.71), le bon, le goût et la connaissance (66). Ce que le fidèle appréhende, c'est d'*errer* loin des commandements (10): selon 67 il parle d'expérience. Mais il sait aussi d'expérience ce que c'est que *se délecter* des lois ou de l'Enseignement divins (16 et 70). Cet Enseignement comme les jugements de YHWH viennent de la *bouche* divine (13 et 72). Et c'est se *garder* (9) que de *garder* le dire divin (67). Voilà à quoi s'applique le *cœur* du fidèle (10.11 et 69, avec le contrepoint de 70).

Il nous reste à examiner les éléments extrêmes du chiasme en I–X, soit **I et X**. Présentons les indices:

I	1–4		*parfaits*
		Enseignement	<u>YHWH</u>
		ses *témoignages*	de tout *cœur*... <u>œuvré</u>=
		tu as <u>commandé</u>	
		tes préceptes	

	5–8		*stabilisés*
		tes <u>lois</u>	<u>honte</u>... *regarder**
		tes commandements... rendrai grâce+... <u>cœur</u>... avoir *appris*	
		les jugements	*de ta justice*
		tes <u>lois</u>	

X	73–77a	<u>fait</u>=... *stabilisent... j'apprendrai*	
		tes <u>*commandements*</u>	*voient**... se réjouissent*+
			<u>YHWH</u>... *justice*
		tes jugements	

	77b	ton Enseignement↑

	78–80	*tes préceptes*
		tes *témoignages* · mon <u>*cœur*</u>... *parfait*
		tes <u>lois</u> · <u>honte</u>

Nous faisons jouer ici les paires stéréotypées *œuvrer/faire*[133], *voir/regarder*[134], *se réjouir/rendre grâce*[135]. Parallèle et inversion entre les volets extrêmes se repèrent sans peine. Le centre 77b de X fait écho au premier volet de I, lequel premier volet se trouve donc appeler chacun des trois volets de X.

Les gens *parfaits* sont dits heureux en 1 et en 80 le psalmiste souhaite en faire partie. Ainsi serait-il à l'abri de la *honte* (80 et 6). Cela suppose de n'avoir pas *œuvré* à l'injustice (3), mais d'avoir bien plutôt été *fait* par les

---

133 Voir n.131.
134 Voir n.126.
135 *śmḥ/ydh* selon Avishur pp. 236–237.

mains divines (73), lesquelles *stabilisent* le fidèle (73) tout comme ses chemins (5). Alors il pourra *regarder* sans honte vers tous les commandements (6), tandis que les gens craignant YHWH en le *voyant* se *réjouiront* (74), joie précédée par *l'action de grâce* du fidèle (7). Ainsi en va-t-il pour qui *a appris* les *jugements de la justice* divine (7, *jugements* qui sont dits *justice* en 75) et reste disposé à *apprendre* les commandements (73).

　　Maintenant étudions le parallèle entre I–V et VI–X. Nous connaissons déjà les rapports entre I et VI (voir dans l'ensemble I–VI), II et VII (voir dans l'ensemble I–VIII), III et VIII (voir dans l'ensemble I–IX), IV et IX (*ibid.*). Il ne nous reste donc plus à étudier que les rapports **entre V et X**. Ils se repèrent à partir des indices suivants:

V	33–36	Enseigne-moi	YHWH
		tes lois	
		ton Enseignement	de tout *cœur*
		tes <u>commandements</u>	<u>car</u>… *mon cœur*
		tes témoignages	
	37–40		*voir*… fais-moi *vivre*
			<u>crainte</u>… <u>car</u>… *ton serviteur*
		tes jugements	
		tes <u>préceptes</u>	*justice*… fais-moi *vivre*
X	73–77a	tes <u>commandements</u>… te *craignant*… *voient*… *car*
			YHWH… <u>car</u> *justice*
		tes jugements	*ton serviteur*… je *vivrai*
	77b	Car↓ ton Enseignement↑	
	78–80	<u>Car</u>… tes <u>préceptes</u>	te <u>craignant</u>
		tes témoignages	*mon cœur*
		tes lois	

Le parallèle et l'inversion entre les quatre volets extrêmes se repèrent sans peine. Le volet central 77b se réfère principalement au premier volet de V (ton Enseignement), mais aussi, de manière plus lâche, au dernier (*Car* tes jugements [sont] bons… *Car* ton Enseignement, [ce sont] mes délices). De 37–40 (dernier volet de V) à 73–77a (premier volet de X) les indices sont si nombreux qu'il vaut la peine de les récapituler selon leur ordonnance comme ceci:

loin de voir	⤬	te craignant
fais-moi vivre		
la crainte		me voient
car	——	car... car...
ton serviteur	⤬	justice
tes jugements	—⤬—	tes jugements
ta justice		ton serviteur
fais-moi vivre	——	*je vivrai*

De plus de 33–36 à 78–80 s'inverse la séquence *tes lois* + *mon cœur* + *tes témoignages* et *tes témoignages* + *mon cœur* + *tes lois*. Par ailleurs, même dans les volets qui se correspondent selon le parallèle on passe de 33–36 à 73–77a de YHWH + tes commandements (car) à tes commandements + YHWH (car), et de 37–40 à 78–80 de crainte + (car) tes préceptes à (car) tes préceptes + craignant. Entre ces deux strophes V et X les rapports sont donc particulièrement nombreux et ordonnés.

Le fidèle désire en arriver à la *crainte* de YHWH (38), c'est-à-dire faire partie de ceux qui le *craignent*, les réjouir (74), les réunir (79). Voilà ce que devrait faire pour *son serviteur* le *dire* de YHWH (38 et 76). Si c'est ainsi que YHWH le *fait vivre* (37 et 40), il *vivra* (77). Si YHWH le garde de *voir* la vanité (37), ceux qui craignent YHWH se réjouiront de le *voir* (74). Voilà ce que peuvent réaliser *justice* et *jugements* divins (39–40), étroitement liés entre eux (75).

On schématisera comme suit la structure de l'ensemble I–X:

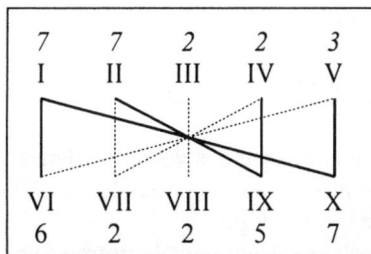

7	*7*	*2*	*2*	*3*
I	II	III	IV	V
VI	VII	VIII	IX	X
6	2	2	5	7

Pour ce qui est du chiasme on remarque que les rapports les plus marqués sont entre les strophes extrêmes, celles donc de l'ensemble (ainsi inclus), puis entre les strophes qui leur sont contiguës, les rapports entre les six strophes centrales restant discrets. Dans le parallèle est surtout visible le rapport entre les dernières strophes, dernières de chaque volet de notre ensemble.

Ensemble I–XI

Achevons sur la première moitié de notre psaume en considérant maintenant **I–XI**, examinant d'abord la symétrie concentrique autour de VI, puis
le parallèle entre les deux volets I–V et VII–XI autour de V. Autour de VI
nous étudierons d'abord les rapports **entre V et VII**. En voici les indices:

V	33–36	*Enseigne*-moi	*YHWH*
		tes lois	*j'observerai* (*bis*)
		ton Enseignement	*je garderai… car*
	37–40	*loin de* (*mn*)… *fais-moi vivre… ton serviteur*	
		ton dire	*car*
		tes jugements	
		tes préceptes	
VII	49–51		*ton serviteur car*
		ton dire	*m'a fait vivre loin de* (*mn*)
		ton Enseignement	
	52	*tes jugements*↓	YHWH↑
	53–56	*ton Enseignement*	
		tes loi	*YHWH je garde*
		ton Enseignement	*car*
		tes préceptes	*j'ai observés*

L'agencement parallèle et inversé des volets extrêmes se perçoit aisément à
l'aide du relevé ci-dessus. Le volet central 52 de VII se réfère aux volets
extrêmes de V comme il est indiqué.

  Garder et *observer*[136] se lisent dans le premier volet de V et le dernier
de VII. Il s'agit de *garder l'Enseignement* tant en 34 qu'en 55. *Observer* a
aussi pour objet *l'Enseignement* en 34, mais *les préceptes* en 56. Le fruit
espéré d'une telle docilité de la part du *serviteur* (38 et 49), c'est la *vie*,
demandée en 37, expérimentée selon 50. Ainsi sera-t-il gardé *loin de* la vanité (37), mais aussi de tout écart par rapport à l'Enseignement (51).

---

136 Dont on se souvient qu'ils constituent une paire stéréotypée (voir n.20).

Nous avons déjà étudié les rapports entre IV et VIII (voir dans l'ensemble I–VIII). Venons-en donc maintenant à **III et IX**. Les indices s'y présentent comme ceci:

III 17–19			ton serviteur... je garderai
	ta parole		
	ton Enseignement		MOI
	tes commandements		
[20]			
21–24			les orgueilleux
	tes commandements... (de) sur moi ($^c\!ly$)... *car*... j'ai observés		
	ils ont *parlé*		*ton serviteur*
	tes lois		mes délices
IX 65–67a			*ton serviteur*
	ta *parole*		car
	tes commandements		MOI... j'ai gardé
67b–70 tes lois↓		contre moi ($^c\!ly$)↓...	les orgueilleux↓
		MOI↑... j'observe↓... MOI↑	
	ton Enseignement↑	je me suis délecté↓	
71–72			car
	tes lois		
	l'Enseignement		

Le centre 20 de III ne comporte aucun indice de rapport avec IX. On voit sans peine parallèle et inversion entre les quatre volets extrêmes. Le centre 67b–70 comporte par contre beaucoup d'indices de rapports avec III, deux avec le premier volet de III, cinq avec le dernier.

On relève une mention de *l'Enseignement* en III et deux en IX, mais deux des *commandements* en III et une en IX. Le fidèle se présente ici comme le *serviteur* de YHWH (23 et 65), qui *garde* et *observe*[137] la parole (17), les témoignages (22), le dire (67), les préceptes (68), faisant ses *délices* des témoignages (24) et de l'Enseignement (70) divins. *Sur lui* mépris

---

137 Paire stéréotypée (voir n.20).

et dédain (22) ou mensonge (69) ne pourront rien, quoi qu'il en soit des entreprises des orgueilleux (21 et 69).

Entre II et X les indices sont les suivants:

II	9–11	<u>ta</u> <u>parole</u>	*mon cœur*
		<u>tes</u> <u>commandements</u>	*mon cœur*
		<u>ton</u> <u>dire</u>	*de sorte que je ne... pas*
	12a		YHWH↑
	12b–16		*apprends-moi*
		<u>tes</u> <u>lois</u>	
		jugements	
		<u>tes</u> <u>témoignages</u>	*allégresse**
		<u>tes</u> <u>préceptes</u>	*je regarde*⁺
		<u>tes</u> <u>lois</u>	je me délecte
		ta parole	
X	73–77a		*j'apprendrai*
		<u>tes</u> <u>commandements</u>... *voient*⁺... *se réjouissent**	
		ta parole	YHWH
		<u>tes</u> *jugements*	
		<u>ton</u> <u>dire</u>	
	77b		mes délices↓
	78–80	<u>tes</u> <u>préceptes</u>	
		<u>tes</u> <u>témoignages</u>	*mon cœur*
		<u>tes</u> <u>lois</u>	*de sorte que je ne... pas*

De 12b–16 à 73–77a nous accompagnons ici les rapports en relevant la répartition ici et là des termes des paires stéréotypées *déborder d'allégresse/se réjouir*[138] et *voir/regarder*[139]. Le parallèle et l'inversion entre les volets extrêmes sont faciles à repérer à partir de nombreux indices. Le centre 12a appelle le premier volet de X (YHWH), le centre 77b le dernier de II (se délecter/délices).

---

138 *śyś/śmḥ* selon Avishur pp. 137.216.259.287.320.
139 Voir n.125.

Le fidèle *se délecte* dans les lois (16) et l'Enseignement (77) de YHWH. Son *allégresse* (14) se montre communicative (74: *ils se réjouissent*). Lui *regarde* vers les routes de YHWH (15) et ceux qui le *voient* (74) s'en réjouissent. Voilà bien où mène d'*apprendre* les lois (12) et les commandements (73). Ainsi s'épargne-t-on le péché (11) et la honte (80).

Viennent ensuite aux extrêmes de notre symétrie concentrique **I et XI**. Ils se répondent à partie des indices suivants:

I	1–4	Enseignement		
		ses *témoignages*...		pas œuvré*
		tu as *commandé*		
		tes préceptes		garder
	5–8			<u>garder</u>
		tes lois		
		<u>tes</u> commandements		
		jugements		
		tes lois	je <u>garde</u>... <u>ne</u> m'abandonne pas	
XI	81–83	*tes lois*		
	84–85			feras-tu*↑
		jugement↓		
		ton Enseignement↑		
	86–88	tous <u>tes</u> *commandements*... je <u>n'ai</u> pas <u>abandonné</u>		
		tes préceptes	je *garderai*	
		le *témoignage*		

Nous faisons appel ici à la paire stéréotypée *œuvrer/faire*[140]. On voit parallèle et inversion entre les volets extrêmes. Dans le centre 84–85 de XI convergent les deux volets de I.

Ici *garder* (*les préceptes* en 4 et les lois en 8, se garder soi-même selon la parole en 9, garder le témoignage en 88) et *ne pas abandonner* (*les préceptes* en 87, ce qui donne son poids à la demande de ne pas être abandonné en 8) sont comme un fil conducteur des deux volets de I au volet final

---

140 Voir n.130.

de XI. Ne pas *œuvrer* à l'injustice (3) permet d'espérer que YHWH *fasse* le jugement contre les ennemis (84).

Il nous reste à considérer **le parallèle entre I–V et VII–XI** autour de VI. Nous connaissons déjà les rapports entre I et VII (voir dans l'ensemble I–VII), II et VIII (voir dans l'ensemble I–IX), III et IX (voir ci-dessus). Nous restent donc à considérer IV et X, puis V et XI. **Entre IV et X** les indices se présentent comme suit:

IV	25–27		fais-moi <u>vivre</u>
		ta <u>parole</u>	apprends-<u>moi</u>
		tes lois	
		tes préceptes	*je méditerai*
	28	ta parole↑	
	29–32		<u>mensonge</u>
		ton Enseignement	*fidélité*
		tes jugements	
		tes <u>témoignages</u>…	*YHWH…*avoir <u>honte</u>
		tes commandements…	<u>car</u>…<u>mon cœur</u>
X	73–77a		<u>j'apprendrai</u>
		tes commandements	
		ta <u>parole</u>	*YHWH…car*
		tes jugements	*fidélité…* je <u>vivrai</u>
	77b	car↓ ton Enseignement↓	
	78–80		aient <u>honte</u>… <u>car</u>
			<u>mensonge</u>… *je médite*
		tes préceptes	<u>mon cœur</u>
		tes <u>témoignages</u>	
		tes lois	je n'aie pas <u>honte</u>

Le parallèle et l'inversion sont manifestes entre les volets extrêmes. Le centre 28 de IV appelle le premier volet de X, le centre 77b de X fait écho au dernier volet de IV.

De 25 à 77 nous lisons: *fais-moi vivre… et je vivrai,* ladite vie étant en rapport ici avec la parole, là avec les affections de YHWH. Sur un autre registre le même enchaînement se lit de 26 à 73: *apprends-moi... et j'apprendrai*, l'objet dudit apprentissage étant ici les lois, là les commandements. Mais ce que le fidèle veut éviter, c'est *le mensonge*, dont il a eu à pâtir (78) de la part des orgueilleux, mais qui peut même pour lui représenter une tentation, d'où la prière de 29. De même, s'il souhaite *la honte* pour les orgueilleux (78), il sait bien qu'elle le menace lui-même (80) et qu'il lui est utile de prier pour qu'elle lui soit épargnée (31). Mais il reste fidèle à *méditer* les merveilles de Dieu (27) ses préceptes (78). Sa *fidélité* repose cependant sur celle de YHWH (30 et 75). S'il demande la perfection pour son *cœur* (80), c'est qu'il sait que c'est YHWH qui agit en lui (32).

Restent à examiner les rapports **entre V et XI**, et cela à partir des indices suivants:

V	33–36	Enseigne-moi [tes lois] ton Enseignement… *tes commandements* tes *témoignages*	*je garderai* [car]
	37–40	[car] tes *jugements* tes préceptes	*ton serviteur*
XI	[81–83]	car… tes lois]	
	84–85	*jugement* ton Enseignement	*ton serviteur*
	86–88	*tes commandements* tes préceptes *témoignage*	*je garderai*

Ici on verra surtout parallèle et inversion entre 33–36 + 37–40 et 84–85 + 86–88.

En 81–83 nous lisons *tes lois* comme en 33–36 et *car* comme en 33–36 et 37–40 (voir les crochets sur notre tableau). Le fidèle se présente ici en tant que *serviteur* (38 et 84) de YHWH, bien décidé à garder tant son *Enseignement* (34), celui-là que précisément ne respectent pas les orgueilleux

(85), que son *témoignage* (88), vers lequel par contre tend son propre cœur (36).

Ainsi donc, autour de VI, I–V et VII–XI se répondent tant selon une inversion (d'où la symétrie concentrique de l'ensemble) que selon un parallèle. Schématiquement la structure de l'ensemble des strophes I–XI se présentera comme ceci:

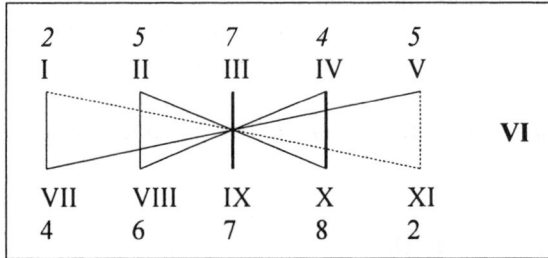

2	*5*	*7*	*4*	*5*	
I	II	III	IV	V	
					VI
VII	VIII	IX	X	XI	
4	6	7	8	2	

Dans la symétrie concentrique le rapport le plus faible se joue entre les strophes extrêmes. Dans le parallèle entre I–V et VII–XI le rapport le plus faible est entre les dernières strophes V et XI, mais il est précédé par deux autres rapports très nettement appuyés.

Ensemble I–XII

Nous pouvons maintenant en venir à **l'ensemble I–XII**, pour y étudier tant un chiasme qu'un parallèle. Pour le chiasme partons de ses centres **VI et VII**[141]. Nous y lisons comme indices de correspondance:

VI	41–42			*YHWH*
		ton dire		
		une parole		*car*
		ta parole		
	43–44	parole↑		car↑↓
		ton jugement… j'ai compté↑… je garderai↓		
		ton Enseignement↓	pour toujours	
	45	car↑↓ tes préceptes↓		
	46–48	j'ai *parlé*		
		tes lois		
VII	49–51	ta *parole*	tu m'as fait compter	
		car ton dire		
	52	tes jugements… depuis toujours… YHWH↑		
	53–56	ton Enseignement		
		tes lois	*YHWH*… je garde	
		ton Enseignement		
		car tes préceptes		

Les volets extrêmes se répondent en parallèle et selon une inversion. De par le rapport entre le dernier volet de VII et les deux volets centraux de VI, il se trouve finalement que ce dernier volet de VII se réfère à chacun des volets de VI. De par le rapport entre le premier volet de VI et le volet central de VII, il se trouve que ce premier volet de VI est lui en rapport avec chacun des trois volets de VII. Reste à signaler le rapport entre les deux deuxièmes volets qui fait que les deux premiers volets d'ici à là sont

---

141 Sur leur enchaînement voir *SVT*, pp. 349–350.

agencés entre eux selon un parallèle et selon un chiasme. Peut-être un schéma récapitulatif sera-t-il ici utile:

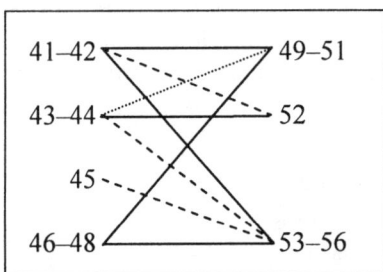

Le psalmiste a pu *compter sur* le *jugement* (43) et la parole (49) de YHWH. Comme en retour il est bien décidé à *garder* son *Enseignement* (44 et 55) *pour toujours* (44), s'étant *depuis toujours* souvenu de ses *jugements* (52).

Poursuivons avec **V et VIII**. On y trouve les indices suivants:

V	33–36	*Enseigne*-moi *tes lois*	<u>*YHWH*</u>... le chemin de
		ton Enseignement...	je <u>*garderai*</u> <u>de</u> <u>tout</u> <u>cœur</u>
			fais-moi cheminer
		tes commandements	mon <u>cœur</u>
		tes témoignages	
	37–40		ton chemin... fais <u>lever</u>
		ton dire	<u>crainte</u>
		tes <u>jugements</u>	
		<u>tes</u> <u>préceptes</u>	<u>ta</u> <u>justice</u>
VIII	57–58		<u>YHWH</u>... <u>garder</u>... <u>de</u> <u>tout</u> <u>cœur</u>
		ton dire	
	59–61a		mes chemins↑↓
		tes témoignages↑	garder↑
		tes commandements↑	
	61b–64	*ton Enseignement*	je me <u>lève</u>
		<u>jugements</u>... de <u>ta</u> <u>justice</u>... <u>craint</u>... *gardant*	
		<u>tes</u> <u>préceptes</u>	*YHWH*
		tes lois	

Les volets extrêmes se correspondent selon parallèle (le plus nettement) et inversion. Le volet central 59–61a de VIII se réfère aux deux volets extrêmes de V (surtout au premier).

Décidé à *garder de tout cœur* l'Enseignement de YHWH (34), ou ses paroles (57), trouvant ainsi à apaiser *de tout cœur* la face de YHWH (58), notre fidèle entend vivre dans l'heureuse *crainte* de YHWH (38), avec bien d'autres qui eux-mêmes *craignent* YHWH et *gardent* ses préceptes (63). Et il peut demander à YHWH de faire *lever* pour lui son dire (37) puisqu'il est lui-même prêt à se *lever* en pleine nuit pour rendre grâce à YHWH. On aura aussi remarqué comment les *chemins* de YHWH dans les deux volets de V (en 33 [35] et 37) ont pour écho dans le volet central de VIII les *chemins* du fidèle qui veut les accorder à ceux de son Dieu (59). Les *jugements* et la *justice*, juxtaposés au terme de V (en 39–40, s'achevant sur une demande) sont présentés dans leur rapport au terme de VIII (62, témoignant de l'action de grâce du psalmiste).

Nous connaissons déjà les rapports entre IV et IX (voir dans l'ensemble I–IX). Passons donc à **III et X**. Ils comportent les indices suivants:

III	17–19		ton serviteur… <u>je</u> <u>vivrai</u>	
		<u>ta</u> parole	je <u>regarderai</u>*	
		ton Enseignement		*MOI*
		<u>tes</u> <u>commandements</u>		

	20	tes jugements↑

	21–24		orgueilleux
		tes commandements	
		<u>tes</u> <u>témoignages</u>	
		ils ont *parlé*	*ton serviteur* <u>médite</u>
		<u>tes</u> <u>lois</u>	
		tes témoignages	mes délices

X	73–77a	*<u>tes</u> <u>commandements</u>*	voient*
		<u>ta</u> *parole*	
		tes jugements… *<u>ton</u> <u>serviteur</u>*… <u>je</u> <u>vivrai</u>	

	77b	ton Enseignement↑	mes délices↓

	78–80	<u>orgueilleux</u>… *MOI* je <u>médite</u>
		<u>tes</u> <u>témoignages</u>
		<u>tes</u> <u>lois</u>

Nous faisons appel ici à la paire stéréotypée *voir/regarder*[142].On voit le parallèle (surtout) et l'inversion entre volets extrêmes. Le centre 77b de X se réfère aux volets extrêmes de III, mais le centre 20 de III seulement au premier volet de X.

Dans ces deux strophes le fidèle se met en avant en se désignant comme le *serviteur* et en utilisant à son sujet le pronom indépendant *moi*. S'il insiste sur sa qualité de serviteur qui médite sur les lois divines (23),

---

142 Voir n.125.

c'est qu'il veut faire jouer l'alliance en sa faveur dans des demandes d'intervention (17) ou de consolation (76). Quant au pronom *moi*, il lui permet de présenter sa détresse en 19, sa fidélité en 79. S'il est sûr de *vivre*, c'est que YHWH va répondre à ses demandes d'intervention (17) et de consolation (76–77). Il *médite* sur les lois de YHWH, et ses témoignages sont pour lui des *délices* (23–24), ce qu'il peut dire tout pareillement de l'Enseignement divin (77b), le connaissant par sa méditation des préceptes (78). Il ne craint pas *les orgueilleux* sous le coup de la menace divine (21) et ne méritant que la honte (78). On notera enfin le rapport entre les deux regards, celui du fidèle qui *regarde* vers les merveilles de l'Enseignement divin (18) et celui de ses pairs qui *voient* le fidèle et se réjouissent.

Venons-en maintenant à **II et XI**. Voici les indices:

II	9–11		*garder*
		ta parole	
		tes commandements	
		ton dire	
	[12a]		
	12b–16	*tes lois*	
		jugements	
		tes témoignages	*comme*
		tes préceptes	
		tes lois	*je n'oublie pas*
		ta parole	
XI	81–83	*ta parole*	
		ton dire/à dire	*comme*
		tes lois	*je n'ai pas oubliées*
	84–85	jugement↓	
	86–88	*tes commandements*	
		tes préceptes	je *garderai*
		témoignage	

Les volets extrêmes se répondent et en parallèle et selon une inversion. Le centre 84–85 de XI fait écho au dernier volet de II.

Se *garder* selon la parole (9, premier verset de II), cela suppose bien sûr *garder* le témoignage de la bouche divine (88, dernier verset de XI), *ne pas oublier* ladite parole (16) ni les lois (83). On appréciera à la lumière l'une de l'autre les deux comparaisons de 14 et 83, l'allégresse donnée par les témoignages divins *comme* celle que donne toute une fortune, le psalmiste si familier de la parole qu'il est *comme* «un rouleau de Bible tout imprégné de vapeur d'encens à force d'avoir servi pour le culte» (interprétation de Girard), la seconde comparaison, malgré l'apparence plus pitoyable de l'objet évoqué, étant évidemment beaucoup plus belle et radicale.

Aux extrêmes du chiasme se lisent **I et XII**. Ils présentent de leurs rapports les indices suivants:

I	1–4	*Enseignement*	de <u>YHWH</u>
		ses *témoignages… tout…*	*recherchent*
		commandé	
		tes préceptes	*tout à fait*
	5–8		*stabilisés…* <u>regarder</u>*
		<u>tous</u> <u>tes</u> <u>commandements</u>	
		jugements	<u>tout</u> <u>à</u> <u>fait</u>
XII	89–91a		<u>YHWH</u>… *stabilisé*
		tes jugements	
	[91b]		[tous↑↓]
	92–96	ton *Enseignement*	
		tes préceptes (*bis*)	*recherchés*
		tes témoignages	*tout*… j'ai <u>vu</u>*
		ton <u>commandement</u>	*tout* <u>*à fait*</u>

Nous faisons appel ici à la paire stéréotypée *voir/regarder*[143]. Ici parallèle et inversion entre les volets extrêmes de chaque strophe se perçoivent aisément. Le volet central 91b de XII ne se reporte aux volets de I que par l'adjectif *tout*, ce qui, au vu de ce qu'il qualifie ici et là est trop peu pour suggérer quelque rapport, d'où nos crochets sur le tableau ci-dessus.

Il aura droit au bonheur de ceux qui *recherchent* YHWH (2), celui-là qui *recherche* (94) ses préceptes. Il peut en effet *regarder* sans honte les

---

143 Voir n.125.

commandements de YHWH (6) celui qui de tout achèvement a *vu* l'extrémité (96). Il n'a pas à craindre l'abandon total (*tout à fait*) de YHWH (8) celui qui connaît l'élargissement total (*tout à fait*) de son commandement (96). En réponse à sa prière ses pas seront *stabilisés* (5) tout comme le fut la terre (90).

Les strophes I–XII se présentent donc bien selon un chiasme. Pour ce qui est du **parallèle en I–XII** nous connaissons déjà les rapports entre I et VII (voir dans l'ensemble I–VII), II et VIII (voir dans l'ensemble I–IX), III et IX (voir dans l'ensemble I–XI), IV et X (*ibid.*), V et XI (*ibid.*). Il ne nous reste donc à examiner que le rapport **entre VI et XII**. En voici les indices:

VI	41–42		YHWH
		une <u>parole</u>/<u>ta</u> <u>parole</u>	car
	43–44	<u>parole</u>	<u>fidélité</u>… car
		<u>ton</u> jugement	
		<u>ton</u> Enseignement…	*pour toujours*
	45		au <u>large</u>… <u>car</u>
		<u>tes</u> <u>préceptes</u>	
	46–48	j'ai *parlé* de	
		<u>tes</u> <u>témoignages</u>	
		<u>tes</u> <u>commandements</u> (*bis*)	
XII	89–91a		<u>pour</u> <u>toujours</u> YHWH
		<u>ta</u> *parole*	<u>fidélité</u>
		<u>tes</u> <u>jugements</u>	
	[91b]		[car]
	92–96	<u>ton</u> <u>Enseignement</u>…	*pour toujours*
		<u>tes</u> <u>préceptes</u>	<u>car</u> (*bis*)
		<u>tes</u> <u>préceptes</u>	
		<u>tes</u> <u>témoignages</u>	<u>large</u>
		<u>ton</u> <u>commandement</u>	

Ici l'organisation est légèrement plus complexe. Il convient de lire, parallèlement en somme, la convergence de 41–42 et 43–44 en 89–91a, puis la
convergence de 45 et 46–48 en 92–96, les indices en étant indiqués par les
soulignements. C'est là l'agencement le plus net. Pour ce qui est de
l'inversion, elle est beaucoup plus ténue, indiquée seulement (voir les *italiques*) de 46–48 à 89–91a (*parler/parole*) et de 43–44 à 92–96 (*pour toujours*). En 91b, volet central de XII, nous ne lisons de récurrent que la
conjonction *car*, laquelle n'a guère de portée au vu des contextes où on la
lit en 42, 43, 45: dans ces trois versets le psalmiste proteste de sa fidélité
envers YHWH, ce qui, pourrait-on dire, va plus loin que l'affirmation de
91b selon laquelle tous les êtres sont les serviteurs de YHWH. Peut-être un
schéma facilitera-t-il le repérage:

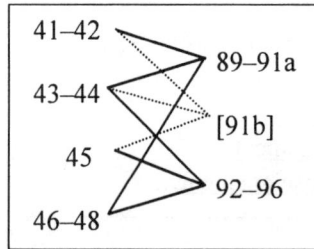

A la pérennité de la parole placée aux cieux *pour toujours* (89) répond
celle du souvenir qu'en a le fidèle *pour toujours* (93, faisant écho à 44).
Par ailleurs il est sûr d'aller au *large* (45) celui-là qui est fidèle à un commandement *large* tout à fait (96). Elle restera en sa bouche, la parole de *fidélité* (43) qui dure de génération en génération (90).
    Si donc VI et XII se répondent comme nous venons de le voir, on peut
finalement repérer entre I–VI et VII–XII un parallèle. La structure de
l'ensemble I–XII se présentera schématiquement comme ceci:

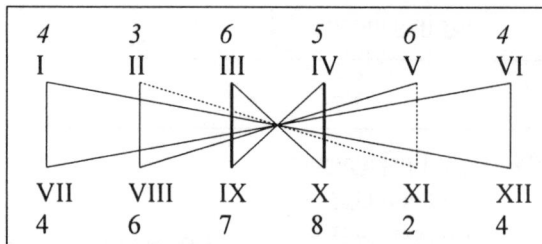

Dans le parallèle on remarque les rapports les plus nets dans les strophes
centrales, les strophes extrêmes présentant dans leurs rapports le même
nombre de récurrences (4). De I/VII à IV/X l'intensité va croissant (4 < 6 <

7 <8). Les strophes extrêmes du chiasme présentent elles aussi dans leurs rapports le même nombre de récurrences (4).

Ensemble I–XIII

Poursuivons notre repérage des structures au fur et à mesure de la lecture du psaume. Nous en arrivons maintenant à **l'ensemble I–XIII**. Il est, nous allons le voir, concentrique autour de VII, tandis que les strophes I–VI et VIII–XIII sont entre elles non seulement inversées, mais aussi disposées en parallèle. Considérons la symétrie concentrique, et commençons par **VI et VIII** contiguës au centre VII. Voici les indices:

VI	41–42		*ta loyauté* <u>YHWH</u>
		ton <u>dire</u>	
		une <u>parole</u>/ta <u>parole</u>	
	43–44	la parole↑	
		ton jugement↓…	je *garderai*
		ton Enseignement↓	
	45	<u>tes</u> <u>préceptes</u>	
	+		
	46–48	j'ai parlé de	
		tes témoignages	
		tes commandements (bis)	
		<u>tes</u> <u>lois</u>	
VIII	57–58		<u>YHWH</u>… garder
		<u>tes</u> <u>paroles</u>	
		ton <u>dire</u>	
	59–61a	tes témoignages↓…	*garder*
		tes commandements↓	
	61b–64	ton Enseignement	
		jugements	gardant
		<u>tes</u> <u>préceptes</u>…	*ta loyauté* YHWH
		<u>tes</u> <u>lois</u>	

Nous lisons ici 45 avec 46–48. Nous voyons entre les six volets parallèle et chiasme. Le centre de VI (43–44) se trouve en rapport avec les trois volets de VIII. De 43–48 à 59–64 nous avons non seulement un parallèle, mais également un chiasme.

Signalons que nous avons ici le premier des dix rapports entre strophes où jouent comme récurrences les *huit* termes désignant la loi. Par ailleurs *garder* se lit au centre de VI et dans les trois volets de VIII, toujours avec un terme ou l'autre se rapportant à la loi, mais dans la dernière occurrence (63) le sujet s'élargit à tous ceux qui *gardent* les préceptes. Dans le premier volet de VI et le dernier de VIII nous lisons *ta loyauté*, appelée accompagnée du salut en 41, manifestée par toute la terre en 64.

En nous éloignant du centre VII nous avons maintenant à comparer **V et IX**. Les indices s'y trouvent comme ceci :

V	33–36	*Enseigne*-moi	<u>YHWH</u>
		tes lois	j'observerai (*bis*)
		ton *Enseignement*... <u>je garderai</u>...	de tout cœur
		<u>tes commandements</u>	<u>car</u>... mon cœur
	37–40		*ton serviteur*
		ton dire	<u>*car*</u>... <u>*bons*</u>
		tes préceptes	
IX	65–67a		*bon... ton serviteur*... <u>YHWH</u>
			bon... <u>*car*</u>
		<u>tes commandements</u>	
		ton dire	<u>j'ai gardé</u>
	67b–70		bon↓ (*bis*)
		tes lois↑	de tout cœur↑... j'observe↑
		tes préceptes↓	leur cœur↑
		ton Enseignement↑	
	71–72		<u>bon</u>... <u>car</u>
		tes lois	<u>bon</u>
		l'Enseignement	

Ici il y a parallèle et inversion entre les volets extrêmes tandis qu'au centre 68–70 de IX convergent les deux volets de V.

On ne lit *bon* que dans le dernier volet de V, mais dans chacun des trois volets de IX. Ce sont les jugements divins qui sont dits *bons* en 39, mais l'action divine en 65, puis ce que le fidèle attend de YHWH en 66, YHWH lui-même en 68, et ce qu'il fait, enfin paradoxalement l'humiliation en 71. On verra là une sorte de progression avec au terme une «chute» pleine de sens. La référence à l'alliance dans le titre *ton serviteur* sert à motiver une prière en 38, mais à constater combien YHWH respecte ladite alliance en 65. *Observer* et *garder* s'inscrivent dans des protestations de fidélité en 67 et 69, mais dans un engagement à la fidélité en 33–34. Au *cœur* du fidèle appliqué à la loi (34 et 36) s'oppose celui des orgueilleux (69).

Nous connaissons déjà les rapports entre IV et X (voir dans l'ensemble I–XI). Venons-en donc à **III et XI**. Les indices sont situés comme ceci:

III	17–19		ton serviteur... *je vivrai... je garderai*
		ta <u>parole</u>	mes <u>yeux</u>
		ton Enseignement	*MOI sur la terre*
		tes commandements	
	20		ma gorge↑
		tes *<u>jugements</u>*	*temps**
	21–24		orgueilleux
		tes <u>commandements</u>	
		tes <u>témoignages</u>	
		ils ont *parlé*	ton serviteur
		tes lois	
		tes <u>témoignages</u>	
XI	81–83		ma gorge
		ta *<u>parole</u>*	mes <u>yeux</u>
		tes lois	
	84–85		*jours** de ton serviteur↓↑
		<u>jugement</u>	orgueilleux↓
		ton Enseignement↑	
	86–88	*tes <u>commandements</u>*	*sur la terre. MOI*
			fais-moi vivre... je garderai
		<u>témoignage</u>	

Nous faisons jouer ici la paire stéréotypée *jour/temps*[144]. On voit parallèle et chiasme entre les six volets. De plus le centre 20 de III appelle le premier volet de XI (à partir de *ma gorge*). Et le centre 84–85 de XI rappelle les deux volets extrêmes de III.

Le fidèle se présente comme le *serviteur* de YHWH dans les volets extrêmes de III et dans le volet central de XI. Il se présente avec le pronom indépendant de la 1ère pers. dans le premier volet de III et dans le dernier de XI. Cette qualité de *serviteur* lui permet de demander l'agir favorable de Dieu (17), et plus précisément le secours dans la détresse (84), mais il l'explicite en 23 en précisant que ledit serviteur médite sur les lois de YHWH. Menacé *sur la terre* (19 et 87), ce même MOI (19) tient bon aux préceptes même quand il est menacé (87). Il veut *vivre* pour *garder* la parole (17), fondant sa demande de vie sur le même engagement au terme de XI (88). Sa *gorge* est usée dans son désir des jugements et du salut (20 et 81), et de même ses *yeux* dans l'attente des interventions divines (18 et 82). C'est *en tout temps* que ce désir le tient (20), mais ses *jours* sont brefs et le jugement lui tarde. Même menacés (21) *les orgueilleux* ont creusé pour lui des tombes (85). Il faut donc que la réponse de YHWH à ses demandes et questions ne tarde point.

---

144 *ywm/ ^ct* selon Avishur p.535.

Poursuivons notre étude de la symétrie concentrique sur I–XIII en comparant **II** et **XII**. Les indices sont les suivants:

II	9–11	ta parole *tes commandements*	tout
	12a		YHWH↑
	12b–16	*jugements* tes témoignages tes préceptes… je regarde* je me délecte… je n'oublie pas *ta parole*	
XII	89–91a		YHWH
		ta parole tes *jugements*	
	[91b]		[tous↑]
	92–96	mes délices… je n'oublierai pas tes préceptes (*bis*) tes témoignages j'ai vu* *ton commandement*	

Parallèle et inversion entre les volets extrêmes se repèrent sans peine. Le centre 12a de II appelle le premier volet de XII (*YHWH*), le centre 91b de XII pourrait à la rigueur rappeler le premier volet de II si les contextes n'étaient trop disparates.

    Regardant les routes de YHWH (15), ayant *vu* de tout achèvement l'extrémité, notre psalmiste *se délecte* dans ses lois (16) et son Enseignement (92). Il prend bien garde *de ne pas oublier* la parole (16) ou les préceptes (93). Il bénit *YHWH* lui-même (12) et l'admire pour sa parole (89).

Restent les extrêmes de la symétrie concentrique, soit **I et XIII**. Les indices se situent comme suit:

I	1–4		*chemin**
		Enseignement	observant
		ses témoignages	*tout*
			ses *chemins**... TOI
		tu as commandé	
		tes préceptes	garder

	5–8		mes chemins**... garder
		tous tes commandements	*appris*
		jugements	

XIII	97–100	ton Enseignement	*tout*... [LUI]
		ton commandement	*appris*
		tes témoignages	
		tes préceptes	observés

	101–102		toute route*↓↑... je garde↓↑
		tes jugements↓	TOI↑
		tu m'as enseigné↑	

	103–104	*tes préceptes*	*toute route**

Nous faisons appel ici à la paire stéréotypée *chemin/route*[145]. Dans le parallèle entre les volets extrêmes, c'est surtout le rapport entre les premiers qui est marqué, même si l'opposition entre les chemins de YHWH (3b) et la route de mensonge (104c) ne laisse pas d'être parlante. L'opposition entre de tels chemins et de telles routes jouent entre les deux volets de I et les deux derniers de XIII.

Ayant *observé* les préceptes (100), le fidèle fait partie de ceux-là dont il est question en 2. Il entend bien *garder* les lois (5) et la parole (101). Ayant *appris* les jugements de la justice divine (7) il en sait plus que ceux qui étaient là pour lui apprendre (99). S'adressant à YHWH il reconnaît que c'est lui (TOI...) qui a commandé les préceptes (4) et l'a enseigné (102). Il lui reste, pour stabiliser ses *chemins* (5) et même être parfait en

---

145 Voir n.113.

son *chemin*, à aller dans les *chemins* de YHWH, pour purifier sa *route* (9) à regarder les *routes* de YHWH.

A propos de I–XIII il nous reste maintenant à étudier le parallèle entre I–VI et VIII–XIII autour de VII. Nous connaissons déjà les rapports entre I et VIII (voir dans l'ensemble I–VIII), II et IX (voir dans l'ensemble I–X), III et X (voir dans l'ensemble I–XII). Nous restent donc à étudier les rapports entre IV et XI, V et XII, VI et XIII. **Entre IV et XI** les indices se présentent comme ceci:

IV	25–27		<u>ma gorge</u>… *fais-moi vivre*
		<u>ta parole</u>	
		<u>tes lois</u>	
		tes préceptes	
	28		ma gorge↑
		ta parole↑	
	29–32		<u>mensonge</u>
		ton Enseignement	<u>fidélité</u>
		tes jugements	
		tes <u>témoignages</u>	
		<u>tes commandements</u>	*car*
XI	81–83		<u>ma gorge</u>
		<u>ta parole</u>	*car*
		<u>tes lois</u>	
	84–85	jugement↓	
		ton Enseignement↓	
	86–88	<u>tes commandements</u>… <u>fidélité</u>… <u>mensonge</u>	
		tes préceptes	*fais-moi vivre*
		<u>témoignage</u>	

La correspondance entre volets extrêmes se joue selon le parallèle, mais pas selon l'inversion, la récurrence de *car*, surtout étant donné ce qu'elle introduit en 32b et 83a, ne constituant en rien l'indice d'un rapport entre 29–32 et 81–83. Par contre 26–27 et 86–88 se correspondent bel et bien. Le centre 28 de IV appelle le premier volet de XI, le centre 84–85 de XI se réfère au dernier volet de IV.

La *gorge* du fidèle est de diverses façons présentée comme éprouvée en 25.28 et 81. Aussi le fidèle demande-t-il à *vivre* en 25 comme en 88. Il a choisi le chemin de la *fidélité* (30), ces commandements qui sont *fidélité* (86), à l'opposé de ce chemin du *mensonge* (29), celui de ses poursuivants (86). Ainsi peut-il escompter que sa prière soit exaucée.

Entre V et XII les indices sont les suivants:

V	33–36	*Enseigne*-moi	YHWH
		ton Enseignement	
		tes commandements	*car*
		tes témoignages	
	37–40		voir... ton serviteur... car
		tes jugements	
		tes préceptes	
XII	89–91a		YHWH
		tes jugements	
	91b		car↓↑... tes serviteurs↓
	92–96	*ton Enseignement*	
		tes préceptes	*car* (*bis*)
		tes préceptes	
		tes témoignages	j'ai vu
		ton commandement	

Parallèle et inversion entre les volets extrêmes se repèrent bien. Le centre 91b de XII est surtout en rapport avec le dernier volet de V. Ici *ton serviteur* (38) est à situer parmi *tes serviteurs* (91).

Si le fidèle refuse de *voir* la vanité (37), il ne renie pas l'expérience qui lui a fait *voir* de tout achèvement l'extrémité (96). C'est dans la première proposition de chacune de ces deux strophes que *YHWH* est interpellé, ici pour une demande (33), là pour une proclamation (89).

Pour ce qui est de **VI et XIII** enfin les indices sont:

VI	41–42	*ton dire/à dire* une parole ta parole	car
	43–44	*parole* ton jugement *ton Enseignement*	MA BOUCHE car je garderai
	45	CAR TES PRECEPTES	
	46–48	j'ai *parlé* *tes témoignages* *tes commandements*	j'ai *médité*
XIII	97–100	ton Enseignement... **ton commandement** *tes témoignages*... TES PRECEPTES	ma **méditation** CAR (bis) **méditation**... CAR
	101–102	ta *parole* tes jugements tu m'as *enseigné*	je garde car
	103–104	**tes dires** tes préceptes	MA BOUCHE

Ici un petit schéma s'impose pour saisir le jeu des rapports entre ces deux strophes. Nous le dressons, puis l'expliquerons aussitôt:

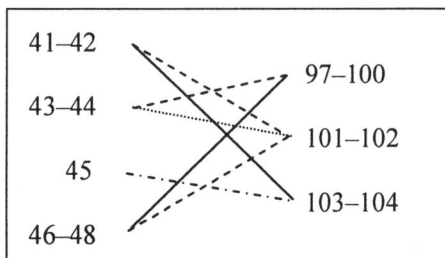

```
41–42                    97–100
43–44                    101–102
   45                    103–104
46–48
```

A partir des indices portés en caractères gras dans le premier tableau, notons l'inversion entre les volets extrêmes de nos deux strophes (trait plein). A partir des indices portés en italiques relevons l'inversion de 41–44 à 97–102 comme de 45–48 à 101–104 (trait discontinu). Reste enfin à signaler un rapport qui n'a pas de symétrique, soit entre les deux deuxièmes volets (indices soulignés, trait en pointillé). Les trois récurrences autres que désignations de la loi se lisent dans ordre inverse d'ici à là, soit: *ma bouche... je garderai... j'ai médité*, puis: *ma méditation (bis)...je garde... ma bouche*.

Le psalmiste tient à ce que sa *bouche* reste habitée par la parole de fidélité (43), et d'ailleurs à sa *bouche* les dires de YHWH sont plus doux que le miel (103). Il s'engage à *garder* continuellement l'Enseignement, et pour *garder* la parole retient ses pieds de toute route de mal (101). Il a *médité* sur les lois de YHWH (48) dont l'Enseignement (97) et les témoignages (99) ne cessent d'être pour lui une *méditation*.

Ainsi donc, autour de VII, I–VI et VIII–XIII se répondent selon une inversion (pour former avec VII la symétrie concentrique de l'ensemble), mais aussi en parallèle, ce qui peut se schématiser comme suit:

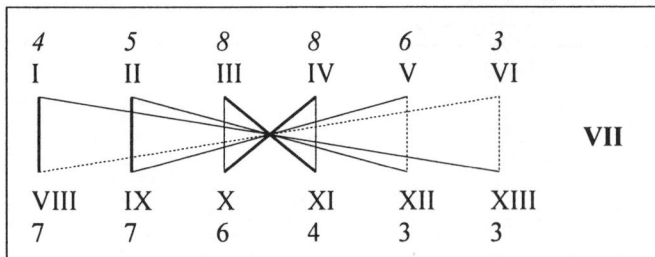

```
 4     5     8     8     6     3
 I     II    III   IV    V     VI
                                        VII
VIII   IX    X     XI    XII   XIII
 7     7     6     4     3     3
```

Dans la symétrie concentrique autour de VII on remarque surtout les rapports soulignés entre III–IV et X–XI, dans le parallèle entre I–VI et VIII–XIII l'ordre décroissant (7.7 > 6 > 4 > 3.3).

Ensemble I–XIV

Nous abordons maintenant **l'ensemble I–XIV**. Il peut se lire soit selon un chiasme, soit selon un parallèle. Etudions d'abord le chiasme, et pour commencer ses éléments centraux, soit les strophes contiguës **VII et VIII**[146]. De l'une à l'autre nous retrouvons les indices suivants:

VII	49–51		*souviens-toi**
		ta parole	
		ton dire	
		ton Enseignement	
	52		je me suis souvenu*↓
		tes jugements↓	YHWH↓↑
	53–56		méchants
		ton Enseignement	
		tes lois… je me suis souvenu*… *YHWH… je garde*	
		ton Enseignement	
		tes préceptes	
VIII	57–58		*YHWH*
		j'ai dit	*garder*
		tes paroles	
		ton dire	
	59–61a		garder↓… méchants↓
	61b–64	*ton Enseignement*	*je n'ai pas oublié**
		jugements	gardant
		tes préceptes	YHWH
		tes lois	

Nous faisons jouer ici la paire stéréotypée *se souvenir/ne pas oublier*[147]. Les volets extrêmes se répondent en parallèle et selon une inversion. Le dernier volet de VII appelant également le volet central de VIII, il se trouve

---

146 Sur leur enchaînement voir *SVT*, p.353.
147 Voir n.128.

qu'il en rapport avec chacun des trois volets de VIII. Symétriquement le dernier volet de VIII se référant également au volet central de VII, il se trouve qu'il est en rapport avec chacun des trois volets de VII. Quant au volet central de VIII il se réfère aux deux volets extrêmes de VII. Dressons ici un schéma récapitulatif :

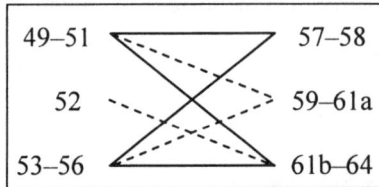

Ici encore, si l'on fait abstraction du nom divin, il y a inversion des occurrences de *se souvenir (bis)... méchants... garder* à celle de *je garde... méchants... je n'ai pas oublié*. Le premier mot de VII est *souviens-toi*, adressé à YHWH, avec pour objet sa propre parole. Mais au centre de VII le fidèle lui-même affirme *s'être souvenu* des jugements de YHWH depuis toujours (52), et de même en 61 (au début du dernier volet de VIII) il affirme *n'avoir pas oublié* l'Enseignement. Indigné par le comportements des *méchants* abandonnant *l'Enseignement* (53) et dont les cordes le ligotent (61), il n'en *garde* pas moins ledit *Enseignement*, décidé à *garder* les paroles de YHWH (57). Il est remarquable que les deux mentions de YHWH en VII et les deux en VIII sont des interpellations (vocatifs).

Venons-en maintenant à **VI et IX**. Les indices de leurs rapports sont les suivants:

VI	41–42		YHWH
		ton dire	
		une parole/ ta parole	*car*
	43–44		ma bouche↓
		la parole↑ de fidélité↑... car↓↑... je garderai↑	
		ton Enseignement↓	
	+		
	45	car↓↑ *tes préceptes*	
	46–48	j'ai parlé	je me suis délecté
		tes commandements (*bis*)	
		tes lois	
IX	65–67a		YHWH
		ta parole	car
		tes commandements...	j'ai été fidèle
		ton dire	j'ai gardé
	67b–70	tes lois↓	
		tes préceptes	
		ton Enseignement...	je me suis délecté↓
	71–72	*car*... tes lois	
		Enseignement	de ta bouche

Le plus simple ici est de considérer 43–45 comme volet central en VI et de comparer ainsi trois et trois volets. On les voit alors en parallèle et selon une inversion, au moins pour les quatre volets centraux, la seule récurrence de *car* de 41–42 à 71–72 ne suffisant pas à fonder un rapport entre ces deux volets. Le centre 43–45 de VI appelle les deux volets extrêmes de 65–72. Par contre le centre 67b–70 de IX se réfère au seul dernier volet de VI.

Le fidèle entend que la parole de fidélité ne quitte pas sa *bouche* (43), tout comme, se risquera-t-on à dire, l'Enseignement est dans la *bouche* même de YHWH (72) d'où il vient. Il veut *garder* cet Enseignement continuellement (44) pour pouvoir dire: maintenant, ton dire, je l'ai *gardé* (67).

Il s'est *délecté* des commandements de YHWH (47) comme de son Enseignement (70). Sa *fidélité* (66) est le reflet de celle de YHWH (43).

Nous connaissons déjà les rapports entre V et X (voir dans l'ensemble I–X)
comme entre IV et XI (voir dans l'ensemble I–XIII). Nous pouvons donc
passer à ceux existant **entre III et XII**. Les indices en sont les suivants:

III	17–19		ton serviteur... je *vivrai*	
		ta <u>parole</u>		
		ton Enseignement	*MOI*... <u>la</u> <u>terre</u>	
		tes commandements		
	20	tes jugements↑		
	21–24	tes <u>commandements</u>		
		tes <u>témoignages</u>		
		ils ont *parlé*...	ton serviteur... <u>mes</u> <u>délices</u>	
XII	89–91a	ta *parole*	<u>la</u> <u>terre</u>	
		tes jugements		
	91b		tes serviteurs↓↑	
	92–96	*ton Enseignement*	<u>mes</u> <u>délices</u>	
			tu m'as fait *vivre*... *MOI*	
		tes <u>témoignages</u>		
		ton <u>*commandement*</u>		

Les volets extrêmes se répondent en parallèle et selon une inversion. Le
centre 20 de III appelle le premier volet de XII, le centre 91b de XII les
deux volets extrêmes de III.

Nous lisons *ton serviteur* dans les deux volets extrêmes de III, lequel
est à situer parmi *tes serviteurs* que nous lisons dans le volet central de XII.
Il sait par expérience que c'est pas les préceptes que YHWH l'a *fait vivre*
(93), aussi est-il sûr que sa demande de *vivre* pour garder la parole sera
exaucée (17). Parlant de lui par le pronom indépendant 1ère pers. (MOI), il
se présente comme un étranger sur *la terre* (19), mais comme appartenant à
YHWH (94). D'ailleurs les témoignages de YHWH sont ses *délices* (24),
et de même son Enseignement (92). C'est de plus par YHWH que *la terre*
est stabilisée (90).

Poursuivons en comparant **II et XIII**, et cela à partir des indices suivants:

II	9–11		<u>jeune</u>*... route... garder	
		ta parole	tout	
		<u>tes commandements</u>		
		ton dire		

	12a		*TOI*	

	12b–16		*apprends-moi*	
		jugements	ta <u>bouche</u>	
		tes témoignages	<u>toute</u>	
		<u>*tes préceptes*</u>	*je médite*... tes <u>routes</u>	
		ta parole		

XIII	97–100		*ma méditation*	
		<u>ton commandement</u>	*appris*	
		tes témoignages... *une méditation*... <u>vieux</u>*		
		tes préceptes		

	101–102		route↓↑... je garde↑	
		ta parole↓↑		
		tes jugements↓	*TOI*	

	103–104	*tes dires*	ma <u>bouche</u>	
		<u>tes préceptes</u>	<u>toute</u> <u>route</u>	

Nous faisons jouer ici la paire stéréotypée *vieux/jeune*[148]. On peut voir parallèle et inversion entre les six volets. De plus le volet central 101–102 de XIII se réfère aux deux volets extrêmes de II.

Dans les deux volets centraux YHWH est interpellé avec le pronom indépendant *TOI*, ici pour le bénir, là pour reconnaître que c'est lui qui a enseigné son fidèle. C'est d'ailleurs à lui que le fidèle demande de lui *apprendre* ses lois (12), reconnaissant alors qu'il en sait plus que ceux chargés de lui *apprendre* (99). C'est ainsi qu'il *médite* sur les préceptes (15), que sa *méditation* porte sur l'Enseignement et les témoignages divins (97

---

148 *zqn/n^c r* selon Avishur p.117.

et 99). Purifier sa *route* (9), cela suppose de retenir ses pieds de toute *route* de mal (101). Se *garder* selon la *parole* (9), cela suppose de *garder* ladite *parole* (101). Alors si *jeune* qu'on soit (9), on finit par discerner mieux que les *vieux* (100). Capable de décrire tous les jugements de *ta bouche* (13), je sais aussi savourer tes dires, doux plus que le miel à *ma bouche* (103). On notera que *parole* se lit dans les volets extrêmes de II, mais dans le volet central de XIII, parole précieuse au fidèle (en 9 et 16) et qu'il tient donc à garder (101).

Aux extrêmes de notre chiasme se lisent donc **I et XIV**. Les indices des rapports entre ces deux strophes sont les suivants:

I	1–4		chemin*
		Enseignement	YHWH
		ses témoignages	*cœur*... n'ont pas *œuvré*⁺
			ses chemins*
		tes préceptes	garder... tout à fait
	5–8		mes *chemins*... *garder*
		tes lois	*cœur*... *appris*
		jugements	*de ta justice*
		tes lois	je *garde*... *tout à fait*
XIV	105–108		*sentier*... *garder*
		jugements de ta justice... *tout à fait*... YHWH (*bis*)	
		tes *jugements*	*apprends*-moi
	109–112	ton *Enseignement*	
		tes préceptes	
		tes témoignages	mon *cœur* (*bis*)... *faire*⁺
		tes lois	

Nous faisons jouer ici les paires stéréotypées, déjà rencontrées, de *œuvrer/faire*[149] et *chemin/sentier*[150]. Parallèle et chiasme se repèrent sans peine.

Heureux ceux qui de tout *cœur* recherchent YHWH et n'ont pas *œuvré* à l'injustice (3) ou, pour le dire autrement, qui tend son *cœur* à tout *faire* selon les lois divines (112). Les préceptes sont commandés pour qu'on les

---

149 Voir n.130.
150 Voir n.24.

garde tout à fait (4). Qui *garde* les lois peut demander avec confiance de ne pas être abandonné *jusque tout à fait* (8). Il importe de *garder les jugements de la justice*, fut-on humilié *jusque tout à fait* (106–107). Quiconque a *appris les jugements de la justice* (7) doit encore prier YHWH de lui *apprendre* lesdits *jugements* (108). La parole de YHWH est lumière sur le *sentier* du fidèle (105), et s'il veut voir ses *chemins* stabilisés (5) et même être parfait quant au *chemin* (1), il lui faut aller dans les *chemins* de YHWH comme ceux qui y ont trouvé leur bonheur (3).

Considérons maintenant ce même ensemble ordonné selon un **parallèle entre I–VII et VIII–XIV**. Nous connaissons déjà les rapports entre I et VIII (voir dans l'ensemble I–VIII), II et IX (voir dans l'ensemble I–X), III et X (voir dans l'ensemble I–XII), IV et XI (voir dans l'ensemble I–XIII), V et XII (*ibid.*), VI et XIII (*ibid.*). Il ne nous reste donc plus à découvrir les rapports **entre VII et XIV**. En voici les indices:

VII	49–51			*souviens*-toi*
		<u>ta parole</u>	<u>humiliation</u>… *car*… m'a <u>fait</u> <u>vivre</u>	
		ton Enseignement		
	52		je me suis souvenu*↓	
		tes jugements↑	depuis toujours↓… YHWH↑	
	53–56			<u>méchants</u>
		<u>ton Enseignement</u>		
		tes <u>lois</u>…<u>je</u> <u>me</u> <u>suis</u> <u>souvenu</u>*… *YHWH*… *je garde*		
		<u>ton Enseignement</u>		car
		tes <u>préceptes</u>		
XIV	105–108	<u>ta parole</u>		*garder*
		jugements	<u>humilié</u>… *YHWH*… <u>fais-moi</u> <u>vivre</u>	
		ta parole		*YHWH*
		tes jugements		
	109–112	*<u>ton Enseignement</u>… <u>je</u> <u>n'ai</u> <u>pas</u> <u>oublié</u>**… <u>méchants</u>		
		tes <u>préceptes</u>	pour toujours… *<u>car</u>*	
		tes <u>lois</u>	pour toujours	

Nous faisons appel ici à la paire stéréotypée, déjà rencontrée, *se souve-nir/ne pas oublier*[151]. Les volets extrêmes se répondent d'ici à là en parallèle et selon une inversion. Le volet central 52 de VII appelle les deux volets de XIV.

Le fidèle est fondé à demander à YHWH de *se souvenir* de sa parole en sa faveur (49), lui-même s'étant *souvenu* de ses jugements depuis toujours (52) et n'ayant *pas oublié* son Enseignement (109). Dans son *humiliation* il se rappelle que le dire de YHWH l'a *fait vivre* (50), *humilié* il demande en toute confiance à YHWH de le *faire vivre* (107). Il est révolté par l'abandon de *l'Enseignement* de YHWH par les *méchants* (53), lesquels lui ont tendu un piège (110), mais lui garde fidèlement *l'Enseignement* de YHWH (55) et s'est juré de *garder* ses jugements (106). Il s'est souvenu *depuis toujours* des jugements de YHWH (52) et tend son cœur à tout faire selon ses lois *pour toujours* (112), ayant hérité de ses témoignages *pour toujours*.

Ainsi I–XIV font jouer de I–VII à VIII–XIV tant un chiasme qu'un parallèle, ce qui se schématisera comme suit:

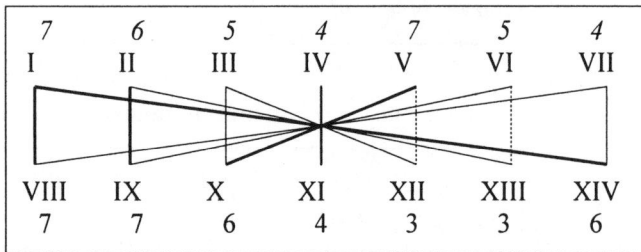

Dans le chiasme aucun rapport ne s'appuie sur moins de quatre récurrences, les unités extrêmes étant les plus fortement en rapport, ainsi que V à X. Dans le parallèle les deux premiers rapports sont les plus soulignés (sept et sept récurrences), puis l'ordre est décroissant sauf pour les dernières.

---

151 Voir n.128.

Ensemble I–XV

Nous voilà parvenus à **l'ensemble I–XV**, commandés par une symétrie concentrique autour de VIII, tandis que I–VII et IX–XV se lisent également en parallèle. Commençons par examiner la symétrie concentrique, et tout d'abord **VII et IX** immédiatement autour du centre. Les indices se découvrent comme ceci:

VII	49–51	<u>ta</u> <u>parole</u>… <u>ton</u> <u>serviteur</u>… <u>humiliation</u>			
		car <u>ton</u> <u>dire</u>		orgueilleux	
		<u>ton</u> *Enseignement*			
	52			YHWH↑	
	53–56	<u>ton</u> <u>Enseignement</u>			
		<u>tes</u> <u>lois</u>	*YHWH… car je garde*		
		<u>ton</u> <u>Enseignement</u>			
		car tes préceptes		observés	
IX	65–67a		<u>ton</u> <u>serviteur</u>, *YHWH*		
		<u>ta</u> <u>parole</u>	*car*… <u>humilié</u>		
		<u>ton</u> <u>dire</u>	*j'ai gardé*		
	67b–70	tes lois↓… orgueilleux↑… j'observe↓			
		tes préceptes↓			
		ton Enseignement↓↑			
	71–72		*car* j'ai été humilié		
		<u>tes</u> <u>lois</u>			
		<u>*Enseignement*</u>			

Les volets extrêmes se répondent en parallèle et selon une inversion. Le centre 67b–70 de IX se réfère aux deux volets extrêmes de VII. Le centre 52 ne se reporte qu'au premier volet de IX (récurrence du nom divin).

Chacune de ces deux strophes commence avec une mention de *ton serviteur*, en 49 pour demander à YHWH de se souvenir de sa *parole* envers lui, en 65 pour constater la bonté de YHWH dans son agir selon sa *parole*. Alors qu'il était *humilié*, le *dire* de YHWH l'a fait vivre (50). Avant d'être *humilié* il était errant, mais maintenant il a gardé le *dire* de YHWH (67).

Les *orgueilleux* l'ont bien raillé (51), ils ont combiné contre lui le mensonge (69), lui s'en est tenu et s'en tient à *observer les préceptes* (56 et 69). Il *garde* l'Enseignement de YHWH (55), il a *gardé* son dire (67). Relevons qu'en 52.55 et 65 l'adresse à *YHWH* est explicite.

   Qu'en est-il pour **VI et X**? Voici les indices:

VI	41–42		viennent… ta loyauté, YHWH
	+	ton dire	
		une parole / ta parole	car
	43–44	la parole	de fidélité… car
		ton jugement	
		ton Enseignement	
	45 +	car tes préceptes	
	46–48	j'ai *parlé*	pas honte
		tes témoignages	
		tes commandements (*bis*)	
		tes lois	
X	73–77a	*tes commandements*	car
		ta *parole*	YHWH… car
		tes *jugements*…	fidélité… ta loyauté
		ton dire	viennent
	77b	car ton Enseignement	
	78–80	tes préceptes	
		tes témoignages	
		tes lois	pas honte

Nous relèverons ici la convergence de 41–42 + 43–44 en 73–77a, puis celle de 45 + 46–48 en 78–20, mais aussi les rapports entre le dernier volet de V (46–48) et le premier de X (73–77a). Enfin il apparaît que les trois volets de X sont en parallèle aux trois premiers de VI, la correspondance centrale étant indiquée par la récurrence de *ton Enseignement*, doublement souligné ci-dessus.

Signalons que nous avons ici le deuxième des dix rapports entre strophes où jouent comme récurrents les *huit* termes désignant la loi. Par ailleurs en 41 *YHWH* est interpellé afin que *vienne* sa *loyauté*. En 75–77 *YHWH* est de nouveau interpellé pour que sa *loyauté* soit la consolation du fidèle et que *viennent* à ce dernier les affections divines. En 43 le psalmiste demande à ce que persiste en sa bouche la *parole de fidélité*, en 74–75 il se présente comme ayant compté sur la *parole* et reconnaît que l'humiliation subie ne porte pas ombre à la *fidélité* divine. En 46 il reconnaît n'avoir *pas eu honte* devant les rois, mais en 80 il ne dédaigne pas de prier pour qu'il en soit toujours ainsi.

Nous connaissons les rapports entre V et XI (voir dans l'ensemble I–XI) et pouvons donc passer à ceux **entre IV et XII**. Ils se percevront à partir des indices suivants:

IV	25–27		*fais-moi vivre*
		ta <u>parole</u>	
		tes préceptes	*discerner*
	28	ta parole↑	
	29–32	ton <u>Enseignement</u>	*fidélité*
		tes jugements	
		tes <u>témoignages</u>	*YHWH*
		tes <u>commandements</u>	<u>car</u>
XII	89–91a		*YHWH*
		ta <u>parole</u>	*fidélité*
		tes jugements	
	[91b]		[car↓]
	92–96	ton <u>Enseignement</u>	
		tes préceptes… <u>car</u>… tu m'as fait vivre	
		car *tes préceptes*	
		tes <u>témoignages</u>	je *discerne*
		ton <u>commandement</u>	

Les volets extrêmes se répondent en parallèle et selon une inversion. Le centre 28 de IV appelle le premier volet de XII. Etant donné ses contextes la conjonction *car* ne suffit à fonder un rapport entre 91b et le dernier volet de XII, d'où nos crochets dans le tableau ci-dessus.

En 25 et 93 on retrouve, comme fréquemment dans notre psaume, un même contenu tantôt objet d'une prière: *fais-moi vivre*, tantôt objet d'un constat: *tu m'as fait vivre*. C'est presque la même chose avec *discerner* (prière en 27, constat en 95), avec cette différence importante que le constat porte ici sur l'agir du fidèle, et non pas sur celui de YHWH. Notre psalmiste a choisi le chemin de la *fidélité* (30), celle-là qui dure de génération en génération (90).

Poursuivons avec **III et XIII**. Les indices de rapports sont disposés comme ceci:

III	17–19		*je garderai*
		ta parole	
		ton *Enseignement*	
		tes commandements	
	20	tes <u>jugements</u>	*en <u>tout</u> temps**
	21–24	TES COMMANDEMENTS	
		TES TEMOIGNAGES	OBSERVES
		ils ont parlé	MEDITE
XIII	97–100	ton <u>Enseignement</u>… *tout le jour**… MEDITATION	
		TON COMMANDEMENT	*[tous]*
		TES TEMOIGNAGES… MEDITATION…	OBSERVES
	101–102		[<u>toute</u>]… *je garde*
		ta parole	
		tes <u>jugements</u>	
		tu m'as *enseigné*	
	[103–104]		[toute]

La récurrence de l'adjectif *tout* en 99a, 101a et 104c, donc en XIII, n'est pas significative par rapport à III, étant donné ce qu'il qualifie par rapport aux deux expressions *en tout temps* (20, en III) et *tout le jour* (97, en XIII),

lesquelles utilisent la paire stéréotypée *jour/temps*[152]. Nous laissons donc
hors de considération 103–104. Constatons d'abord, mis en petites CAPI-
TALES sur notre tableau les indices articulant les deux strophes à partir du
dernier volet de III et du premier de XIII. De 17–20 à 97–102 le lecteur
pourra ensuite constater sans peine l'ordonnance en parallèle et selon une
inversion.

En 17 et 101 le fidèle montre qu'il entend bien *garder* la *parole*. De
même selon 22 et 100 il a *observé* les témoignages et les préceptes. A quoi
a servi sa *méditation* des lois (23), de l'Enseignement (97), ou des témoignages (100). *En tout temps* il brûle de désir pour *l'Enseignement* divin, et
tout le jour c'est ce même *Enseignement* qui fait l'objet de sa méditation.

Nous devons maintenant considérer **II et XIV**, en commençant par repérer les indices que voici:

II	9–11		sa <u>route</u>*... garder
		ta <u>parole</u>	de tout *cœur... mon cœur*
	12a		[TOI (*'th*)] ↓... YHWH↑
	12b–16		*apprends-moi*
		tes <u>lois</u>	
		jugements	de ta *bouche... chemin** de
		tes <u>témoignages</u>	toute
		tes <u>préceptes</u>	tes *routes**
		tes <u>lois</u>	<u>je</u> n'oublie <u>pas</u>
		ta parole	
XIV	105–108	*ta parole*	mon *sentier**... garder
		tes *jugements*	YHWH
		ta parole	ma *bouche...* YHWH
		tes *jugements*	*apprends-moi*
	109–112		<u>je</u> n'ai <u>pas</u> <u>oublié</u>
		tes <u>préceptes</u>	
		tes <u>témoignages</u>... *mon cœur (bis)*... [EUX (*hmh*)]	
		tes <u>lois</u>	

---

152 Voir n.143.

Nous tenons compte ici des paires stéréotypées *chemin/route*[153], *chemin/sentier*[154], *route/sentier*[155]. De 12a à 109–112 (en 111) nous faisons valoir la correspondance entre TOI, c'est-à-dire YHWH et EUX, c'est-à-dire les témoignages du même. Cela dit, le lecteur peut voir les rapports en parallèle et selon une inversion entre les quatre volets extrêmes et que 12a, centre de II, prépare chacun des volets de XIV.

Même demande à YHWH d'*apprendre* à son fidèle les lois (12) ou les jugements (108), pour quelqu'un qui *n'a pas oublié* (109) et *n'oublie pas* (16), et entend tout autant se *garder* (9) que de *garder* les jugements (106), que YHWH et son fidèle trouvent enseignement ou plaisir à ce qui vient de la *bouche* de l'un pour l'autre (celle de YHWH en 13, celle du fidèle en 108). Dans son *cœur* le fidèle a camouflé le dire divin (11, et voir 10), il a tendu son *cœur* vers les lois (112), allégresse pour son *cœur* (111), EUX, suscitant la bénédiction à YHWH (*TOI*, EN 12). Comment purifier sa *route*? En se gardant selon la *parole* (9), la dite *parole* étant lumière sur le *sentier* (105). Et sur un tel *chemin* se trouvera l'allégresse (14).

Nous parvenons ainsi aux deux extrêmes de la symétrie concentrique de I–XV, soit **I et XV**. Les rapports en sont indiqués comme ceci:

I	1–4	Enseignement… de <u>YHWH</u>… <u>observant</u>		
		ses témoignages	<u>TOI</u>	
		tu as <u>commandé</u>		
	5–8	tes <u>lois</u>	pas honte	
		tes *commandements*		
		<u>jugements</u>		
		tes <u>lois</u>		
XV	113–115	ton <u>Enseignement</u>	<u>TOI</u>… <u>j'observe</u>	
		commandements	de <u>mon</u> <u>DIEU</u>	
	116–117a		pas honte↓	
	117b–120	tes <u>lois</u>		
		tes témoignages		
		tes <u>jugements</u>		

---

153 Voir n.113.
154 Voir n.24.
155 *'rh/ntyb* selon Avishur p.308.

La correspondance entre *YHWH* et *mon Dieu*, même si elle n'est pas une récurrence, est manifeste. Les volets extrêmes se répondent en chiasme et selon un parallèle. Le volet central 116–117a de XV nous reporte au volet final de I.

Qui *observe* les commandements de son Dieu (115) a droit à cette béatitude adressée à ceux qui *observent* les témoignages de YHWH (2). Pour lui pas de honte (6 et 116). Il peut s'adresser (*TOI*) à celui qui a commandé ses préceptes (4) et reconnaître en lui sa cachette et son bouclier (114).

Nous devons maintenant considérer le parallèle, autour de VIII, entre I–VII et IX–XV. Nous connaissons déjà les rapports entre I et IX (voir dans l'ensemble I–IX), II et X (voir dans l'ensemble I–XI), III et XI (voir dans l'ensemble I–XIII), IV et XII (voir ci-dessus). Nous restons à considérer V et XIII, VI et XIV, VII et XV. **Entre V et XIII** jouent les indices suivants:

V	33–36	<u>Enseigne</u>-moi	le *chemin**... <u>j'observerai</u>
			discerner... <u>j'observerai</u>
		ton <u>Enseignement</u>	je garderai
			cheminer*... sur le *sentier**
		tes <u>commandements</u>	<u>car</u>
		tes <u>témoignages</u>	
	37–40		ton <u>chemin</u>*
		ton <u>dire</u>	*car*
		tes jugements	
		tes préceptes	
XIII	97–100	ton <u>Enseignement</u>	
		ton <u>commandement</u>	
		tes témoignages	<u>je</u> discerne... *car*
		tes préceptes	<u>observés</u>
	101–102		toute route*↓↑... je garde↑
		jugements↓	car↓↑
		tu m'as enseigné↓↑	
	103–104	tes <u>dires</u>	
		tes préceptes	je *discerne*
			toute *route**

Nous tenons compte ici encore des paires stéréotypées *chemin/route, chemin/sentier, route/sentier*[156]. Le lecteur peut voir comment se répondent les volets extrêmes selon un parallèle et selon une inversion. Quant au centre 101–102 de XIII il se réfère aux deux volets extrêmes de V.

Si YHWH exauce la prière qu'il lui en fait (34) le fidèle se trouve à même de *discerner* (104), et ainsi d'*observer* le chemin de ses lois (33), son Enseignement (34), ses préceptes (100), de *garder* son Enseignement (34) et sa parole (101). *Cheminer* sur le *sentier* des commandements (35) ou des lois (33), bref sur le chemin de YHWH (37), cela permet d'éviter toute *route* de mensonge, et même de la haïr.

Pour ce qui est de **VI et XIV** les indices s'y répartissent comme suit:

VI	41–42		YHWH
		une parole/ta parole	
	43–44		ma bouche
		parole	
		ton jugement … je garderai… *pour toujours*	
		ton Enseignement	
	45	tes préceptes	
	46–48	j'ai *parlé*	
		tes témoignages	*j'ai levé* mes paumes
		tes lois	
XIV	105–108	ta *parole*	*je (re)lève…* garder
		jugements	YHWH
		ta parole	ma bouche… YHWH
		tes jugements	
	109–112		ma paume
		ton Enseignement	
		tes préceptes	
		tes témoignages	*pour toujours*
		tes lois	*pour toujours*

---

156 Voir respectivement ci-dessus n.113, n.24, et ci-dessus n.154.

Nous avons ci-dessus souligné les indices marquant une convergence de 41–42 + 43–44 en 105–108 et une autre de 45 + 46–48 en 109–112. Par ailleurs le deuxième volet de 41–44 (soit 43–44) annonce 109–112, et le deuxième de 45–48 (soit 46–48) pour sa part 105–108 (indices en *italiques*). Ainsi les indices, et partant les rapports qu'ils suggèrent, se trouvent-ils régulièrement répartis entre nos deux strophes.

Comme le fidèle entend bien retenir en *sa bouche* la parole de fidélité (43) il demande à YHWH de prendre plaisir aux générosités de *sa bouche* (108). Il entend *garder pour toujours* son Enseignement (44), *garder* les jugements de sa justice (106), sachant qu'il a hérité de ses témoignages *pour toujours* (111), voulant tout faire *pour toujours* selon ses lois (112). Le rapport à partir de *paume(s)* entre 48 et 109 est obscur à cause de l'interprétation difficile de 109a, mais selon l'interprétation proposée par G. Ravasi[157], l'idée commune aux deux versets pourrait être celle d'offrande et de confiance.

---

157 «L'orante in mezzo all'ansietà, alle persecuzioni, agli incubi presenta a Dio tutta la sua esistenza di uomo giusto e fedele, certo di essere accolto e protetto da lui. Si intrecciano nel versetto duo sentimenti, il primo è di tensions e di amarezza, il secondo è fatto di fiducia, di serenità : quella vita che i nemici tentano di rapire, io la presento a te con la mia supplica perché tu, o Signore, la tuteli et la salvi», selon Gianfranco Ravasi, *Il libro dei Salmi III (101–150)*, Bologne 1984, p.484. Ses arguments, même s'ils restent discutables, nous paraissent largement pertinents.

Enfin **VII et XV** se trouvent en rapport à partir des indices suivants:

VII	49–51	ta <u>parole</u> ton dire ton <u>Enseignement</u>	<u>m'a fait</u> <u>compter</u>... car m'a fait vivre
	52	tes jugements↓	
	53–56	 *ton Enseignement* <u>tes</u> <u>lois</u> *ton Enseignement*	<u>méchants</u> *YHWH* <u>car</u>... *observés*
XV	113–115	*ton <u>Enseignement</u>* <u>ta</u> <u>parole</u>... <u>j'ai</u> <u>compté</u>... *j'observe*... *mon Dieu*	
	116–117a	ton dire↑	je vivrai↑
	117b–120	<u>tes</u> <u>lois</u> tes jugements	<u>car</u>... <u>méchants</u>

Le parallèle entre les volets extrêmes se repère sans peine. Le centre 52 de VII appelle le dernier volet de XV. Le centre 116–117a de XV se réfère au premier volet de VII. Ne reste plus à relever que le rapport entre le dernier volet de VII et le premier de XV.

Le Seigneur a *fait compter* son serviteur sur la *parole* (49), et c'est pourquoi sur cette *parole* le serviteur a pu *compter* (114). Le *dire* de YHWH *a fait vivre* son serviteur (50), exauçant la prière de ce dernier d'être soutenu selon le *dire* pour ainsi *vivre* (110). *Les méchants* provoquent son indignation (53), mais YHWH pour sa part les a réduits en scories (119). Le fidèle a *observé* les préceptes (56), il *observe* les commandements de son Dieu (115).

Ainsi les strophes I–XV sont-elles ordonnées entre elles selon une symétrie concentrique autour de VIII, les deux ensembles I–VII et IX–XV se correspondant en outre selon une ordonnance parallèle, ce que nous schématiserons comme ceci:

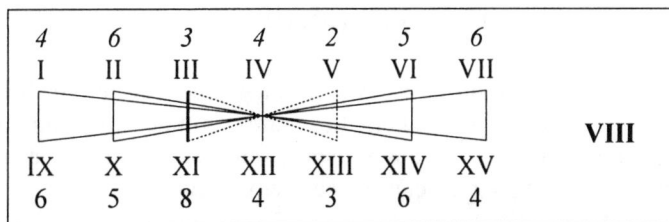

| 4 | 6 | 3 | 4 | 2 | 5 | 6 |
| I | II | III | IV | V | VI | VII |

VIII

| IX | X | XI | XII | XIII| XIV | XV |
| 6 | 5 | 8 | 4 | 3 | 6 | 4 |

Deux rapports sont plus faibles (trois et deux) dans la symétrie concentrique autour de VIII, un dans le parallèle entre I–VII et IX–XV. Dans ledit parallèle le troisième rapport (entre III et XI) est le plus étroit de tout l'ensemble.

Ensemble I–XVI

Nous arrivons ainsi à **l'ensemble I–XVI**, strophes ordonnées entre elles et selon un chiasme, et selon un parallèle. Les unités centrales dudit chiasme, contiguës, sont **VIII et IX**[158]. Nous y lisons, selon la répartition en trois volets repérée ci-dessus pour chacune de ces deux strophes:

VIII	57–58		YHWH
		j'ai dit	garder
		tes paroles	de tout cœur
		ton dire	
	59–61a		garder↑
		tes commandements↑	
	61b–64	ton Enseignement…	*MOI… gardant*
		tes préceptes	*YHWH*
		tes lois	*apprends-moi*
IX	65–67a		*YHWH*
		ta parole	*apprends-moi*
		tes commandements	*MOI*
		ton dire…	*j'ai gardé… apprends-moi*
		tes lois	
	67b–70		MOI↓, de tout cœur↑
		tes préceptes↓	cœur↑ MOI↓
		ton Enseignement↓	
	71–72		j'apprenne
		tes lois	
		Enseignement	

Le dernier volet de VIII appelle chacun des trois volets de IX. Le premier volet de IX se réfère aux trois volets de VIII. Le volet central de IX se réfère aux deux volets extrêmes de VIII.

---

158 Sur leur enchaînement voir *SVT*, pp. 356–357.

Gardant les paroles (57), les commandements (60), le dire (67) de YHWH, le psalmiste fait partie de ceux qui *gardent* ses préceptes (63). Pour cela il demande à YHWH de lui *apprendre* ses lois (64 et 68), la connaissance (66). Il peut se présenter (*MOI*) comme appartenant au groupe des fidèles (63), comme observant les préceptes (69), surtout maintenant qu'il a vécu l'épreuve de l'humiliation (67). Ayant apaisé *de tout cœur* la face de YHWH (58), c'est aussi *de tout cœur* qu'il observe ses préceptes (69).

Qu'en est-il **entre VII et X**? Voici la répartition des indices:

VII	49–51	ta parole	ton serviteur… compter
			ma consolation… *car*
		ton dire	m'a fait vivre… *orgueilleux*
		ton Enseignement	
	52	tes jugements↑… YHWH↑… je me console↑	
	53–56	ton Enseignement	
		tes lois	*YHWH*
		ton Enseignement	*car*
		tes préceptes	
X	73–77a	*car* sur ta parole j'ai compté…	*YHWH… car*
		tes jugements	ma consolation
		ton dire	ton serviteur… je vivrai
	77b	car↓↑ ton Enseignement↓↑	
	78–80		*orgueilleux…car*
		tes préceptes	
		tes lois	

On voit le parallèle et, moins marquée, l'inversion entre les volets extrêmes. Le centre 77b de X se réfère aux deux volets extrêmes de VII, le centre 52 de VII n'annonce que le premier volet de X.

Le psalmiste se présente ici et là comme *serviteur* (49 et 76), *comptant* sur la *parole* (49 et 74), trouvant sa *consolation* dans le dire (50) ou la loyauté de YHWH (76). *Les orgueilleux* se sont moqués de lui (51): qu'ils aient honte! (78). Pour sa part c'est le dire de YHWH qui le *fait vivre* (50), ou ses affections (77). On aura remarqué que *ton Enseignement* se lit dans les deux volets extrêmes de VII et dans le volet central de X, abandonné par les méchants ou les orgueilleux en 51 et 53, mais délices du fidèle en 77.

Entre VI et XI relevons les indices suivants:

VI	41–42		*ta loyauté...* <u>ton</u> <u>salut</u>	
		<u>ton</u> <u>dire</u>		
		une <u>parole</u> / <u>ta</u> <u>parole</u>		<u>car</u>
	+			
	43–44		ma BOUCHE	
		la <u>parole</u>	de FIDELITE... <u>car</u>	
		ton JUGEMENT	JE GARDERAI	
		TON ENSEIGNEMENT		
	45	car <u>tes</u> <u>préceptes</u>		
	+			
	46–48	j'ai *parlé*		
		tes <u>témoignages</u>		
		tes <u>commandements</u>		
		tes lois		
XI	81–83		<u>ton</u> <u>salut</u>	
		<u>ta</u> *parole*		
		<u>ton</u> <u>dire</u> / à <u>dire</u>		<u>car</u>
		tes lois		
	84–85	JUGEMENT		
		TON ENSEIGNEMENT		
	86–88	<u>tes</u> <u>commandements</u>	FIDELITE	
		<u>tes</u> <u>préceptes</u>... *ta loyauté...*	JE GARDERAI	
		<u>témoignage</u>	ta BOUCHE	

On voit les volets extrêmes se répondre et en parallèle et selon une inversion. De plus 41–42 et 43–44 convergent en 81–83, et 45 + 46–48 convergent en 86–88 (tous les indices de ces correspondances étant indiqués par des soulignements). Il est remarquable aussi que dans le volet final de XI (86–88) convergent (selon un assemblage) les quatre volets de VI: nous l'avons déjà vu pour 41–42, 45, et 46–48. En 43–44 et 86–88 nous lisons (en petites CAPITALES sur notre tableau): BOUCHE, FIDELITE, JE GARDERAI. Mais par ailleurs en 43–44 nous voyons annoncés les trois volets de XI. Nous l'avons déjà vu pour 81–83 et 86–88. En 43–44 et 84–85 (portés eux aussi en petites CAPITALES) nous lisons JUGEMENT et TON ENSEIGNEMENT.

Signalons que nous avons ici le troisième des dix rapports entre strophes où jouent comme récurrents les *huit* termes désignant la loi. Par ailleurs au début de VI et au terme de XI le fidèle fait appel à la *loyauté* divine en sa faveur (41 et 88). Il est en attente du *salut* en 41 et 81, cette fois au début de chacune de nos deux strophes. Il veut pour sa part garder en sa *bouche* cette *fidélité* divine (43) inscrite dans les commandements (86), et plus précisément *garder* l'Enseignement et le témoignage de la *bouche* de YHWH (44 et 88).

Nous connaissons déjà les rapports entre V et XII (voir dans l'ensemble I–XIII). Passons donc à **IV et XIII**. Voici les indices:

IV	25–27	ta parole... mes *chemins**... *tes préceptes*	apprends-moi... le *chemin** de discerner... je méditerai	
	28	*ta parole*		
	29–32	*ton Enseignement* tes jugements *tes témoignages* *tes commandements*	le chemin* du mensonge chemin* le chemin de car	
XIII	97–100	*ton Enseignement* *ton commandement* *tes témoignages* tes préceptes	ma méditation car... appris... car méditation... je discerne... car	
	101–102	*ta parole*↑ tes jugements↓ tu m'as enseigné↓	route*↓↑ car↓	
	103–104	*tes préceptes*	je *discerne... route** de mensonge	

Nous faisons jouer ici la paire stéréotypée *chemin/route*[159]. Les six volets sont agencés ici en parallèle et en chiasme. Le volet central de XIII, soit 101–102, se réfère en outre aux deux volets extrêmes de IV.

Apprendre, méditer, discerner sont présents dans chacun des premiers volets. En 26–27 le psalmiste demande à apprendre et discerner afin de pouvoir méditer, en 97–100 il se présente d'emblée comme quelqu'un qui médite et discerne, ayant ainsi réfléchi plus que ceux qui avaient mission de lui apprendre. La *parole* est mentionnée dans les deux volets centraux, le fidèle en sa détresse en éprouvant un désir violent selon 28, mais constatant en 101–102a qu'en la gardant il évite les écueils du mal et de l'infidélité aux jugements. Pour ses *chemins* (26) s'offrent soit le *chemin* des préceptes de YHWH (27) ou de ses commandements (32), soit le *chemin du mensonge*, mais de ce dernier le psalmiste demande à être détourné (29), et lui-même retiendra ses pieds de toute *route* de mal (101), jusqu'à haïr toute *route de mensonge* (104).

Nous arrivons ainsi à **III et XIV**. Voici les indices pointant sur leurs rapports:

III	17–19		je vivrai… je garderai
		ta parole	
		ton Enseignement	
	20		ma gorge↓
		tes jugements↑	
	21–24	car tes témoignages	
		ils ont *parlé*	
XIV	105–108	ta *parole*	*garder*
		les jugements	fais-moi vivre
		ta *parole*	
		tes jugements	
	109–112		ma gorge
		ton Enseignement	
		tes témoignages	car

---

159 Voir n.113.

On peut voir que les volets extrêmes se répondent et en parallèle et selon une inversion. Quant au centre 20 de III il annonce les volets extrêmes de XIV.

Selon l'agir de YHWH envers son serviteur, ce dernier *vivra* et *gardera sa parole* (17). Bien décidé à *garder* les jugements de sa justice, il demande à YHWH de le faire *vivre* selon sa *parole* (106–107). Si l'interprétation proposée ci-dessus 109a est juste, on rapprochera *ma gorge* en 20 et 109 à partir de la référence ici et là à Dieu (désir et offrande). Notons seulement ici et là l'idée de permanence.

Viennent ensuite **II et XV**. Ils présentent de leurs rapports les indices que voici:

II	9–11	ta parole	*tout*
		tes commandements… pas *errer*!	
		ton dire	
	12a		TOI↑, YHWH↑
	12b–16	tes lois	
		[tous] les jugements	
		tes témoignages	toute
		tes lois	
		ta parole	
XV	113–115		TOI
		ta parole	
		commandements	de mon Dieu
	116–117a	ton dire↑	
	117b–120		*tous… errant*
		tes lois	
		tes témoignages	
		tes jugements	

Les volets extrêmes se répondent et en parallèle, et selon une inversion. Le volet central 12a de II prépare la premier volet de XV, le volet central 116–117a de XV se réfère au premier volet de II.

Le fidèle demande à ne pas *errer* (10) comme ceux-là qui, *errant* loin des lois de YHWH, sont par lui vilipendés. Il s'adresse à YHWH (*TOI*) pour le bénir (12) ou pour le reconnaître comme son bouclier (114). L'adjectif *tout*, étant donné ses contextes respectifs, ne fonctionne pas ici comme indice de quelque rapport, d'où sa mise entre crochets dans notre tableau.

Aux extrêmes de notre symétrie concentrique nous lisons **I et XVI**. Les indices de rapports entre eux sont disposés comme ceci:

I	1–4		*chemin**
		Enseignement	de YHWH
		ses témoignages... œuvré[+]... ses *chemins**	
		commandé tes préceptes	
	5–8		mes <u>chemins</u>*
		tes lois	
		<u>tes commandements</u>...	<u>droiture</u>... appris
		jugements	de *ta justice*
		tes lois	
XVI	121–123		<u>fait</u>[+]
		jugement	et *justice*
			ta justice
	124–126		fais[+]↑
		tes lois↓	apprends-moi↓
		témoignages↑	faire[+]↑... YHWH↑
		ton Enseignement↑	
	127–128	tes *commandements*	
		tes préceptes	
			<u>droits</u>
			*route**

Nous tenons compte ici des paires stéréotypées *œuvrer/faire*[160] et *chemin/route*[161]. Les volets extrêmes se répondent et en parallèle et selon une inversion. Le volet central 124–126 de XVI se réfère aux volets extrêmes de I.

---

160 Voir n.130.
161 Voir n.113.

Les fidèles n'ont pas *œuvré* à l'injustice (3), le psalmiste a *fait* jugement et justice (121), voilà qui mérite que YHWH agisse, *fasse* envers lui
selon sa loyauté. Le temps de *faire* est venu pour YHWH (126). Notre
psalmiste veut rendre grâce avec *droiture* de cœur pour avoir *appris* les jugements de la justice (7), et c'est le même qui demande encore: *Apprends-
moi* tes lois (124), ces préceptes que j'ai toujours considérés *droits* (128),
la *droiture* de son cœur répondant donc à celle des préceptes (7). Celui qui
souhaite que soient stabilisés ses *chemins* (5) jusqu'à être parfait quant au
chemin (1) et aller dans les *chemins* de YHWH (3), celui-là ne peut que
haïr toute *route* de mensonge (128).

Pour ce qui est du parallèle nous connaissons déjà les rapports entre I
et IX (voir dans l'ensemble I–IX), II et X (voir dans l'ensemble I–XI), III
et XI (voir dans l'ensemble I–XIII), IV et XII (voir dans l'ensemble I–
XV), V et XIII (*ibid.*), VI et XIV (*ibid.*), VII et XV (*ibid.*). Il ne nous reste
plus à considérer que ceux **entre VIII et XVI**. En voici les indices:

VIII	57–58		YHWH
		ton <u>dire</u>	
	59–61a		mes chemins*↓
		tes témoignages	
		tes commandements↓	
	61b–64	ton Enseignement	
		jugements	*de ta justice*
		tes <u>préceptes</u>...	ta loyauté... apprends-moi
		tes lois	
XVI	121–123	*jugement*	et *justice*
		le <u>dire</u> *de ta justice*	
	124–126		ta loyauté↓
		tes lois↓	apprends-moi↓
		tes témoignages	YHWH↑
		ton Enseignement↓	
	127–128	tes commandements	
		tes <u>préceptes</u>	
			route*

Nous faisons jouer ici la paire stéréotypée *chemin/route*. Les trois volets sont disposés en parallèle. On ajoutera l'articulation très nette du dernier volet de VIII au premier de XVI. Quant aux volets centraux celui de VIII n'annonce que le dernier de XVI, mais celui de XVI se réfère aux deux volets extrêmes de VIII.

On comparera ici spécialement 64 et 124, tous deux finissant sur la même demande (*Tes lois, apprends-les moi*) après s'être référé à la *loyauté* divine. On notera aussi comment de 62 à 121 le fidèle ne se contente pas de rendre grâce pour *les jugements de la justice*, mais aussi a fait *jugement et justice*. Qui pense à ses *chemins* pour revenir aux témoignages (59) ne peut que haïr toute *route* de mensonge (128).

Ainsi I–XVI se présentent-ils simultanément selon un parallèle et selon un chiasme, soit ce que nous appelons une symétrie croisée, laquelle nous pouvons présenter plus précisément dans le schéma suivant:

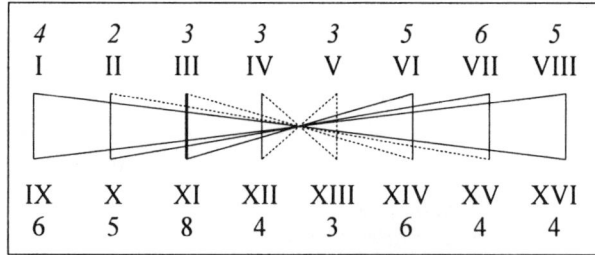

4	2	3	3	3	5	6	5
I	II	III	IV	V	VI	VII	VIII
IX	X	XI	XII	XIII	XIV	XV	XVI
6	5	8	4	3	6	4	4

Il faut bien reconnaître ici que le parallèle est plus manifeste que le chiasme. C'est le chiasme qui comporte le rapport le plus faible (*2* entre II et XV), mais le parallèle le rapport le plus fort (*8* entre III et XI).

Ensemble I–XVII

Nous pouvons maintenant en venir à **l'ensemble I–XVII**. Comme nous allons le montrer, il est concentrique autour de IX, et les strophes I–VIII et X–XVII sont entre elles disposées parallèlement. Examinons d'abord la symétrie concentrique, et d'abord les deux strophes contiguës au centre, soit **VIII et X**. Entre elles les indices sont les suivants:

VIII	57–58		YHWH
		tes <u>paroles</u>	de tout *cœur*
		ton <u>dire</u>	
	59–61a		revenir↓
		tes témoignages↓	
		tes commandements↑	
	61b–64	ton Enseignement	
		jugements de ta justice... <u>MOI</u>... t'ont <u>craint</u>	
		tes <u>préceptes</u>	*YHWH*
		tes <u>lois</u>	
X	73–77a	tes commandements	*te craignant*
		ta <u>parole</u>	*YHWH... justice*
		tes jugements	
		ton <u>dire</u>	
	77b	ton Enseignement↓	
	78–80		<u>MOI</u>
		tes <u>préceptes</u>　reviennent... <u>te</u> <u>craignant</u>	
		tes témoignages	mon *cœur*
		tes <u>lois</u>	

Les volets extrêmes se répondent en parallèle et selon une inversion. Le volet central 77b de X ne se réfère qu'au dernier volet de VIII, mais le volet central 59–61a de VIII appelle les deux volets extrêmes de X.

Signalons que nous avons ici le quatrième des dix rapports entre strophes où jouent comme récurrents les *huit* termes désignant la loi. Par ailleurs non seulement le fidèle s'efforce de *revenir* (59), mais son retour fera *revenir* à lui les gens *craignant* YHWH (79), ceux-là dont il est fier d'ailleurs de faire partie (63). S'il se met en avant (*MOI*), c'est au milieu d'eux, et pas seulement comme méditant par lui-même sur les préceptes (78). Il est bien juste de rendre grâce à YHWH des *jugements de sa justice* (62), car la *justice* est ce qui définit lesdits *jugements* (75).

Passons à **VII et XI**. Voici ici les indices:

VII	49–51		souviens-toi* de
		ta parole à ton serviteur… compter… consolation	
		car ton dire	*m'a fait vivre…* Des orgueilleux
		ton Enseignement	
	52		je me suis souvenu* de↑
		tes *jugements*	je me console↑
	53–56	ton Enseignement	
		tes lois	*je me suis souvenu**… je garde
		ton Enseignement	*car*
		tes préceptes	
XI	81–83	sur ta parole	j'ai compté
		ton dire / à dire	me consoleras-tu… *car*
		tes lois	*pas oubliées**
	84–85		ton serviteur↑
		jugement	les orgueilleux↑
		ton Enseignement↓	
	86–88	tes préceptes	*fais-moi vivre…* je garderai

Nous faisons jouer ici la paire stéréotypée *se souvenir/ne pas oublier*[162]. Nos six volets sont agencés entre eux en chiasme et en parallèle. De plus le volet central 52 de VII prépare le premier volet de XI, tandis que le volet central 84–85 de XI se réfère aux deux volets extrêmes de VII.

Le serviteur *compte* sur la *parole* comme *consolation* dans son humiliation (49–50). Quand sa gorge n'en peut plus, c'est encore sur cette *parole* qu'il *compte*, avec cette question: Quand me *consoleras*-tu?

---

162 Voir n.128.

Nous connaissons déjà les rapports entre VI et XII (voir dans l'ensemble I–XII) comme entre V et XIII (voir dans l'ensemble I–XV). Nous pouvons donc passer à **IV et XIV**. Voici les indices:

IV	25–27	*ma gorge...*	fais-moi vivre
		ta parole	mes chemins*
		tes lois	chemin* de
		tes préceptes	

	28		ma gorge↓
		ta parole↑	

	29–32		chemin*
		ton Enseignement	chemin*
		tes jugements	
		tes témoignages	YHWH
		chemin... car... mon cœur	

XIV	105–108	ta parole	mon *sentier**
		jugements	YHWH... fais-moi vivre
		ta parole	YHWH
		tes jugements	

	109–112		*ma gorge*
		ton Enseignement	
		tes préceptes	
		tes témoignages... car... mon cœur (*bis*)	
		tes lois	

Nous faisons jouer ici les paires stéréotypées *cœur/gorge*[163] et *chemin/ sentier*[164]. Les volets extrêmes se répondent et en parallèle, et selon une inversion. Le volet central 28 de IV appelle les deux volets extrêmes de XIV.

Les deux termes de la paire stéréotypée *cœur/gorge* sont employés l'un et l'autre en IV comme en XIV. Si l'on admet l'interprétation proposée ci-dessus pour 109a, on peut voir que *ma gorge* en 25, 28 et 109 est située dans un contexte d'épreuve, tandis que *mon cœur* en 32 et 111 jouit du

---

163 Voir n.21.
164 Voir n.113.

bonheur, tout tendu qu'il est à agir selon les lois (112). La même demande *Fais-moi vivre selon ta parole* se lit en 25 et 107 dans un contexte d'épreuve. Le thème du chemin très présent en IV reçoit un écho en XIV. Pour ses *chemins* (26) le psalmiste a à choisir entre le *chemin* des préceptes (27), des commandements (32), bref de la fidélité (30), opposé au *chemin* du mensonge (29), mais il sait bien que lumière sur son *sentier* est pour lui la parole (105).

Pour ce qui est des rapports **entre III et XV** les indices en sont les suivants:

III	17–19		je vivrai
		ta <u>parole</u>	
		ton <u>Enseignement</u>	*la terre*
		tes <u>commandements</u>	
	20	tes jugements↓	
	21–24	tes *commandements*	
		tes <u>témoignages</u>	*observés*
		ils ont *parlé*	
		tes <u>lois</u>	
		tes <u>témoignages</u>	
XV	113–115	ton <u>Enseignement</u>	
		ta *parole*	*j'observe*
		commandements	
	116–117a		je vivrai↑
	117b–120	tes <u>lois</u> (*bis*)	*la terre*
		tes <u>témoignages</u>	
		tes jugements	

Les volets extrêmes se répondent et selon un parallèle et selon un chiasme. Le centre 20 de III appelle le dernier volet de XV. Le centre 116–117a de XV se réfère au premier volet de III.

Certes le fidèle vit en étranger *sur la terre* (19), du moins peut-il constater comment YHWH débarrasse *la terre* des méchants (119). Il sait bien que grâce à YHWH il y *vivra* (17 et 116), puisqu'il est de ceux qui *observent* les témoignages (22) et les commandements (115).

Venons-en à **II et XVI** où nous repérons les indices suivants:

II	9–11		*route... tout*
		tes commandements	
		ton <u>dire</u>	
	12a		*YHWH*
	12b–16		apprends-moi
		tes lois	
		tous les *jugements*	
		tes témoignages	<u>toute</u>
		tes <u>préceptes</u>	tes <u>routes</u>
		tes lois	
XVI	121–123	*jugement*	
		<u>dire</u>	
	124–126	tes lois↓	apprends-moi↓
		tes témoignages↓	*YHWH*
	127–128	*tes commandements*	
		tous tes <u>préceptes</u>...	*toute* <u>route</u>

Les six volets se répondent en parallèle et en chiasme. De plus le centre
124–126 de XVI se réfère au dernier volet de II. En 12 et 124 on lit une
demande quasiment identique à propos de l'*apprentissage des lois*. Qui
veut purifier sa *route* (9) et à cette fin regarde vers les *routes* de YHWH
(15) ne peut que haïr toute *route* de mensonge (128).

Nous voilà au terme de la symétrie concentrique avec **I et XVII**. Les
indices de correspondance s'y trouvent situés comme ceci:

I	1–4	*Enseignement*	observant
		ses témoignages	*tout*
		tu as commandé	
		tes préceptes	*garder*

	5–8		stabilisés... garder
		tes lois	
		tous *tes commandements*	appris
		jugements	
		tes lois	je garde

| XVII | 129–131 | *tes* témoignages | observés |
| | | *tes* *commandements* | |

	132–136	jugement... stabilise... *toute...*je *garderai*	
		tes préceptes	apprends-moi
		tes lois	*gardé*
		ton *Enseignement*	

On voit l'agencement de ces quatre volets et en chiasme, et en parallèle.

En 5 et 133 (plus explicitement) le fidèle demande à YHWH que soient *stabilisés* ses chemins, qu'il *stabilise* ses pas. Se présenter comme celui qui *a appris* les jugements de la justice (7) ne l'empêche pas de demander encore: *Apprends-moi* tes lois (135). C'est qu'il entend *garder* les préceptes (4), les lois (5), se désolant au sujet de ceux qui ne *gardent* pas l'Enseignement (136). Le bonheur des gens *observant les témoignages* (2), il peut y prétendre puisque lui-même *ces témoignages*, il les a *observés*.

Ainsi l'ensemble I–XVII respecte-t-il un chiasme. Mais il s'avère que ces mêmes strophes sont aussi agencées entre elles en parallèle. Nous connaissons déjà les rapports entre I et X (voir dans l'ensemble I–X), II et XI (voir dans l'ensemble I–XII), III et XII (voir dans l'ensemble I–XIV), IV et XIII (voir dans l'ensemble I–XVI). Il nous reste donc à examiner ceux entre V–VIII et XIV–XVII. **Entre V et XIV** les indices sont les suivants:

V	33–36	*Enseigne-moi* *tes lois* *ton Enseignement* *tes témoignages*	<u>YHWH</u> je le <u>garderai</u> de tout *cœur* <u>sentier</u>… *car*…*tends mon cœur*
	37–40	 <u>car</u> *tes jugements* <u>tes</u> <u>préceptes</u>	*fais-moi vivre… fais lever* *ta justice… fais-moi vivre*
XIV	105–108	mon <u>sentier</u>… *je (re)lève*… <u>garder</u> *jugements de ta justice*…<u>YHWH</u>… *fais-moi vivre* *tes jugements*	
	109–112	*ton Enseignement* <u>tes</u> <u>préceptes</u> *tes témoignages* *tes lois*	 <u>car</u>… *mon cœur* *j'ai tendu mon coeur*

Ces quatre volets respectent entre eux parallèle et surtout chiasme.

Des deux demandes de 37.40 et 38: *fais-moi vivre… fais lever ton dire*, la première est reprise en 107, tandis que la seconde reçoit pour écho en 106: *Je (re)lève* le défi de *garder*…, engagement qui fait écho à celui de 34: ton Enseignement, je le *garderai* de tout cœur. En 36 le fidèle demande à YHWH *Tends mon cœur* vers tes témoignages, et en 112 il peut constater *J'ai tendu mon cœur* à tout faire selon tes lois. C'est un même amour de la *justice* qui motive la demande de 40 (En ta *justice* fais-moi vivre!) et la décision de 106 (J'ai juré de garder les jugements de ta *justice*). Si le psalmiste demande à YHWH de le faire cheminer sur le *sentier* de ses commandements (35), c'est qu'il sait quelle lumière sur son *sentier* est pour lui sa parole (105).

Entre VI et XV nous voyons jouer les indices suivants:

VI	41–42	YHWH
		ton dire
		une <u>parole</u> / <u>ta parole</u>
	43–44	la parole↑
		ton jugement↓
		ton Enseignement↑
	[45]	
	46–48	j'ai *parlé*
		tes <u>témoignages</u>… pas honte
		tes *commandements* (*bis*)
		tes <u>lois</u>
XV	113–115	ton Enseignement
		<u>ta parole</u>
		commandements de <u>mon Dieu</u>
	116–117a	ton dire↑ pas honte↓
	117b–120	tes <u>lois</u>
		tes <u>témoignages</u>
		tes jugements

Nous omettons ici la récurrence de *car* entre 42b.43d.45b et 118b, les contextes étant d'ici à là trop hétérogènes. Du coup 45 ne comporte aucun indice significatif et se trouve hors de considération. Nous avons donc à faire à six volets. On observe un parallèle entre les volets extrêmes, tandis que s'articulent le dernier volet de VI et le premier de XV. Quant aux volets centraux (43–44 pour VI) il se réfère chacun aux deux volets extrêmes de l'autre strophe. Ici encore se correspondent au sujet de la *honte* un constat en 46 (devant les rois je n'ai pas eu honte) et une demande (Ne me fais pas avoir honte).

Passons à **VII et XVI**. Les indices sont les suivants:

VII	49–51		ton <u>serviteur</u>
		ton <u>dire</u>	<u>orgueilleux</u>
		ton Enseignement	

	52	tes jugements↑	<u>YHWH</u>

	53–56	ton Enseignement	
		tes lois	YHWH
		ton Enseignement	
		<u>tes</u> <u>préceptes</u>	

XVI	121–123	jugement… <u>ton</u> <u>serviteur</u>… <u>orgueilleux</u>
		<u>dire</u>

	124–126	ton serviteur↑
		tes lois↑ ton serviteur↑… <u>YHWH</u>↓
		ton Enseignement↓↑

	127–128	<u>tes</u> <u>préceptes</u>

Les six volets se répondent en parallèle. En outre le centre 124–126 de XVI se réfère aux deux volets extrêmes de VII, mais le centre 52 de VII n'appelle que le premier volet de XVI.

En 49 et 122 le fidèle se présente comme *serviteur* de YHWH, que persécutent en 51 et 122 *les orgueilleux*. Les demandes de 50 et 122 trouvent un prolongement dans celles de 124 et 126 qui prient YHWH d'intervenir (faire) pour son *serviteur*.

Nous restent à considérer les rapports **entre VIII et XVII**. En voici les indices:

VIII	57–58	j'ai dit	*garder*
		tes <u>paroles</u>	*tout*
		ton *dire*	
	59–61a	tes témoignages↑...	garder↓
		tes commandements↑	
	61b–64	<u>ton Enseignement</u>	
		<u>jugements</u>	<u>gardant</u>
		tes <u>préceptes</u>	
		tes <u>lois</u>	<u>apprends</u>-moi
XVII	129–131	tes témoignages	
		tes <u>paroles</u>	
		tes commandements	
	132–136	<u>jugement</u>	
		ton *dire*	*toute*... je *garderai*
		tes <u>préceptes</u>...	<u>apprends</u>-moi
		tes <u>lois</u>	pas *gardé*
		<u>ton Enseignement</u>	

Les volets extrêmes se répondent en parallèle. Le centre 59–61a de VIII appelle chacun des deux volets de XVII. On note enfin un rapport entre le premier volet de VIII et le dernier de XVII.

Signalons que nous avons ici le cinquième des dix rapports entre strophes où jouent comme récurrents les *huit* termes désignant la loi. Par ailleurs les demandes finales de 64 et 135 sont quasiment identiques. Comme suite à cet *apprentissage des lois* le fidèle s'engage à *garder* paroles (57), commandements (60), *préceptes* (134), choisissant ainsi nettement son camp entre ceux qui *gardent les préceptes* (63) et ceux qui n'ont *pas gardé* l'Enseignement (136).

L'ensemble des strophes I–XVII peut donc se lire selon une symétrie concentrique autour de IX, et les deux ensembles I–VIII et X–XVII en parallèle entre eux, ce que nous présenterons schématiquement comme suit:

4	*3*	*3*	*4*	*3*	*4*	*5*	*6*	
I	II	III	IV	V	VI	VII	VIII	

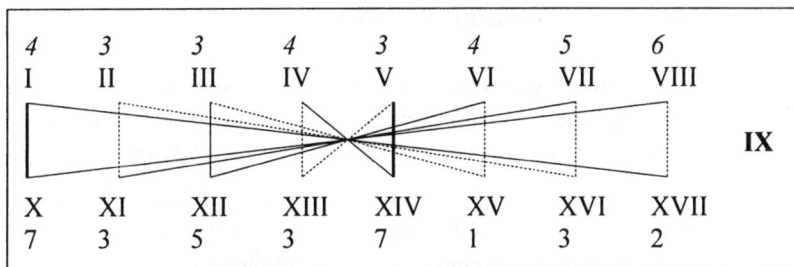

				IX

X	XI	XII	XIII	XIV	XV	XVI	XVII
7	3	5	3	7	1	3	2

Pour ce qui est de la symétrie concentrique autour de IX elle est assez bien indiquée. Le rapport le plus net est celui entre les deux strophes VIII et X entourant le centre IX; Quant au parallèle entre I–VIII et XVII, il est comme lancé en I/X (sept récurrences) et relancé en V/XIV (de nouveau sept récurrences), les strophes faisant suite à V et XIV n'étant pas dans un rapport des plus étroits.

Ensemble I–XVIII

Venons-en maintenant à **l'ensemble I–XVIII**. Ces strophes sont ordonnées, on va le voir, soit selon un chiasme, soit un parallèle. Etudions le chiasme en commençant par ses centres **IX et X**[165]. Nous y lisons:

IX	65–67a		fait… ton serviteur… YHWH	
		ta parole…*connaissance*… apprends-moi		
		car à tes commandements… j'ai été fidèle		
			humilié, *MOI*	
		ton dire	apprends-moi	
		tes lois		
	67b–70		les orgueilleux↓… MOI↓… cœur↓	
		tes préceptes↓	cœur↓… MOI↓	
		ton Enseignement	*je me suis délecté*	
	71–72		*car*… humilié… j'apprenne	
		tes lois		
		Enseignement		
X	73–77a		fait…*j'apprendrai*	
		tes commandements		
		car… ta parole	j'ai connu, YHWH, *car*	
			fidélité… *humilié*	
		ton dire	ton serviteur	
	77b	[car↓↑] *ton Enseignement*	*mes délices*	
	78–80		les orgueilleux… *car*… MOI	
		tes préceptes… *ils connaîtront*… mon cœur		
		tes lois		

Les six volets sont agencés entre eux en parallèle et en chiasme. De plus le dernier volet de X se trouve en rapport avec le volet central de IX, ce qui fait qu'au total il se rapporte avec chacun des trois volets de IX.

---

165 Sur leur enchaînement voir *SVT*, pp. 360–362.

La soif d'*apprendre* (la loi) est toujours vive chez notre psalmiste. Pour cela il demande (66.68 et 73) et se réjouit des épreuves qui ont été à cette fin nécessaires (71). Ce qu'il veut apprendre, c'est jusqu'au goût de cette *connaissance* (66) qui lui fera dire qu'il *a connu* que les jugements de YHWH sont justice (75), ce qui fera revenir ceux qui craignent YHWH, lesquels *connaîtront* alors ses témoignages (79). Voilà celui qui se présente comme *serviteur* (75 et 76), *fidèle* (66), sûr de la *fidélité* de YHWH dans *l'humiliation* même (75), celle-là qu'il a connue au temps de son errance (67), mais qui finalement lui fut bonne (71). C'est ainsi qu'il peut se présenter (*MOI*) en opposition aux *orgueilleux* (69 et 78). YHWH a agi (*fait*) avec bonté envers son serviteur (65), et même ses mains l'ont *fait* et stabilisé (73), et ce dernier dans son *Enseignement se délecte* (70 et 77). Si son *cœur* est fidèle (69), c'est aux lois mêmes qu'il le doit (80).

Poursuivons l'étude de notre chiasme en I–XVIII en examinant les rapports **entre VIII et XI**. En voici les indices:

VIII	57–58		*garder*
		tes <u>paroles</u>	
		ton <u>dire</u>	
	59–61a	tes témoignages↓	garder↓
		tes commandements↓	
	61b–64	ton Enseignement…	*pas oublié*
		jugements	<u>gardant</u>
		tes <u>préceptes</u>…	ta <u>loyauté</u>…<u>la terre</u>
		tes lois	
XI	81–83	<u>ta parole</u>	
		ton <u>dire</u> / à <u>dire</u>	
		tes lois	*pas oubliées*
	84–85	jugement↓	
		ton Enseignement↓	
	86–88	tes commandements	<u>la terre</u>
		tes <u>préceptes</u>… ta <u>loyauté</u>… je *garderai*	
		le témoignage	

Les volets extrêmes se répondent en parallèle et selon une inversion. Le centre 59–61a de VIII appelle le dernier volet de XI, et le volet central 84–85 de XI se réfère au dernier volet de VIII.

Signalons que nous avons ici le sixième des dix rapports entre strophes où jouent comme récurrents les *huit* termes désignant la loi. Par ailleurs c'est avec empressement que le psalmiste entend *garder* la loi (57 et 60) et faire ainsi partie de ceux qui l'entendent de même (63). Il a bien pris garde de *ne pas oublier* l'Enseignement (61) ou les lois (83). *Garder* le témoignage, il l'envisage comme le fruit de ce que YHWH lui accordera, soit de vivre selon sa *loyauté* (88), celle-là qui remplit la *terre* (64), malgré les épreuves qu'il a à vivre sur cette même *terre* (87).

Passons à **VII et XII**. Les indices de rapports sont ceux que voici:

VII	49–51	*souviens-toi*[+]
		<u>ta parole</u>… ton serviteur… m'as fait *compter**
		mon humiliation… car… m'a fait vivre
		ton Enseignement
	52	je me suis souvenu[+]↓
		<u>tes jugements</u>↑ depuis toujours↓↑… YHWH↑
	53–56	<u>méchants</u>
		<u>ton Enseignement</u>… <u>je me suis souvenu</u>[+]… *YHWH*
		<u>ton Enseignement</u> car
		<u>tes préceptes</u>
XII	89–91a	pour toujours… *YHWH*
		<u>ta parole</u>
		<u>tes jugements</u>
	91b	car↓↑… tes serviteurs↑
	92–96	*ton Enseignement* mon humiliation
		pour toujours… *<u>je n'oublierai pas</u>*[+]
		<u>tes préceptes</u>… *<u>car</u>… tu m'as fait vivre… <u>car</u>*
		<u>tes préceptes</u> espéré*… <u>méchants</u>

Nous faisons jouer ici les paires stéréotypées (déjà rencontrées) *se souve-nir/ne pas oublier*[166] et *espérer/compter*[167]. Les volets extrêmes se répon-dent selon un parallèle et selon une inversion. Le centre 52 de VII appelle les deux volets extrêmes de XII. Le centre 91b de XII principalement le premier volet de VII.

L'appel initial de VII: *Souviens-toi* est pourrait-on dire légitime de la part de qui *s'est souvenu* des jugements (52) et de YHWH lui-même (55), promettant de plus de *ne pas oublier les préceptes*. L'autre raison qu'a YHWH de se souvenir de son serviteur, c'est *l'humiliation* vécu par ce dernier (50 et 92). Mais YHWH l'a *fait vivre* (50 et 93). Les deux *toujours* de 52 et 89 n'ont pas la même portée, mais enfin ils se répondent en ma-tière de fidélité réciproque: c'est *depuis toujours* que le fidèle s'est souve-nu des jugements divins, mais c'est *pour toujours* que la parole de YHWH est placée aux cieux. Les deux attentes s'opposent, soit celle du psalmiste *comptant* sur la parole de YHWH et celle des *méchants espérant* le faire périr, ces *méchants* abandonnant l'Enseignement (53). Relevons enfin que le *serviteur* 49 se distingue et se compte parmi les *serviteurs* que sont tous les êtres (91).

Puisque nous connaissons déjà les rapports entre VI et XIII (voir dans l'ensemble I–XIII) comme entre V et XIV (voir dans l'ensemble I–XVII), nous pouvons maintenant considérer ceux **entre IV et XV**. En voici les in-dices:

---

166 Voir n.128.
167 *qwh/yḥl* selon Avishur p.660.

<table>
<tr><td>IV</td><td>25–27</td><td></td><td>fais-moi vivre</td></tr>
<tr><td></td><td></td><td>ta <u>parole</u></td><td></td></tr>
<tr><td></td><td></td><td>tes lois</td><td></td></tr>
<tr><td></td><td>28</td><td>ta parole↑</td><td></td></tr>
<tr><td></td><td>29–32</td><td></td><td><u>mensonge</u></td></tr>
<tr><td></td><td></td><td>ton Enseignement</td><td></td></tr>
<tr><td></td><td></td><td>tes <u>jugements</u></td><td></td></tr>
<tr><td></td><td></td><td>tes <u>témoignages</u>… YHWH… pas honte</td><td></td></tr>
<tr><td></td><td></td><td>tes commandements</td><td><u>car</u></td></tr>
<tr><td>XV</td><td>113–115</td><td>ton Enseignement</td><td></td></tr>
<tr><td></td><td></td><td>ta <u>parole</u></td><td></td></tr>
<tr><td></td><td></td><td>commandements de</td><td>mon Dieu</td></tr>
<tr><td></td><td>116–117a</td><td>je vivrai↑… pas honte↓</td><td></td></tr>
<tr><td></td><td>117b–120</td><td>tes lois</td><td><u>car mensonge</u></td></tr>
<tr><td></td><td></td><td>tes <u>témoignages</u></td><td></td></tr>
<tr><td></td><td></td><td>tes <u>jugements</u></td><td></td></tr>
</table>

Nous retrouvons ici la correspondance entre *YHWH* et *mon Dieu*. Les volets extrêmes se répondent et selon un parallèle et selon une inversion. Le centre 116–117a de XV se réfère aux deux volets extrêmes de IV, mais le centre 28 de IV n'appelle que le premier volet de XV.

La demande *fais-moi vivre* de 25 s'accompagne en 116 d'une certitude: *je vivrai*. Le fidèle veut éviter le chemin du *mensonge* selon 29, ce *mensonge* qui définit selon 118 l'imposture des méchants. En 31 et 116 nous lisons la même prière du fidèle: *Ne me fais pas avoir honte!*

Entre III et XVI jouent les indices que voici:

III	17–19	ton serviteur… mes yeux	
		ton Enseignement	
		tes commandements	
	20	tes jugements↑	en tout↓ *temps*
	21–24		*orgueilleux*
		tes commandements	
		tes témoignages	*ton serviteur*
		tes lois	
		tes témoignages	
XVI	121–123	jugement	*ton serviteur*
		orgueilleux… mes yeux	
	124–126		ton serviteur↓↑
		tes lois↓	ton serviteur↓↑
		tes témoignages↓	*temps*
		ton Enseignement↑	
	127–128	*tes commandement*	tous

Les six volets se trouvent agencés entre eux et en parallèle et en chiasme. Le centre 124–126 de XVI se réfère aux deux volets extrêmes de III. Le centre 20 de III appelle principalement le premier volet de XVI, l'adjectif *tout* qualifiant en 20 et 128 des réalités disparates (temps et préceptes).

Du psalmiste à YHWH: Agis bien envers *ton serviteur* (17), car *ton serviteur* médite sur tes lois (23), puis: Garantis à *ton serviteur* le bonheur (122) et fais avec *ton serviteur* selon ta loyauté 124, à quoi il suffit d'ajouter: je suis *ton serviteur* (125). La gorge du fidèle broyée de désir *en tout temps* (20) finira bien par voir arriver *le temps* de faire (agir) pour YHWH (126). Il demande à ce que soient dessillés *ses yeux*, et nous voyons *ses yeux* achevés pour le salut. Il sait que YHWH a menacé *les orgueilleux* (21) et sait donc déjà la réponse à sa demande de ne pas être opprimé par *les orgueilleux* (122).

Entre II et XVII les indices se répartissent comme suit:

II	9–11		*garder*
		ta <u>parole</u>	*tout*
		<u>tes</u> <u>commandements</u>	
		ton dire	
		————[12a]————	
	12b–16		<u>apprends</u>-<u>moi</u>
		<u>tes</u> <u>lois</u>	
		<u>tous</u> les <u>jugements</u>... de ta *bouche*	
		tes témoignages	
		<u>tes</u> <u>préceptes</u>	
		<u>tes</u> <u>lois</u>	
		ta parole	
XVII	129–131	*tes témoignages*	
		<u>tes</u> <u>paroles</u>	ma *bouche*
		<u>tes</u> <u>commandements</u>	
	132–136	<u>jugement</u>	
		ton dire	*<u>toute</u>... garderai*
		<u>tes</u> <u>préceptes</u>	<u>apprends</u>-<u>moi</u>
		<u>tes</u> <u>lois</u>	pas *gardé*

12a ne comportant aucun indice, nous nous retrouvons avec quatre volets. Ils respectent entre eux un parallèle et un chiasme.

Le moyen de *se garder* (9), c'est de *garder* les préceptes (134) et de ne pas partager l'attitude de ceux qui n'ont pas *gardé* l'Enseignement (136). La prière de 12b (*Apprends-moi tes lois*) se lit une nouvelle fois en 135b. Si le fidèle peut décrire tous les jugements de la *bouche* divine (13), c'est qu'il a d'abord ouvert toute grande sa *bouche* aux paroles divines.

Entre I et XVIII les indices sont les suivants:

I	1–4	*Enseignement* de	YHWH
		ses <u>*témoignages*</u>	
		<u>tu</u> as <u>*commandé*</u>	<u>TOI</u>
		tes préceptes	<u>tout à fait</u>
	5–8	tes <u>*commandements*</u>	*droiture*
		jugements de ta <u>*justice*</u>... *tout à fait*
XVIII	137–138	*juste*... <u>TOI</u>... <u>YHWH</u>... *droits*
		tes *jugements*	
		<u>tu</u> as <u>*commandé*</u>	la *justice*
		de tes <u>témoignages</u>...	<u>*tout à fait*</u>
	139–141		tout à fait↓↑
		tes préceptes↑	
	142–144		<u>justice</u> (*bis*)
		ton *Enseignement*	
		tes <u>*commandements*</u>	
		<u>justice</u> tes *témoignages*	

Les volets extrêmes se répondent en parallèle et selon une inversion. Le volet central 139–141 de XVIII se réfère aux deux volets de I.

On lit dans le premier volet ici et là *TOI* et *tu as commandé*, l'adresse à YHWH (à partir de 4 en I) étant donc soulignée. Et ce que YHWH a commandé doit en 4 et 138 être gardé *tout à fait*. Le même *tout à fait* se lit en 140, mais là pour marquer la perfection du dire divin. Pour ce qui est du nom divin, il est au vocatif en 137 (juste après *TOI*), et en 1 il détermine l'Enseignement (*torah*) dans les béatitudes d'ouverture du psaume. De 7 à 137 la *droiture* est successivement le fait du psalmiste, puis des jugements de YHWH. On notera enfin que *justi(c)e* qui se lit quatre fois en XVIII est comme annoncé en 7 par *les jugements de ta justice*, la justice dont il est question ici étant toujours celle de YHWH. A bien lire la strophe XVIII au sujet de la *justice* de YHWH (le lecteur pourrait ici se rappeler l'étude de cette strophe dans notre première partie), on comprendra d'autant mieux l'action de grâce du psalmiste à YHWH pour avoir appris les jugements de sa *justice* (7).

Nous pouvons donc tenir finalement que les strophes I–XVIII sont agencées entre elles selon un large chiasme.

Qu'en est-il du parallèle entre ces mêmes strophes? Nous connaissons déjà les rapports entre I et X (voir dans l'ensemble I–X), II et XI (voir dans l'ensemble I–XII), III et XII (voir dans l'ensemble I–XIV), IV et XIII (voir dans l'ensemble I–XVI), V et XIV (voir dans l'ensemble I–XVII), VI et XV (*ibid.*), VII et XVI (*ibid.*), VIII et XVII (*ibid.*). Nous n'avons donc plus à examiner que ceux **entre IX et XVIII**. Les indices en sont les suivants:

IX	65–67a		ton serviteur... <u>YHWH</u>
		ta parole	
		tes <u>commandements</u>	
		ton dire	
	67b–70	<u>tes préceptes</u>	
		ton Enseignement↓... je me suis délecté↓	
	71–72	<u>Enseignement</u>	
XVIII	137–138		<u>YHWH</u>
		tu as <u>commandé</u>	
	139–141	tes paroles↑	
		ton dire↑	ton serviteur↑
		<u>tes préceptes</u>	
	142–144	ton <u>Enseignement</u>	
		tes commandements	mes délices

Les six volets se lisent en parallèle. Le premier de IX appelle le dernier de XVIII. Le volet central 68–70 de IX appelle le dernier de XVIII. Le volet central 139–141 de XVIII se réfère au premier de IX.

Dans ces deux strophes le fidèle se présente comme *serviteur* (65 et 140), ce qui n'entame en rien le registre de l'attachement: en 70 et 143 il dit bien quels *délices* il éprouve dans l'Enseignement.

Ainsi les dix-huit strophes de I–XVIII peuvent se lire soit selon un chiasme, soit selon un parallèle, ce que nous pouvons schématiser comme suit:

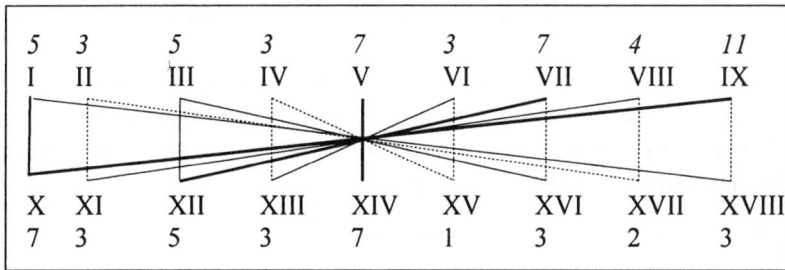

Le chiasme est suffisamment indiqué. On y notera en particulier le rapport entre ses deux strophes centrales (onze récurrences, dans notre psaume le chiffre maximum entre deux strophes), ainsi que les rapports entre VII et XII, puis V et XIV (sept récurrences ici et là). Le parallèle est moins manifeste, surtout dans sa seconde moitié. On y retrouve cependant le rapport entre V et XIV.

Ensemble I–XIX

Avec **l'ensemble I–XIX** nous retrouvons une symétrie concentrique, cette fois autour de X. Etudions-la. Nous verrons ensuite comment I–IX et XI–XIX peuvent également se lire en parallèle. **Entre IX et XI** nous découvrons les indices suivants:

IX	65–67		fait… ton serviteur
		ta <u>parole</u>	car
		tes commandements	j'ai été *fidèle*
		<u>ton</u> <u>dire</u>	*j'ai gardé*
	68–70	tes lois↑	mensonge↓… *orgueilleux*
		tes préceptes↓	comme↑
		<u>ton</u> <u>Enseignement</u>	
	71–72	*car… tes lois*	
		Enseignement	de ta <u>bouche</u>
XI	81–83	ta <u>parole</u>	
		<u>ton</u> <u>dire</u> / à <u>dire</u>	*car*… comme
		tes lois	
	84–85	ton serviteur↑… feras↑…*orgueilleux*	
		<u>ton</u> <u>Enseignement</u>↓	
	86–88	*tes commandements…fidélité…* mensonge	
		tes préceptes	*je garderai…* ta <u>bouche</u>

Ici tous les rapports possibles sont en jeu. Entre les six volets il y a parallèle et chiasme, et de même entre les deux premiers ici et là et les deux derniers ici et là. Ainsi donc chacun des six volets se réfère aux trois de l'autre volet.

Le *serviteur* est bien conscient de la brièveté de ses jours (84), mais il réalise tout autant le bonheur que lui a apporté YHWH (65). Ce dernier a *fait (agi)* en sa faveur (65), mais il saura répondre à la prière de son fidèle pour *faire (agir)* contre ses ennemis. Le serviteur a pratiqué cette *fidélité* (66) qui déjà caractérise les commandements (86). Il a *gardé* le dire de YHWH (67), il *gardera* le témoignage de sa bouche (88). Les *orgueilleux* usent du *mensonge* contre le fidèle (69), creusant pour lui des tombes (85), le poursuivant avec *mensonge* (86). Leur cœur s'est gorgé *comme* de graisse (70), alors que le psalmiste pour sa part est *comme* un parchemin enfumé par l'usage liturgique[168] (83). C'est que pour lui garder le témoignage de la *bouche* divine (88), c'est se tourner vers cet Enseignement de la même *bouche* meilleur que des milliers d'or et d'argent.

Passons à **VIII et XII**, en relevant d'abord les indices:

VIII	57–58		YHWH	
		tes <u>paroles</u>		
	59–61a	tes témoignages↓		
		tes commandements↓… méchants↓		
	61b–64	<u>ton</u> Enseignement	<u>pas</u> oublié	
		jugements		
		tes <u>préceptes</u>	*YHWH… la terre*	
XII	89–91a		*YHWH*	
		ta <u>parole</u>	*la terre*	
		tes jugements		
	[91b]			
	92–96	<u>ton</u> Enseignement… n'oublierai <u>pas</u>		
		tes <u>préceptes</u> (*bis*)	méchants	
		tes témoignages		
		ton commandement		

Le volet central 91b de XII ne comporte aucun indice. Les volets extrêmes se répondent en parallèle. Le premier volet de XII se réfère au dernier de VIII. C'est au dernier volet de XII que le centre 59–61a de VIII fait appel.

Le fidèle *n'a pas oublié* l'Enseignement de YHWH (61), il *n'oubliera pas* ses préceptes (93). Il sait que la loyauté de YHWH a rempli *la terre* (64), et que les cieux et *la terre* se maintiennent de par les jugements du même (89–91). Les cordes des *méchants* ont eu beau l'avoir ligoté (61), *les méchants* cherché à le faire périr (95), non, il n'oubliera pas l'Enseignement de YHWH.

---

168 Selon l'interprétation de Girard retenue ci-dessus.

Passons aux rapports **entre VII et XIII**. Ils sont commandés par les indices suivants:

VII	49–51	parole *ton dire* ton <u>Enseignement</u>	<u>car</u>
	52	*<u>tes jugements</u>*	depuis toujours↑
	53–56	*ton Enseignement... la nuit*... je garde* *ton Enseignement* *car <u>tes préceptes</u>,* *je les ai observés*	*car*
XIII	97–100	<u>ton Enseignement</u> *le jour*...<u>car</u>* pour toujours... <u>*car*</u> (*bis*) *car tes préceptes,* *je les ai observés*	
	101–102	*ta parole*↑ *<u>tes jugements</u>* tu m'as enseigné↓↑	je garde↓ car↓↑
	103–104	*tes dires* tes <u>préceptes</u>	

Nous faisons jouer ici la paire stéréotypée *jour/nuit*[169]. Nos six volets se répondent et en parallèle, et en chiasme. De plus le volet central 52 de VII appelle le premier volet de XIII, et le volet central 101–102 de XIII se réfère aux deux volets extrêmes de VII. Il y a donc chiasme et parallèle entre les deux premiers volets de VII et ceux de XIII, tandis que le volet central de XIII est en rapport avec les trois unités de VII. La loi divine remonte dans le souvenir du fidèle *depuis toujours* (52) et elle est à lui *pour toujours* (98). Il se souvient *la nuit* de YHWH (55) et tout *le jour* son *Enseignement* est l'objet de sa méditation (97). Ainsi *garde-t-il* cet *Enseignement* (55) et sa parole (101), et ses *préceptes* les a-t-il *observés* (56b = 100b).

---

169 *ywm/lylh* p.759, à l'index.

Nous connaissons déjà les rapports entre VI et XIV (voir dans l'ensemble I–XV). Nous pouvons donc passer à ceux jouant **entre V et XV**. Ils se jouent à partir des indices que voici:

V	33–36	Enseigne-moi	YHWH
		tes lois	j'observerai (*bis*)
		ton Enseignement	
		tes commandements	*car*
		tes témoignages	
	37–40		fais-moi vivre
		ton dire	crainte… car
		tes jugements	fais-moi vivre
XV	113–115	ton Enseignement… j'observe	
		commandements	mon Dieu
	116–117a	ton dire↓	je vivrai↓
	117b–120	*tes lois*	*car*
		tes témoignages	
		tes jugements	j'ai craint

Nous faisons jouer ici la correspondance entre *YHWH* et *mon Dieu*. Les volets externes se répondent en parallèle, mais de plus le premier volet de V et le dernier de XV. Le volet central 116–117a de XV se réfère au dernier volet de V.

Nous retrouvons encore une fois diverses complémentarités, entre futur et présent quand nous lisons *j'observerai* en 33 et *j'observe* en 115, entre prière et certitude du futur avec *fais-moi vivre* en 37.40 et *je vivrai* en 116. entre la finalité et le constat avec *afin que j'en arrive à la crainte* en 38 et *j'ai craint* en 120.

Entre IV et XVI les indices sont les suivants:

IV	25–27	mes *chemins**… apprends-moi	
		tes lois	*chemin* de
		tes préceptes	discerner
—	[28]		
	29–32		chemin* du mensonge
		ton Enseignement	chemin*
		tes *jugements*	
		tes témoignages YHWH… chemin* de	
		tes commandements	
XVI	121–123	*jugement*	
	124–126	tes lois↑… apprends-moi↑… discerner↑	
		tes témoignages↓	YHWH↓
		ton Enseignement↓	
	127–128	tes commandements	
		tes préceptes	*route** de mensonge

Nous faisons jouer ici la paire stéréotypée *chemin/route*[170]. Le volet central 28 de IV ne comporte aucun indice, mais le volet central 124–126 de XVI se réfère aux deux volets extrêmes de IV. Les volets extrêmes se correspondent selon une inversion. Enfin notons le rapport entre les deux derniers volets.

On aura relevé la quasi-identité entre 26b et 124b. On lit la même demande *fais-moi discerner* en 27a et 125a. Enfin en 29 le psalmiste demande à ce que le *chemin* du *mensonge* soit détournée de lui, tant il est désireux que ses *chemins* (26) s'accordent à ceux de YHWH (27.32 et 30) et en 128b il dit sa haine pour toute *route* de *mensonge*.

170 Voir n.113.

Poursuivons avec **III** et **XVII**. Voici les indices qui jouent entre eux:

III	17–19		*ton serviteur je garderai*
		ta <u>parole</u>	*mes yeux*
		ton Enseignement	
		<u>tes</u> <u>commandements</u>	
	20		ma gorge↑… désir↑
		<u>tes</u> jugements↓	
	21–24	*tes commandements*	
		tes témoignages	*observés*
		ils ont parlé	<u>ton</u> <u>serviteur</u>
		<u>tes</u> <u>lois</u>	
		tes témoignages	
XVII	129–131	*tes témoignages …*	*observés…* ma gorge
		<u>tes</u> *paroles*	
		<u>tes</u> <u>commandements</u>	désirés
	132–136	jugement…	*je garderai… <u>ton serviteur</u>*
		<u>tes</u> <u>lois</u>	*mes yeux…* pas gardé
		ton Enseignement	

Les volets extrêmes se répondent selon un parallèle et selon un chiasme. Le volet central 20 de III appelle les deux volets de XVII.

Les demandes pour le *serviteur* en 17 et 135 peuvent s'appuyer sur le fait que ce même *serviteur* médite sur les lois (23). Il entend de plus *garder* la parole (17), s'opposant en cela à ceux qui n'ont *pas gardé* l'Enseignement (136). Il a aussi *observé* les *témoignages* (22 et 129). Il demande humblement à ce que ses *yeux* soient dessillés (18), ces mêmes *yeux* qui pleurent à chaudes larmes devant l'impiété (136). Quant à sa *gorge*, elle observe les témoignages et brûle de *désir* vers les jugements (20), *désir* qu'on retrouve pour les commandements (131).

Entre II et XVIII les indices sont les suivants:

II	9–11	ta parole *tes <u>commandements</u>* ton dire	
	12a		TOI↑… YHWH↑
	12b–16	*jugements* *tes <u>témoignages</u>* tes préceptes… <u>je me délecte</u>… je n'oublie pas ta parole	
XVIII	137–138		TOI… YHWH
		tes jugements tu as <u>commandé</u> *tes témoignages*	
	139–141	tes paroles↓↑ ton dire↑ tes préceptes↓	je n'ai pas oubliés↓
	142–144	*tes commandements* tes <u>témoignages</u>	<u>mes délices</u>

Les volets extrêmes se répondent et selon un parallèle et selon une inversion. Le volet central 139–141 de XVIII se réfère aux deux volets extrêmes de II. Le volet central 12a de II appelle le premier volet de XVIII.

Les deux adresses à YHWH (*TOI, YHWH!*) de 12a et 137 se font écho: il est béni celui-là dont un trait dominant est d'être juste. En 16 et 143 nous voyons le psalmiste *se délecter* de la loi. Il *n'oublie pas* la parole (16), il *n'a pas oublié* les préceptes: comment en serait-il autrement?

Aux extrêmes de notre symétrie concentrique nous restent à examiner **I et XIX**. Les indices de leurs rapports sont les suivants:

I	1–4	*Enseignement*	*YHWH*... observant
		ses *témoignages*...	de tout cœur... *TOI*
		tu as *commandé*	garder

	5–8		*garder*
		tes lois	
		tes commandements	*cœur*
		jugements	
		tes lois	*je garde*

XIX	145–146		de tout *cœur*... YHWH
		tes lois	j'observe... *je garde*
		tes témoignages	

	147–148		heures-de-garde↓↑

	149–152		*YHWH*
		ton jugement	
		ton *Enseignement*	*TOI*... *YHWH*
		tes *commandements*	
		tes *témoignages*	

Les volets extrêmes se répondent selon un parallèle et selon une inversion. Le volet central 147–148 de XIX se réfère aux deux volets de I.

On retrouve ici *garder* avec pour objet une forme ou l'autre de la loi (4.5.8 et 146) ainsi que *observer*[171] (2 et 145), les sujets étant tantôt le psalmiste lui-même (5.8 et 145.146), tantôt ses compagnons (2.4). Le fait de précéder les *heures-de garde* du matin (148) orchestre pour ainsi dire ce zèle. Les deux interpellations à YHWH avec le pronom indépendant 2ème pers. (*TOI*) accompagnent pour l'une le fait de *commander* (4), pour l'autre un énoncé sur la qualité des *commandements* (151). Enfin on notera la parenté d'esprit entre ceux qui recherchent YHWH *de tout cœur* (2) et le psalmiste qui appelle son Dieu *de tout cœur* (voir encore 7).

Pour ce qui est du parallèle entre I–IX et XI–XIX nous connaissons déjà les rapports entre I et XI (voir dans l'ensemble I–XI), II et XII (voir dans l'ensemble I–XIII), III et XIII (voir dans l'ensemble I–XV), IV et XIV (voir dans l'ensemble I–XVII), V et XV (*ibid.*).

---

171 On se souvient que *garder* et *observer* constituent une paire stéréotypée : voir n.20.

Nous restent à examiner les quatre derniers. **Entre VI et XVI** nous relevons les indices suivants:

VI	41–42	ton <u>dire</u>	*ta loyauté...* YHWH... <u>ton</u> salut
	43–44	ton <u>jugement</u> ton Enseignement	
	45	<u>tes</u> préceptes	
	46–48	*tes témoignages* <u>tes</u> commandements (*bis*) *tes lois*	
XVI	121–123	<u>jugement</u> <u>dire</u>	<u>ton</u> salut
	124–126	*tes lois* *tes témoignages* ton Enseignement	*ta loyauté* *YHWH*
	127–128	<u>tes</u> commandements <u>tes</u> préceptes	

Nous relevons ici les convergences (à partir des indices <u>soulignés</u>) de 41 + 42–43 (deux premiers volets de VI) en 121–123 (premier volet de XVI) et de 45 + 46–48 (deux derniers volets de VI) en 127–128 (dernier volet de XVI), mais aussi (à partir des indices signalés en *italiques*) celle de 41–42 et 46–48 (premier et dernier volets de VI) en 124–126 (volet central de XVI). Mais la récurrence de *ton Enseignement* de 43–44 à 124–126 n'a point de symétrique (de 45 à 124–126).

En 41 le psalmiste appelle sur lui *le salut*, et en 123 il exprime à quel point il l'attend: mes yeux se sont usés pour *ton salut*. Conjointement en 41 et 124 il appelle sur lui *la loyauté* divine.

En VII et XVII nous repérons les indices suivants:

VII	49–51	ta parole		*ton serviteur...* car
		ton dire		
		ton Enseignement		
	52	tes jugements↓		
	53–56	ton Enseignement		
		tes lois	ton nom... je garde	
		ton Enseignement...	*car... observés*	
XVII	129–131			*observés*
		tes paroles		*car*
	132–136	jugement	*ton nom*	
		ton dire... je garderai... *ton serviteur*		
		tes lois	pas gardé	
		ton Enseignement		

Les volets extrêmes se répondent en parallèle et selon une inversion. Le centre 52 de VII appelle le dernier volet de XVIII.

A partir de *serviteur* et *observer*, on voit la demande de 49 et le motif de 56 s'inverser dans le motif de 129 et la demande de 135. Mais alors que ledit serviteur se souvient du *nom* de YHWH (55) comme ceux qui aiment ce même *nom* (132) et qu'il *garde* son *Enseignement* (55), il ne peut que se révolter ou se désoler au vu de ceux qui abandonnent ou *ne gardent pas* cet *Enseignement* (53 et 136).

Entre VIII et XVIII nous découvrons les indices suivants:

VIII	57–58	j'ai dit	<u>YHWH</u>
		tes paroles	
		ton dire	
	59–61a	tes témoignages↓	
		tes commandements↓	
	61b–64	<u>ton</u> <u>Enseignement</u>… pas oublié	
		jugements	de ta *justice*
		tes préceptes	*YHWH*
XVIII	137–138		*juste*… *YHWH*
		tes *jugements*	
		tu as commandé	
		la *justice* de tes témoignages	
	139–141		oublié↓
		tes paroles↑	
		ton dire↑	
		tes préceptes↓	pas oubliés↓
	142–144		<u>justice</u> (*bis*)
		<u>ton</u> <u>Enseignement</u>	
		tes commandements	<u>justice</u>
		tes témoignages	

Les volets extrêmes se répondent en parallèle. Le volet central 139–141 de XVIII se réfère aux deux volets extrêmes de VIII, mais le volet central 59–61a n'appelle pour sa part que le dernier volet de XVIII. Il y a aussi un rapport nettement marqué entre le dernier volet de VIII et le premier de XVIII.

Celui qui *n'a oublié* ni l'Enseignement (61), ni les préceptes de YHWH (141) ne peut qu'être abattu devant ceux-là qui *ont oublié* les paroles de YHWH (139). Pour comprendre la *justice* dont le fidèle rend grâce en 62, il suffit de lire ce que la strophe nous apprend de ladite *justice* (voir la présentation de cette strophe dans notre première partie).

Ne nous reste plus à examiner que les rapports **entre IX et XIX**. En voici les indices:

IX	65–67		*YHWH*
		ta parole	*connaissance... car*
		tes commandements	*fidèle*
		ton dire	gardé
	68–70	tes lois↑	de tout cœur↑... j'observe↑
		ton Enseignement↓	
	71–72		<u>car</u>
		tes lois	
		<u>Enseignement</u>	
XIX	145–146		de tout cœur... <u>YHWH</u>
		tes lois	j'observe
	147–148	tes paroles↑	garde↑
		ton dire↑	
	149–152		*YHWH*
		ton <u>Enseignement</u>	*YHWH*
		tes commandements... fidélité... j'ai connu... <u>car</u>	

Les volets extrêmes se répondent et en parallèle et selon une inversion. Le volet central 68–70 de IX appelle les deux volets extrêmes de XIX, mais le volet central 147–148 de XIX ne se réfère qu'au premier volet de IX.

En 66 le fidèle demande la *connaissance*, en 152 il reconnaît avoir *connu* des témoignages. C'est qu'il a *gardé* le *dire* (67) jusqu'à précéder les heures de *garde* du matin pour méditer sur ce *dire* (148). Ainsi s'est-il montré *fidèle* à ces *commandements* (66), répondant de cette façon à ces *commandements* qui eux-mêmes sont *fidélité* (151). Oui, *de tout cœur* il appelle vers YHWH et *observe* ses lois (145), *de tout cœur il observe* ses préceptes (69).

Ainsi donc les strophes I–XIX sont agencées entre elles selon une symétrie concentrique, et de plus I–IX et XI–XIX respectent entre elles un parallèle. L'ensemble peut être présenté schématiquement comme suit:

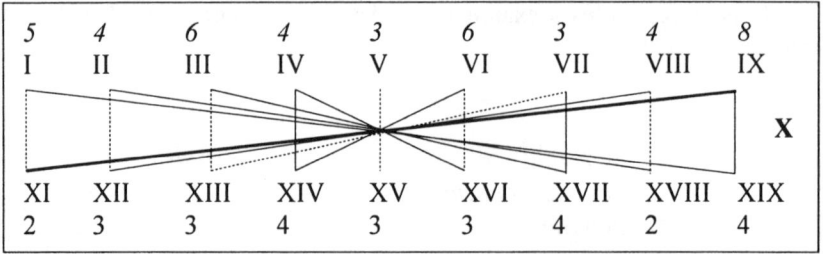

La symétrie concentrique autour de X est assez nette. On y notera en particulier le rapport étroit (huit récurrences) entre les deux strophes entourant immédiatement le centre. Le parallèle entre I–IX et XI–XIX est plus fragile.

Ensemble I–XX

Nous en venons maintenant à **l'ensemble I–XX**. Il respecte à la fois un chiasme et un parallèle. Commençons par le chiasme, et plus précisément par ses deux unités centrales, soit **X et XI**[172]. Nous y lisons:

X	73–77a	*tes commandements*
		<u>car</u> <u>sur</u> <u>ta</u> <u>parole</u> <u>j'ai</u> <u>compté</u>
		<u>car</u>… tes jugements *fidélité*
		ta loyauté…<u>ma</u> <u>consolation</u>
		<u>ton</u> <u>dire</u>… ton serviteur… *je vivrai*
	77b	[car↑] <u>*ton*</u> <u>*Enseignement*</u>
	78–80	les orgueilleux… *car*… <u>MOI</u>
		tes <u>témoignages</u>
		tes lois
XI	81–83	<u>sur</u> <u>ta</u> <u>parole</u> <u>j'ai</u> <u>compté</u>
		<u>ton</u> <u>dire</u> / à <u>dire</u>… <u>me</u> <u>consoleras</u>… *car*
		tes lois
	84–85	ton serviteur↑
		jugement↑ les orgueilleux↓
		<u>*ton*</u> <u>*Enseignement*</u>
	86–88	*tes commandements*… *fidélité*… <u>MOI</u>
		ta loyauté… *fais-moi vivre*
		<u>témoignage</u>

Les six volets sont agencés entre eux selon un chiasme et un parallèle. De plus le volet central 84–85 de XI se réfère aux deux volets extrêmes de X, et donc aux trois volets de X dont les volets extrêmes appellent pour leur part les trois volets de XI.

Signalons que nous avons ici le septième des dix rapports entre strophes où jouent comme récurrents les *huit* termes désignant la loi. En 74 et 81 nous lisons *sur ta parole j'ai compté*. En 76 le psalmiste demande que

---

172 Sur leur enchaînement voir *SVT*, pp. 365–366.

la *loyauté* soit sa *consolation*. Sous mode interrogatif en 84 il demande encore à être *consolé*, et en 88 à ce que selon sa *loyauté* YHWH le *fasse vivre*, cette dernière demande ayant été, elle, précédée d'une quasi-certitude en 77: *je vivrai*. Il sait que la *fidélité* divine ne lui a pas manqué lors de l'humiliation (75), d'ailleurs les commandements eux-mêmes sont *fidélité* (86). YHWH n'oubliera pas son dire à *son serviteur* (76) et se laissera toucher par le côté éphémère de sa vie (84). Les *orgueilleux* ont creusé pour le psalmiste une tombe et abandonné l'Enseignement (85), qu'ils soient donc confondus (78)! *MOI*, assure le psalmiste, je médite sur *tes préceptes* et ne ai pas abandonnés (78 et 87).

Entre IX et XII nous repérons les indices suivants:

IX	65–67		ton serviteur…	<u>YHWH</u>
		<u>ta</u> parole		*car*
		tes commandements…	<u>fidèle</u>…	*humilié, MOI*
	68–70	tes préceptes↓		
		ton Enseignement↓		
	71–72			<u>car</u>… humilié
		Enseignement		
XII	89–91a			<u>YHWH</u>
		<u>ta</u> parole		<u>fidélité</u>
	91b			[car]… tes serviteurs↑
	92–96	ton <u>Enseignement</u>		*humiliation*
		tes préceptes		<u>car</u>… *MOI*… *car*
		tes préceptes		
		ton commandement		

Le *car* de 91b est mis entre crochets pour signifier qu'étant donné ce à quoi il introduit il ne fait écho à aucun de ceux de IX. On voit que les volets extrêmes se répondent en parallèle, puis que le premier volet de IX reçoit un écho dans les trois de XII, tandis que le dernier de XII se réfère aux trois de IX.

Le *serviteur* (65) à un titre particulier est à inscrire cependant dans le contexte plus large des *serviteurs* de YHWH que sont tous les êtres (91). *Fidèle* (66) il a été en cela précédé et sera dépassé par la *fidélité* de YHWH durant de génération en génération (90). *Humilié* (67), il sait que ce fut pour son bien (71), ayant appris de cette façon que l'Enseignement de YHWH pouvait le sauver du péril extrême dans l'*humiliation* (92). Ainsi tient-il à se présenter (*MOI*) tant dans l'humiliation (67) que dans son appartenance à YHWH (94).

En VIII et XIII les indices sont répartis comme ceci:

VIII	57–58	j'ai *dit*	garder
		tes paroles	
		ton dire	
	59–61a		mes <u>*chemins*</u>*↓
		tes témoignages↑	<u>*garder*</u>
		tes commandements↑	
	61b–64	*ton Enseignement*	
		jugements	gardant
		<u>*tes préceptes*</u>	
XIII	97–100	*ton Enseignement*	
		ton commandement	
		tes témoignages	
		tes préceptes	
	101–102		<u>*route*</u>*... je <u>*garde*</u>↓↑
		ta parole↑	
		tes jugements↓	
		tu m'as enseigné↓	
	103–104	*tes dires*	
		<u>tes préceptes</u>	route*

Nous faisons jouer ici la paire stéréotypée *chemin/route*. Les trois volets se correspondent selon un chiasme d'ici à là. Le centre 59–61a de VIII appelle les trois volets de XIII, et le centre 101–102 de XIII se réfère aux trois volets de VIII. De plus les deux derniers volets se répondent entre eux.

En sus du vocabulaire de la loi ces deux strophes sont reliées par la récurrence de *garder*. Le psalmiste entend *garder les paroles* (57) ou *la pa-*

role (101) de YHWH, ses commandements (60), en appartenant ainsi à ceux qui *gardent* ses préceptes (63).

Nous connaissons déjà les rapports entre VII et XIV (voir dans l'ensemble I–XIV) comme entre VI et XV (voir dans l'ensemble I–XVII). Nous pouvons donc passer aux rapports **entre V et XVI**. Les indices sont les suivants:

V	33–36	Enseigne-moi		YHWH
		tes lois		discerner
		ton Enseignement		
		tes commandements		
		tes témoignages		
	37–40		*mes yeux... ton serviteur*	
		ton *dire*		
		tes *jugements*		
		tes <u>préceptes</u>		*ta justice*
XVI	121–123	*jugement* et *justice... ton serviteur... mes yeux*		
		dire	de *ta justice*	
	124–126			ton serviteur↓
		tes lois↑	ton serviteur↓... discerner↑	
		tes témoignages↑	YHWH↑	
		ton Enseignement↑		
	127–128	*tes commandements*		
		tes <u>préceptes</u>		

Les volets extrêmes se répondent selon une inversion. Le volet central 124–126 de XVI se réfère aux deux volets extrêmes de V. Les deux derniers volets se répondent entre eux.

Nous lisons une demande de *discernement* en 34 et 125, le fruit espéré étant pour la première l'observance de l'Enseignement, pour la seconde la connaissance des témoignages. En 37 le fidèle demande à YHWH d'épargner à *ses yeux* la vanité, mais en 123 nous trouvons ces mêmes *yeux* appliqués au salut et au *dire* divins. C'est le *serviteur* qui demande en 38 la crainte de son maître, le bonheur en 122, le bénéfice de la loyauté divine en 124.

Venons en maintenant à **IV et XVII**. Voici les indices:

IV	25–27		ma <u>gorge</u>
		ta <u>parole</u>	*apprends-moi*
		tes lois	
		tes préceptes	<u>discerner</u>
	28		ma gorge↑
		ta parole↑	
	29–32	ton <u>Enseignement</u>… <u>aie</u> <u>pitié</u> <u>de</u> <u>moi</u>	
		tes <u>jugements</u>	
		tes témoignages	
		tes commandements	
XVII	129–131	*tes témoignages*	ma <u>gorge</u>
		tes <u>paroles</u>	<u>discerner</u>
		tes commandements	
	132–136		<u>aie</u> <u>pitié</u> <u>de</u> <u>moi</u>
		<u>jugement</u>	
		tes préceptes	*apprends-moi*
		tes lois	
		ton <u>Enseignement</u>	

Les volets extrêmes se répondent en parallèle et selon une inversion. Le volet central 28 de IV appelle le premier volet de XVII.

Nous lisons la même demande *Apprends-moi tes lois* en 26 et 135. Une autre demande est commune à nos deux strophes *Aie pitié de moi* en 29 et 132, pitié escomptée par le canal de l'Enseignement en 29, du jugement en 132. La *gorge* du fidèle est éprouvée selon 25 et 28, mais en 129 elle en est à observer les témoignages.

En III et XVIII nous repérons les indices suivants:

III	17–19	ton serviteur… *je vivrai*	
		ta parole	
		ton Enseignement	
		tes <u>commandements</u>	
	20	tes jugements↑	
	21–24		le dédain
		tes <u>commandements</u>	
		tes <u>témoignages</u>	mes <u>délices</u>
		ils ont parlé	ton serviteur
XVIII	137–138	tes jugements	
		tu as *<u>commandé</u>*	
		tes témoignages	
	139–141	tes paroles↓↑ / ton serviteur↓↑ / dédaigné↓	
	142–144	*ton Enseignement*	
		tes <u>commandements</u>	mes <u>délices</u>
		tes <u>témoignages</u>	*je vivrai*

Les volets extrêmes se répondent selon un parallèle et selon une inversion. Le volet central 139–141 de XVIII fait référence aux deux volets extrêmes de III, mais le volet central 20 de III n'appelle que le premier volet de XVIII.

Ce *serviteur* est fondé à demander l'action favorable de YHWH (17), qui a aimé intensément le dire divin (140). Il est d'ailleurs sûr de l'exaucement de ses prières et de pouvoir *vivre* (17 et 144). Certes il est pour l'heure *dédaigné* (141), mais il sait à qui demander l'éloignement de ce *dédain* (22). Les témoignages de YHWH restent ses *délices* (24), ainsi que ses commandements (143).

En II et XIX nous relevons les indices suivants:

II	9–11		<u>garder</u>
		ta parole	<u>de</u> <u>tout</u> mon <u>cœur</u>
		tes commandements... mon <u>cœur</u>	
		ton dire	
	12a		YHWH↓↑
	12b–16	*tes lois*	
		tes <u>jugements</u>	
		<u>tes</u> témoignages	
		tes lois	
		ta parole	
XIX	145–146		<u>de</u> <u>tout</u> <u>cœur</u>... YHWH
		tes lois	je <u>garde</u>
		tes témoignages	
	147–148	tes paroles↓↑	garde↑
		ton dire↑	
	149–152		YHWH
		ton <u>jugement</u>	YHWH
		tes commandements	
		tes <u>témoignages</u>	

Les volets extrêmes se répondent en parallèle et selon une inversion. Les volets centraux appellent chacun les volets extrêmes de l'autre strophe.

Comment mieux se *garder* selon la parole (9) qu'en *gardant* les témoignages (146) et en s'appliquant au dire dès avant les heures de *garde* de la nuit (148), en mettant *tout son cœur* à chercher YHWH (10) et à l'appeler (145)?

Aux extrêmes de cette symétrie concentrique nous lisons **I et XX**. Entre ces deux strophes les indices de correspondance sont les suivants:

I	1–4	<u>Enseignement</u>	*YHWH*
		ses témoignages	ils <u>recherchent</u>
		tes préceptes	garder

	5–8		<u>garder</u>
		tes lois	<u>regarder</u>*
		les <u>jugements</u>	<u>de ta justice</u>
		tes lois	je <u>garde</u>

| XX | 153–155 | ton <u>Enseignement</u> | |
| | | *tes lois* | pas <u>recherchées</u> |

| | 156–157a | | YHWH↑ |
| | | tes jugements↓ | |

	157b–160	*tes témoignages*... <u>j'ai</u> <u>vu</u>*... pas *gardé*	
			<u>vois</u>*
		tes préceptes	*YHWH*
		<u>jugement</u>	<u>de ta justice</u>

Nous faisons jouer ici la paire stéréotypée *voir/regarder*[173]. Les volets extrêmes se répondent selon un parallèle et une inversion. Le volet central 156–157a de XX se réfère aux volets extrêmes de I.

De 2 à 155 on saisira sans peine l'opposition entre ceux qui *recherchent* YHWH et les méchants qui *ne recherchent pas* ses lois. Les premiers sont de ceux qui *gardent* et veulent *garder* l'Enseignement (4.5.8), les seconds de ceux qui *n'ont pas gardé* le dire (158). Le psalmiste est sans confusion quand il *regarde* vers les commandements (6), et s'il peut inviter YHWH à *voir* combien il a aimé ses préceptes (159), il a aussi *vu* (et détesté) ceux qui trahissent.

Pour ce qui est du parallèle entre I–X et XI–XX nous connaissons déjà tous les rapports fondant le parallèle entre I–IX et XI–XIX, soit entre I et XI (voir dans l'ensemble I–XI), II et XII (voir dans l'ensemble I–XIII), III et XIII (voir dans l'ensemble I–XV), IV et XIV (voir dans l'ensemble I–XVII), V et XV (voir dans l'ensemble I–XIX), VI et XVI (*ibid.*), VII et XVII (*ibid.*), VIII et XVIII (*ibid.*), IX et XIX (*ibid.*). Il ne nous reste à examiner que le rapport **entre X et XX**. Les indices en sont les suivants:

173 Voir n.125.

X	73–77a	car... *ta parole*... *YHWH*... <u>car</u>... *justice*	
		tes jugements	*fidélité*... <u>humilié</u>
			loyauté
		<u>ton</u> <u>dire</u>	<u>je</u> <u>vivrai</u>

	77b	car↑ ton Enseignement↑	

	78–80		*car*
		<u>tes</u> <u>préceptes</u>	
		<u>tes</u> <u>témoignages</u>	
		tes lois	

XX	153–155		<u>humiliation</u>
		car ton Enseignement	
		<u>ton</u> <u>dire</u>	<u>fais-moi</u> <u>vivre</u>
		car tes lois	

	156–157a		YHWH↑
		tes jugements↑	fais-moi vivre↑

	157b–160	<u>tes</u> <u>témoignages</u>	
		ton dire	
		<u>tes</u> <u>préceptes</u>	*YHWH*... *loyauté*
			fais-moi vivre
		ta parole	*fidélité*
		jugement	*de ta justice*

Les volets extrêmes se répondent selon un parallèle et une inversion. De plus les deux premiers volets se répondent d'ici à là selon une inversion.

On relèvera ici le lien marqué entre *jugement(s)* et *justice* en 75 et 160. Dans son *humiliation* le psalmiste prie YHWH (153) et fait l'expérience de sa *fidélité* (75), cette *fidélité* dont le principe est la parole (160). C'est de la *loyauté* divine qu'il attend la consolation (76) et la vie (159), cette *vie* dont il semble assuré en 77, et qu'il demande en 154 et 159. Quand YHWH est ainsi nommé dans ces deux strophes, c'est toujours au vocatif.

Ainsi les vingt premières strophes de notre psaume respectent entre elles à la fois un chiasme et un parallèle, ce qui schématiquement peut être présenté comme ceci:

4	3	4	4	5	1	6	1	5	8
I	II	III	IV	V	VI	VII	VIII	IX	X

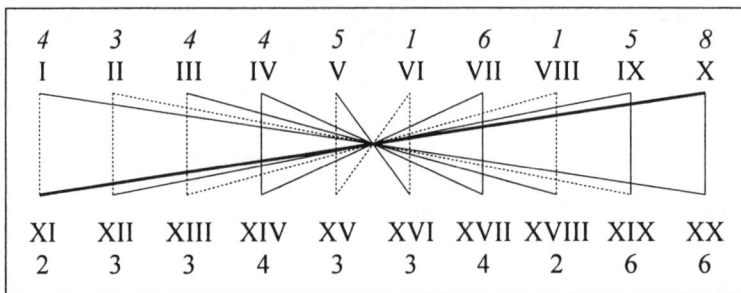

XI	XII	XIII	XIV	XV	XVI	XVII	XVIII	XIX	XX
2	3	3	4	3	3	4	2	6	6

Il est deux rapports bien faibles dans le chiasme (une récurrence de VI à XV et de VIII à XIII), mais on notera le riche rapport (huit récurrences) entre les deux strophes contiguës de X et XI. Le parallèle peut se défendre.

Ensemble I–XXI

Qu'en est-il de **l'ensemble I–XXI**? Il est concentrique autour de XI et les deux ensemble I–X et XII–XXI se correspondent selon un parallèle. Examinons tout d'abord la symétrie concentrique en commençant par les strophes contiguës au centre, soit **X et XII**. Les indices de leurs rapports sont les suivants:

X	73–77a		*discerner*
		tes commandements	*voient... car*
		ta <u>parole</u> *j'ai compté*...*	<u>YHWH</u>*... car*
		tes <u>jugements</u>	ta <u>fidélité</u>*... humilié*
			ton serviteur*... je vivrai*
	77b	<u>*car*</u>↓ ton Enseignement↓	
	78–80		car... <u>MOI</u>
		tes <u>préceptes</u>	
		tes <u>témoignages</u>	
XII	89–91a		<u>YHWH</u>
		ta <u>parole</u>	ta <u>fidélité</u>
		tes <u>jugements</u>	
	91b	[<u>*car*</u> ↓↑]*...* tes serviteurs↑	
	92–96	ton Enseignement	*humiliation*
		tes <u>préceptes</u>*...* <u>*car*</u>*...*	*tu m'as fait vivre...* <u>MOI</u>
		<u>*car*</u> tes <u>préceptes</u>	*espéré**
		tes <u>témoignages</u>	*je discerne... j'ai vu*
		ton commandement	

L'agencement est ici très régulier, le premier volet de X appelant chacun des trois volets de XII, tandis que le dernier volet de XII se réfère à chacun des trois volets de X. La récurrence de *car* en 91b par rapport à 77b et 78a n'y contredit pas, ce qu'il introduit ici et là étant par trop disparate (d'où les crochets dont nous l'entourons).

Une fois encore le *serviteur* en un sens particulier (76) se compte parmi l'ensemble des êtres *serviteurs* de YHWH (91). A propos de *discerner*, comme plus d'une fois pour ce terme et pour d'autres, nous avons d'un côté une prière pour que cela se fasse (73) et de l'autre l'affirmation qu'il en est bien ainsi (95). Pour ce qui est de *voir* de 74 à 96, il en va autrement. Ici les sujets ne sont pas les mêmes. Le fidèle souhaite (en 74) que les craignants en le *voyant* se réjouissent; puis lui-même rend compte de ce qu'il *a vu* au long de son parcours. Lui *a compté* sur la parole (74), les méchants *ont espéré* le faire périr. S'il a été *humilié* au risque d'y périr (92), ce n'est pas par manque de *fidélité* de Dieu (75), cette *fidélité* qui tient de génération en génération (90).

Venons-en à **IX et XIII**. Les indices sont les suivants:

IX	65–67	ta parole	<u>car</u>
		tes <u>commandements</u>	
		ton dire	j'ai gardé
	68–70	apprends-moi↑… mensonge↓	
		tes préceptes↓↑	
		ton *Enseignement*↑	
	71–72	*car… j'apprenne*	
		Enseignement… de ta <u>bouche</u>… *plus que*	
XIII	97–100	ton *Enseignement*	*plus que*
		ton <u>commandement</u>	<u>car</u>… *plus que*
		appris… <u>car</u>… *plus que*	
		<u>car</u> tes préceptes	
	101–102		je garde↑
		ta parole↑	car↓↑
		tu m'as *enseigné*↓	
	103–104	*tes dires*	<u>plus que</u>… ma <u>bouche</u>
		tes préceptes	mensonge

Ici tous les rapports possibles jouent, soit parallèle et chiasme entre les six volets, comme entre les deux premiers ici et là et entre les deux derniers ici et là. Chaque volet se trouve en rapport avec chacun des trois de l'autre strophe.

Le psalmiste à la fois affirme avoir *gardé* le dire (67) et demande à pouvoir *garder* la parole (101). Si YHWH exauce sa prière de lui *appren-*

dre les lois (68) et si l'humiliation elle aussi y contribue (71), il en saura plus que ceux qui sont chargés de lui *apprendre* (99). Les orgueilleux ont combiné *le mensonge* (69), mais lui hait toute route de *mensonge*. *Plus que* des milliers d'or et d'argent vaut pour le fidèle l'Enseignement de la *bouche* de YHWH. Le commandement de YHWH le rend sage *plus que* ses ennemis (98), l'a fait réfléchir *plus que* ses maîtres (99), discerner *plus que* les vieux (100), et les dires de YHWH sont doux *plus que* le miel pour sa *bouche*.

Voici quels sont les indices **entre VIII et XIV**:

VIII	57–58		YHWH… garder
		<u>tes paroles</u>	*cœur*
	59–61a		mes chemins*↑
		tes témoignages↓	garder↑… méchants↓
	61b–64	<u>ton Enseignement</u>…	<u>pas oublié</u>… *je me lève*
		jugements	*de ta justice… gardant*
		<u>tes préceptes</u>	*YHWH*
		<u>tes lois</u>	
XIV	105–108	<u>ta parole</u>	mon sentier*… *je (re)lève*
			<u>*garder*</u>
		jugements	*de ta justice…* <u>*YHWH*</u>
		ta parole	<u>*YHWH*</u>
		tes *jugements*	
	109–112	<u>ton Enseignement</u>	<u>pas oublié</u>… méchants
		<u>tes préceptes</u>	
		<u>tes témoignages</u>	*cœur* (*bis*)
		<u>tes lois</u>	

Les volets extrêmes se répondent en parallèle et selon une inversion. Le volet central 59–61a de VIII appelle les deux volets de XIV.

Encore et encore ce souci de *garder* les paroles (57), les commandements (60), les jugements (106), faisant partie de la sorte de ceux qui *gardent* les préceptes (63). Les *méchants*, eux, ont ligoté le fidèle (61), disposé une trappe pour lui (110), mais cela ne l'empêche pas de *se lever* au milieu de la nuit pour rendre grâce (62) et de *relever* le défi de garder les jugements. C'est qu'il *n'a pas oublié l'Enseignement* (61b = 109b). Lui cherche de tout *cœur* à apaiser la face de YHWH (58) et tend son *cœur* à tout faire selon ses lois (112). Devant les *jugements de la justice* de YHWH le psalmiste a deux attitudes qui se répondent, soit rendre grâce (62) et jurer de les garder (106). Il ne saurait mieux penser à ses *chemins* (59) qu'en réalisant quelle lumière sur son *sentier* est la parole.

Connaissant déjà les rapports entre VII et XV (voir dans l'ensemble I–XV) et entre VI et XVI (voir dans l'ensemble I–XIX), nous pouvons maintenant passer aux rapports **entre V et XVII**. En voici les indices:

V	33–36	*Enseigne-moi*	
		tes lois… j'observerai… discerner… j'observerai	
		ton Enseignement	*je garderai*
		tes commandements	car
		tes témoignages	
	37–40		mes yeux… ton serviteur
		ton dire	car
		tes jugements	mon *désir*
XVII	129–131	tes témoignages	observés…discerner
		car tes commandements	*désirés*
	132–136	jugement	
		ton dire	*je garderai*…ton serviteur
		tes lois	mes yeux… pas *gardé*
		ton Enseignement	

Ici sont superposés les agencements en parallèle et chiasme entre les quatre volets.

Observer, c'est à la fois chose faite (129) et chose promise (33–34). Le fidèle s'engage aussi à *garder l'Enseignement* (34), tout à l'opposé de ceux qui *n'ont pas gardé l'Enseignement* (136). A cette fin il demande le *discernement* (34), celui que procure les paroles divines (130). Dans les deux demandes de 38 et 135 il n'omet pas de se présenter comme *serviteur*. A ses *yeux* il demande que soit épargnée la vanité (37), mais des larmes abondantes leur viennent du fait des infidèles (136). Son *désir* va vers les préceptes (40) et les commandements (131).

En **IV et XVIII** nous rencontrons les indices suivants:

IV	25–27		*fais-moi vivre*	
		ta parole		
		tes préceptes	*discerner*	
	28	ta parole		
	29–32	ton Enseignement	*fidélité*	
		tes jugements		
		tes témoignages	YHWH	
		tes commandements	car	
XVIII	137–138		YHWH	
		tes jugements		
		tu as commandé		
		tes témoignages	*fidélité*	
	139–141	car↓... *tes paroles*		
		tes préceptes↑		
	142–144	ton Enseignement	fidélité	
		tes commandements		
		tes témoignages... *discerner... je vivrai*		

Les six volets se répondent selon un chiasme. Le dernier de IV et le dernier de XVIII se répondent nettement. De plus il y a convergence des deux premiers volets de IV dans le volet central de XVIII, le troisième volet de IV ne pouvant y prétendre à partir de la seule récurrence de *car* introduisant d'ici à là à des contenus par trop disparates.

La demande pour *vivre* en 25 est comme déployée en 144 où le fidèle demande à *discerner* pour *vivre*. La demande de *discernement* se lisait déjà en 27. le psalmiste a choisi cette *fidélité* (30) que précisément YHWH a commandé (138) et qui définit son Enseignement (142).

Entre III et XIX les indices sont les suivants:

III	17–19	*je vivrai...* je garderai
		ta parole mes yeux
		ton Enseignement
		tes commandements
	20	tes jugements↓ tout↑
	21–24	tes commandements
		tes témoignages *observés*
		ils ont parlé médite
		tes lois
		tes témoignages
XIX	145–146	tout
		tes lois *j'observe...* je garde
		tes témoignages
	147–148	tes paroles↓↑... mes yeux↑
		garde↑... méditer↓
	149–152	ton jugement... *fais-moi vivre*
		ton Enseignement
		tes commandements
		tes témoignages

Les volets extrêmes se répondent en parallèle et selon une inversion. Le volet central 20 de III appelle les volets extrêmes de XIX, l'adjectif *tout* pouvant, étant donné ses contextes, servir d'indice de 20 à 145 (en tout temps... de tout cœur). Et de même le volet central 147–148 de XIX se réfère aux volets extrêmes de III.

Le fidèle sait que suite à l'action bienfaisante de Dieu il *vivra* (17) et *gardera* sa parole. Mais ce qu'il demande à YHWH, c'est de le faire *vivre* selon son jugement (149). A cette fin il *garde* les *témoignages* (146) et son zèle pour le dire divin le fait lever avant les heures de *garde* du matin (148). Ces *témoignages*, il les a *observés* comme il *observe* les lois (145). Il demande à YHWH de lui dessiller *les yeux* pour pouvoir regarder les merveilles de son Enseignement (18), et le voilà qui avant le matin ouvre *les yeux* pour méditer sur son dire (148).

En **II et XX** nous repérons les indices suivants:

II	9–11			*garder*
		ta parole		j'ai <u>recherché</u>
		<u>ton</u> <u>dire</u>		
	12a			*YHWH*↓
	12b–16	*tes lois*		
		<u>jugements</u>		
		tes <u>témoignages</u>		
		tes <u>préceptes</u>		
		tes lois		*je n'oublie pas*
		ta <u>parole</u>		
XX	153–155			*je n'ai pas oublié*
		<u>ton</u> <u>dire</u>		
		tes lois		<u>pas</u> <u>recherchées</u>
	156–157a			*YHWH*
		tes jugements↓		
	157b	tes <u>témoignages</u>		
		ton dire		*pas gardé*
		tes <u>préceptes</u>		YHWH
		ta parole		
		<u>jugement</u>		

Ces six volets se répondent en parallèle et en chiasme. De plus les deux derniers volets d'ici à là se répondent aussi non seulement en parallèle, mais aussi en chiasme.

Purifier sa route, cela n'est possible qu'en se *gardant* selon *la parole* de YHWH (9), et en détestant ceux qui n'ont *pas gardé* son dire (158). De même le fidèle a *recherché* YHWH de tout son cœur (10), à l'opposé de ceux qui n'ont *pas recherché* ses lois (155). Lui *n'oublie pas la parole* et *n'a pas oublié* l'Enseignement (153).

Et nous voilà parvenus aux extrêmes de notre symétrie concentrique avec **I et XXI**, où les indices se répartissent comme suit:

I	1–4		*chemin*
		Enseignement	de YHWH
		ses *témoignages*... <u>cœur</u>... *œuvré**... ses *chemins*	
		tu as *commandé*	
		tes préceptes	*garder tout à fait*

	5–8		<u>mes</u> chemins... garder
		<u>tes</u> <u>commandements</u>... je te rendrai grâce⁺... *cœur*	
		jugements de ta justice... je <u>garde</u>... <u>tout</u> <u>à</u> <u>fait</u>	

XXI	161–162		<u>*cœur*</u>

	163–165	ton Enseignement↑	je t'ai loué⁺↓
		jugements	de ta justice↓
		ton Enseignement↑	

	166–168		YHWH
		tes *commandements*	*j'ai fait**... *gardé*
		tes *témoignages*	<u>*tout*</u> <u>*à*</u> <u>*fait*</u>... j'ai *gardé*
		tes *préceptes*	
		tes *témoignages*	<u>mes</u> *chemins*

Nous faisons jouer ici les paires stéréotypées *œuvrer/faire*[174] et *louer/rendre grâce*[175]. Les volets extrêmes se répondent en parallèle et selon une inversion. Le volet central 163–165 de XXI se réfère aux deux volets extrêmes de I.

Appartenant à ceux qui n'ont pas *œuvré* à l'injustice (3) le fidèle *fait* tout en conformité aux commandements (166). YHWH a commandé les *préceptes* pour qu'on veuille les *garder tout à fait* (4), et notre fidèle peut prétendre qu'il *garde* les lois (8), qu'il a *gardé* ces mêmes *préceptes* (168), et *gardé* les témoignages en les aimant *tout à fait* (167). Gardant les lois il est fondé à demander à YHWH de ne pas l'abandonner *tout à fait* (8). Il pourra alors *rendre grâce* à YHWH de tout cœur (7), le *louer* sept fois le jour (164), ceci comme cela en raison des *jugements de sa justice*. Celui

---

174 Voir n.130.
175 *hll/ydh* selon Avishur pp. 146.283.328.

qui cherche à ce que soient stabilisés *ses chemins* (5), et même à être parfait quant au *chemin* (1) avec ceux qui vont par les *chemins* de YHWH (3), met humblement *ses chemins* devant YHWH (168).

Ainsi donc les strophes I–XXI sont ordonnées concentriquement autour de XI. Mais par ailleurs I–X et XI–XXI sont agencées entre elles en parallèle. Nous connaissons déjà les rapports entre I et XII (voir dans l'ensemble I–XII), II et XIII (voir dans l'ensemble I–XIV), III et XIV (voir dans l'ensemble I–XVI), IV et XV (voir dans l'ensemble I–XVIII), V et XVI (voir dans l'ensemble I–XX). Poursuivons avec d'abord **VI et XVII**, où on repère les indices suivants:

VI	41–42		*[YHWH]... salut**
		ton dire	
		une parole	car
		ta parole	
	43–44		*ma bouche*
		parole	car
		ton jugement	je garderai
		ton Enseignement	
	45	car *tes préceptes*	
	46–48	j'ai *parlé*	
		tes témoignages	
		tes commandements	j'ai aimés
		tes commandements	j'ai aimés
		tes lois	
XVII	129–131	*tes témoignages*	
		tes *paroles*...illumine*... *ma bouche*	
		car *tes commandements*	
	132–136	jugement	aimant *[ton nom]*
		ton dire	je garderai
		tes préceptes	*illumine**
		tes lois	pas gardé
		ton Enseignement	

Nous utilisons ici la paire stéréotypée *salut (sauver) / lumière (illuminer)*[176] et voyons aussi se correspondre *YHWH* et la mention du *nom* (divin). En se laissant guider par les indices soulignés le lecteur peut constater que les deux volets de XVII sont parallèle tant aux deux premiers qu'aux deux derniers de VI. Par ailleurs, comme l'indiquent les indices portés en *italiques*, les deux volets de XVII répondent en ordre inversé tant aux deux premiers qu'aux deux derniers volets de VI, ce qui peut se schématiser comme ceci:

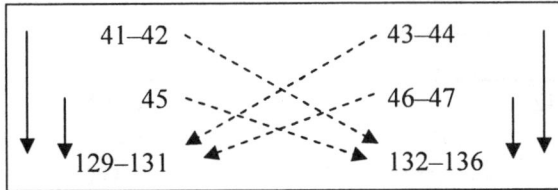

On pourrait dire également que 41–42 + 45 tout comme 43–44 + 45–46 convergent tant en 129–132 qu'en 132–136. Signalons que nous avons ici le huitième des dix rapports entre strophes où jouent comme récurrents les *huit* termes désignant la loi. Par ailleurs en 41 et 135 le fidèle appelle le *salut* ou la *lumière*. Il voudrait retenir en *sa bouche* la parole de fidélité (43); il l'a ouverte toute grande dans son désir des commandements (131). Oui, il *gardera* l'Enseignement continuellement (44) et les préceptes (134). Il *a aimé* les commandements (46 et 48) et peut en retour implorer la pitié de YHWH en faveur de ceux qui *aiment* son nom (132).

---

176 *'wr/yš^c* selon Avishur p.105.

Entre VII et XVIII nous repérons les indices suivants:

VII	49–51	ta parole ton dire *ton Enseignement*	ton serviteur… car *m'a fait vivre*… <u>tout</u> <u>à</u> <u>fait</u>
	52	tes jugements↑… depuis toujours↓↑… YHWH↑	
	53–56	<u>ton</u> <u>Enseignement</u> <u>ton</u> <u>Enseignement</u> car tes préceptes	*YHWH*
XVIII	137–138		*YHWH* <u>tout</u> <u>à</u> <u>fait</u>
		tes jugements	
	139–141	car↓↑… tes paroles↑ ton dire↑ tes préceptes↓	tout à fait↑… ton serviteur↑
	142–144		pour toujours
		ton <u>*Enseignement*</u>…	pour toujours… *je vivrai*

Les volets extrêmes se répondent en parallèle et selon une inversion. Le volet central 52 de VII appelle les volets extrêmes de XVIII, le volet central 139–141 de XVIII se réfère aux volets extrêmes de VII.

En 49 et 140 le *serviteur* se trouve en relation respectivement avec la parole ou le dire de YHWH, parole sur laquelle il compte, dire qu'il a aimé. Ce dire *l'a fait vivre* selon 50, et pour peu qu'il s'applique à discerner, il est sûr aussi qu'il *vivra* (144). Raillé *tout à fait* par les orgueilleux (51), il sait aussi que le dire de YHWH est passé au creuset *tout à fait* et que YHWH a commandé la justice de ses témoignages et la fidélité *tout à fait* (138). *Depuis toujours* il s'est souvenu pour sa part des jugements (52), et par ailleurs la justice de YHWH est *pour toujours* (142), et celle de ses témoignages également (144).

En **VIII et XIX** les indices se trouvent répartis comme ceci:

VIII	57–58		*YHWH*… garder
		tes paroles	de tout cœur
		ton dire	
	59–61a	tes témoignages↓↑	*garder*↓↑
		tes commandements↑	
	61b–64	ton Enseignement	
		jugements… *gardant*… ta loyauté… *YHWH*	
		tes lois	
XIX	145–146		de tout cœur… *YHWH*
		tes lois	je *garde*
		tes témoignages	
	147–148	tes paroles↑	*garde*↓↑
		ton dire↑	
	149–152		ta loyauté… *YHWH*
		ton jugement	
		ton Enseignement	*YHWH*
		tes commandements	
		tes témoignages	

Les six volets se répondent en parallèle et en chiasme. Les volets centraux se réfèrent aux deux volets extrêmes de l'autre strophe.

Garder les paroles (57) ou les commandements (60), les témoignages (146), c'est la grande affaire pour notre psalmiste. Il va jusqu'à précéder les heures de *garde* de la nuit pour méditer sur le dire divin (148). Ainsi peut-il prétendre appartenir à ceux qui *gardent* les préceptes (63). Quant à la *loyauté* divine, elle remplit la terre (64), et le psalmiste la connaît assez pour y recourir dans sa prière (149). Il appelle YHWH *de tout cœur* (145) et *de tout cœur* a apaisé sa face (58). Il est remarquable enfin que les cinq occurrences de *YHWH* que contiennent nos deux strophes sont toutes des interpellations (vocatifs).

Nous avons maintenant à étudier les rapports **entre IX et XX**. Ils reposent sur les indices suivants:

IX	65–67		*YHWH… fidèle*
		ton dire	j'ai *gardé*

	68–70	tes lois↑
		tes préceptes↓
		ton Enseignement↑

	71–72	*car… tes lois*
		Enseignement

XX	153–155	ton *Enseignement*
		ton dire
		car tes lois

	156–157a		YHWH↑

	157b–160	*ton dire*	pas *gardé*
		tes préceptes… *YHWH… fidélité*	

Les volets extrêmes se répondent selon une inversion. Le volet central 68–70 de IX appelle les deux volets extrêmes de XX. Ici et là la volet initial se réfère aux trois volets de l'autre strophe.

De 67 à 158 s'opposent celui qui a *gardé* le *dire* divin et ceux qui ne l'ont *pas gardé*. Etre avec le psalmiste *fidèle* aux commandements (66), c'est se trouver en accord avec cette parole dont la tête est *fidélité* (160). Ici encore les trois mentions de *YHWH* se lisent dans des interpellations.

Notre parallèle entre I–X et XII–XXI s'achève avec **X et XXI**. Les indices de leurs rapports sont les suivants:

X	73–77a	*tes commandements* *car*
		ta <u>parole</u>…*YHWH*… *car*… justice
		tes jugements
	77b	car↓ *ton Enseignement*
	78–80	<u>car</u>… *MOI*
		tes <u>préceptes</u>
		tes <u>témoignages</u>… *mon cœur*
XXI	161–162	<u>tes paroles</u> *mon cœur*… *MOI*
	163–165	*ton Enseignement*
		jugements de ta justice↑
		ton Enseignement
	166–168	YHWH
		tes commandements
		tes <u>témoignages</u>
		tes <u>préceptes</u>
		tes <u>témoignages</u> *car*

Les six volets se répondent en parallèle et en chiasme. De plus le centre 163–165 de XXI se réfère au premier volet de X. Etant donné ce qu'il introduit ici et là on ne peut voir dans la récurrence de *car* de 77b à 168b l'indice d'un rapport.

Ici se trouvent mis en valeur les deux partenaires, soit *YHWH* interpellé par son nom en 75 et en 166, et le fidèle, soit ce *MOI* qui médite sur les préceptes selon 78 ou qui déborde d'allégresse à cause du dire divin selon 162, *son cœur* craignant les paroles (161), mais désirant la perfection(80). On aura noté aussi le rapport souligné entre *justice* et *jugements* en 75 et en 164.

Ainsi les strophes I–XXI sont ordonnées entre elles concentriquement autour de XI, mais il existe aussi un parallèle entre I–X et XII–XXI, ce qui peut se représenter schématiquement comme suit :

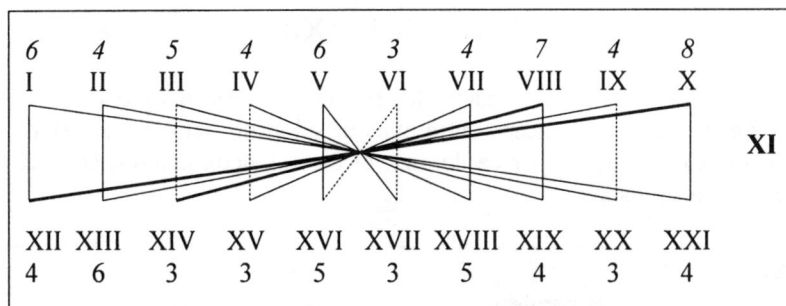

La symétrie concentrique autour de XI est bien indiquée. On notera en particulier autour du centre le rapport étroit (huit récurrences) entre X et XII. Le parallèle entre I–X et XII et XXI est moins manifeste, et cependant très repérable.

Ensemble I–XXII

Nous voilà parvenus à **l'ensemble des vingt-deux strophes** de notre psaume. Elles sont agencées entre elles et selon un parallèle et selon un chiasme. Commençons par ce dernier, et par ses deux centres, soit **XI et XII**[177]. Nous y lisons:

XI	81–83	ta parole	*achevée… salut* *achevés… car* *je n'ai pas oubliées*
	84–85	jugement↑ ton Enseignement↓	jours↑ de *ton serviteur* pour moi (*ly*) ↓
	86–88	tous tes commandements… tes préceptes témoignage	*fidélité* *achevé… la terre…* MOI fais-moi vivre
XII	89–91a	ta parole tes jugements	*fidélité…la terre* jour
	91b	[car↑ tous↓] *tes serviteurs*	
	92–96	ton Enseignement… *je n'oublierai pas* tes préceptes… *car*… tu m'as fait vivre MOI… *sauve*-moi *car* tes préceptes tes témoignages ton commandement	à moi (*ly*) *achèvement*

Nos six volets sont agencés entre en chiasme et en parallèle. De plus le volet central de XI appelle les deux volets extrêmes de XII, lesquels de ce fait se trouvent finalement en rapport avec chacun des trois volets de XI.

Le terme *achever* semble indiquer les limites extrêmes pour la gorge en 81, pour les yeux en 62, pour la propre vie du fidèle en 87, toutes limites

---

177 Sur leur enchaînement voir *SVT*, pp. 369–370.

dont le fidèle a fait l'expérience (96), les percevant dans sa propre vie. Le motif d'une telle expérience est le *salut* selon 81, ce *salut* que par ailleurs il implore en 94. Lui *n'a pas oublié* les lois (83) et il *n'oubliera pas* les préceptes (93). Il est ce *serviteur* particulier (84) qui se compte parmi ces *serviteurs* que sont pour YHWH tous les êtres (91). Ses *jours* sont bien peu nombreux (84), mais les jugements de YHWH se sont maintenus (depuis longtemps) jusqu'à ce *jour* d'aujourd'hui. Les commandements de YHWH sont *fidélité* (86), cette *fidélité* qui dure de génération en génération (90). La *terre* a failli être le lieu de sa fin (87), cette *terre* même stabilisée par YHWH (90). Il se voit (*MOI*) comme fidèle aux préceptes (87) et appartenant à YHWH (94). Mais s'il a demandé à YHWH de le *faire vivre* (88), il peut aussi constater que YHWH l'a *fait vivre* (93).

En X et XIII nous relevons les indices suivants:

X	73–77a		*discerner*… j'apprendrai	
		tes commandements		*car* (*bis*)
		ton dire		
	77b	*car*↑ *ton Enseignement*↑		
	78–80		*car*… mensonge… *je médite*	
XIII	97–100	ton Enseignement	*ma méditation*	
		ton commandement… *car*… appris… *car*		
		méditation… je discerne… *car*		
	101–102	*car*[↓]↑ *tu m'as enseigné*		
		tes dires↑		
	103–104		je *discerne*… mensonge	

Les six volets se répondent selon un parallèle et selon un chiasme. Le centre 77b de X appelle en outre le premier volet de XIII, et le centre 101–102 de XIII se réfère au premier volet de X (*car* en 102 n'a pas grand rapport avec celui de 78a, si ce n'est une vaque opposition des contenus ainsi introduits).

Fais-moi discerner et j'apprendrai, dit le psalmiste en 73, et de fait on le voit si bien *discerner* en 100 et 104 qu'il peut dire avoir réfléchi plus que ceux qui lui ont *appris*. C'est qu'il *médite* sur les préceptes (78), que sa *méditation* porte sur l'Enseignement (97) et sur les témoignages (99). C'est

YHWH qui l'as *enseigné* (102), et cet *Enseignement* fait ses délices (77)
tant il l'aime (97).

En **IX et XIV** nous repérons les indices suivants:

IX	65–67		YHWH
		<u>ta</u> parole	<u>apprends</u>-<u>moi</u>... *car*
			humilié... j'ai <u>gardé</u>
	68–70		apprends-moi↑
		tes lois↓	de tout cœur↓
		tes préceptes↓	leur cœur↓
		ton Enseignement↓	
	71–72		<u>car</u>... *humilié... j'apprenne*
		tes <u>lois</u>	
		Enseignement	de ta *bouche*
XIV	105–108	<u>ta</u> parole	garder... *humilié*...YHWH
		<u>ta</u> parole...ma *bouche*... YHWH... *apprends-moi*	
	109–112	ton <u>Enseignement</u>	
		tes préceptes...	*car*... mon cœur
		tes <u>lois</u>	

Les volets extrêmes se répondent en parallèle. Le volet central 68–70 de IX
appelle les deux volets extrêmes de XIV. Relevons aussi le rapport entre le
dernier volet de IX et le premier de XIV, *car* en 66b et 111b ne constituant
pas un indice suffisant entre le premier volet ici et là le dernier.

La soif d'*apprendre* du fidèle est mentionnée dans chacun des trois volets de IX et en XIV nous lisons encore une demande adressée à YHWH à
cette fin (108). La dernière mention en IX est plutôt un constat de ce qu'il
est bon d'être *humilié* pour apprendre les lois (71), *humiliation* que nous
retrouvons en 107 où elle suscite une autre demande à YHWH (vivre).
L'Enseignement est dit de la *bouche* de YHWH en 70, et pour cela plus
précieux que des milliers d'or et d'argent, et comme en retour en 108 le
psalmiste prie YHWH de prendre plaisir aux générosités de sa *bouche*.
C'est que son *cœur* est tout aux préceptes, témoignages, lois (69 et
111.112), à l'opposé du *cœur* des orgueilleux (70). Lui a *gardé* le dire de
YHWH (67) et juré de *garder* les jugements de sa justice (106).

Entre VIII et XV nous relevons les indices suivants:

VIII	57–58			YHWH
		tes <u>paroles</u>		*tout*
		ton dire		
	59–61a	tes témoignages↓		
		tes commandements↑	méchants↓	
	61b–64	*ton Enseignement*		
		<u>jugements</u>	tous… <u>craint</u>…	
			YHWH… la <u>terre</u>	
		tes <u>lois</u>		
XV	113–115	*ton Enseignement*		
		<u>ta</u> <u>parole</u>		
		commandements	*mon <u>Dieu</u>*	
	116–117a	ton dire↑		
	117b–120	tes <u>lois</u>		*tous*
		tes <u>lois</u>… *tous*… méchants… la <u>terre</u>		
		tes témoignages		
		tes <u>jugements</u>	j'ai <u>craint</u>	

Nous voyons ici se répondre *YHWH* et *mon Dieu*. Les volets extrêmes se répondent en parallèle, le dernier de VIII appelant également le premier de XV. Etant donné ce qu'il qualifie ici et là l'adjectif *tout* ne suffit pas à fonder un rapport entre le premier volet de VIII et le dernier de XV. Le volet central 59–61a de VIII appelle les deux volets extrêmes de XV, mais le volet central 116–117a de XV ne se réfère qu'au premier volet de VIII.

Les cordes des *méchants* ont ligoté le fidèle selon 61, mais en 119 YHWH a fait cesser tous les *méchants* de la terre. Associé à tous ceux qui *craignent* YHWH (63), le fidèle *craint* à cause des jugements de ce dernier (1120). Si la loyauté de YHWH remplit *la terre* (64), il n'y a aucune chance de subsister pour les méchants de *la terre* (119).

Nous connaissons déjà les rapports entre VII et XVI (voir dans l'ensemble I–XVII) comme entre VI et XVII (voir dans l'ensemble I-XXI).

Venons-en donc maintenant à **V et XVIII** où nous repérons les indices suivants:

V	33–36	*Enseigne*-moi	YHWH... *discerner*	
		ton Enseignement		
		tes <u>commandements</u>		car
		tes <u>témoignages</u>		

37–40		<u>fais</u>-<u>moi</u> <u>vivre</u>... ton serviteur	
	ton dire		
	car *tes jugements*		
	tes préceptes	ta *justice*... <u>fais</u>-<u>moi</u> <u>vivre</u>	

XVIII 137–138		*juste*... YHWH	
	tes jugements		
	tu as <u>commandé</u>	la <u>justice</u> de	
	tes <u>témoignages</u>		

139–141		[car↓↑]
	ton dire↓	ton serviteur↓
	tes préceptes↓	

142–144		ta <u>justice</u>/<u>justice</u>
	ton Enseignement	
	tes commandements	<u>justes</u>
	tes témoignages	*discerner*... <u>je</u> <u>vivrai</u>

Les volets extrêmes se répondent en parallèle et selon une inversion. Le volet central 139–141 de XVIII se réfère au dernier volet de V, si bien que ce dernier volet de V annonce finalement les trois volets de XVIII.

Chacune des ces deux strophes commence par une adresse à YHWH par son nom. Devant lui le fidèle se présente comme *serviteur* (38 et 140). En 34 et 144 nous lisons la même demande de *discernement*, l'effet attendu étant ici la docilité à l'Enseignement, là la *vie*, celle-là que le fidèle demandait directement à YHWH en 37 et 40. Cette dernière demande se fondait sur la *justice*, justice dont la strophe XVIII redit l'importance (137–138, 142, 144).

En IV et XIX nous découvrons les indices que voici:

IV	25–27		*fais-moi vivre*
		ta parole	
		tes <u>lois</u>	je méditerai

	28	ta parole

	29–32	ton <u>Enseignement</u>	<u>fidélité</u>
		tes <u>jugements</u>	
		tes <u>témoignages</u>	*YHWH*
		tes <u>commandements</u>… car… mon *cœur*	

XIX	145–146		*cœur*… *YHWH*
		tes <u>lois</u>	
		tes témoignages	

	147–148	*tes paroles*↑	méditer↑

	149–152	YHWH… *fais-moi vivre*	
		ton <u>jugement</u>	
		ton <u>Enseignement</u>	<u>YHWH</u>
		tes <u>commandements</u>	<u>fidélité</u>
		tes <u>témoignages</u>	

Les six volets se répondent en parallèle et en chiasme. En outre le volet central 147–148 de XIX se réfère au premier volet de IV.

Motivée par une situation de détresse on lit en 25 et 149(–150) la demande *Fais-moi vivre*. Le psalmiste entend bien *méditer* sur les merveilles (27) et le dire divins (148), ayant choisi le chemin de la *fidélité* (30), cette *fidélité* qui marque les commandements (151). YHWH élargira son *cœur* (32), ce *cœur* qui l'appelle instamment (145).

Entre III et XX jouent les indices que voici:

III	17–19		*je vivrai… je garderai*
		ta parole	je *regarderai**
		ton Enseignement	
	20	*tes jugements*↓	
	21–24	*car* tes témoignages	
		ils ont parlé	
		tes lois	
		tes témoignages	
XX	153–155		vois*
		car ton Enseignement	fais-moi vivre
		car tes lois	
	156–157a	*tes jugements*	fais-moi vivre↑
	157b–160	tes témoignages… j'ai *vu**… pas *gardé*	
			*vois**… fais-moi vivre*
		ta parole	
		jugement	

Nous faisons jouer ici la paire stéréotypée *voir/regarder*[178]. Les six volets
sont agencés entre eux en parallèle et en chiasme. Le volet central 156–
157a de XX se réfère aussi au premier volet de III, si bien que ce premier
volet de III appelle les trois de XX. Le volet central 20 de III appelle aussi
le dernier volet de XX, si bien que ce dernier volet de XX se réfère aux
trois de III.

En tête de III (17) la certitude de *vivre* précède la demande qui en est
faite par trois fois en XX (154.156.159). En 18 le psalmiste s'engage à *regarder* les merveilles de l'Enseignement, alors qu'en 158 il *a vu* ceux qui
trahissent (158) mais peut heureusement inviter YHWH à *voir* combien il
aime ses préceptes (159). Il s'engage en 17 à *garder* la parole, mais selon
158 déteste ceux qui *n'ont pas gardé* le dire de YHWH.

---

178 Voir n.125.

Venons-en maintenant à **II et XXI**. Les indices entre eux sont les suivants:

II	9–11		sa *route*[+]... *garder*... <u>mon</u> <u>cœur</u>
		tes commandements	<u>mon</u> <u>cœur</u>
		<u>ton</u> <u>dire</u>	
	12a		*béni**...YHWH↓
	12b–16		<u>chemin</u>[+] de
		tes <u>témoignages</u>	*comme*
		tes <u>préceptes</u>	tes <u>routes</u>[+]
		ta parole	
XXI	161–162	*tes paroles*	<u>mon</u> <u>cœur</u>
		<u>ton</u> <u>dire</u>	*comme*
	163–165		*je t'ai <u>loué</u>**
	166–168		YHWH
		tes commandements...	*gardé*
		tes <u>témoignages</u>...	*j'ai gardé*
		tes <u>préceptes</u>	
		tes <u>témoignages</u>	mes *<u>chemins</u>*[+]

Nous faisons jouer ici les deux paires stéréotypées de *chemin/route*[179] et *louer/bénir*[180]. Nos six volets se répondent en parallèle et en chiasme. De plus le nom divin passe du volet central de II au volet final de XXI.

D'un volet central à l'autre se répondre *bénédiction* et *louange* pour YHWH. Le psalmiste a compris que pour se *garder* (9), il fallait *garder* préceptes et témoignages (167–168). Les comparaisons (*comme*...) de 14 et 162 veulent faire entendre quelle richesse est contenue dans la loi. A ces richesses le *cœur* du fidèle est attaché, et si *son cœur* a peur, ce n'est point de ceux qui le poursuivent, mais des paroles de YHWH (161). On lit en II le désir du psalmiste de purifier sa *route* (9), regardant vers les *routes* de YHWH (15), débordant d'allégresse sur le *chemin* de ses témoignages

---

179 Voir n.113.
180 *hll/brk* selon Avishur pp. 70–71.288.

(14), puis humblement et fièrement à la fois au terme de XXI: *tous mes chemins* sont devant toi.

Qu'en est-il entre les deux strophes extrêmes de notre psaume, soit **I et XXII**? Les indices sont les suivants:

I	1–4			[*bonheurs*]
		ENSEIGNEMENT	**YHWH**...	[*bonheurs*]
			cœur*...	[*recherchent*]
		tu as commandé *TES PRECEPTES*		

	5–8	*TES LOIS*	
		TES COMMANDEMENTS...	je rendrai grâce⁺
			cœur*... *APPRIS*
		jugements	de ta *JUSTICE*
		TES LOIS	

XXII	169–170		**YHWH**

	171–172		louange⁺... tu *M'APPRENDS*
		TES LOIS	
		tous ***TES COMMANDEMENTS***	*JUSTICE*

	173–175a	*TES PRECEPTES*	**YHWH**
		ton *ENSEIGNEMENT*	ma gorge*... loue⁺

	175b–176	tes jugements	[*périssant*]... [*cherche*]
		TES COMMANDEMENTS	

Nous faisons jouer ici les paires stéréotypées *cœur/gorge*[181] et *louer/rendre grâce*[182]. A l'aide des mots mis en caractères gras le lecteur repérera qu'on lit le nom divin dans le premier volet de I et dans les premier et troisième de XXII, puis *TES COMMANDEMENTS* dans le deuxième volet de I et dans les deuxième et quatrième de XXII. En 1–8 (les deux volets de I) et 171–175a (les deux volets centraux de XXII) nous lisons de 1–4 à 173–175a non seulement le nom divin, mais aussi (en petites *CAPITALES* italiques) *ENSEIGNEMENT, PRECEPTES*, et de 5–8 à 171–172 non seulement *TES COM-*

---

181 Voir n.21.
182 Voir n.174.

MANDEMENTS, mais aussi *TES LOIS, JUSTICE, APPRENDRE*. En 7 c'est à YHWH que le fidèle rend grâce d'avoir *appris* les jugements de sa justice, en 171 il reconnaît simplement que c'est YHWH qui lui *apprend* ses lois. On peut donc tenir que ces quatre volets sont ordonnés entre eux selon un chiasme. Mais on y verra aussi un agencement en parallèle avec les compléments que nous allons dire. La paire *cœur/gorge* fonctionne de 5–8 à 173–175a. En 5–8, précisément en 7, le *cœur* est associé à l'*action de grâce*, tandis qu'en (173–)175a la *gorge* est associée à la *louange*. Nous connaissons la paire stéréotypée *louer/rendre grâce*. On lit par ailleurs *tu as commandé* en (1–)4 et *TES COMMANDEMENTS* en 171–172. En parallèle nous lisons donc *commandé + cœur* (adonné à *l'action de grâce*) en 1–8 et *commandements + gorge* (appliquée à *le louange*) en 171–175a. De plus nous lisions déjà *louange* en 171(–172), comme nous lisions déjà *cœur* en 1–4.

Considérons maintenant de nouveau les deux volets de I, mais cette fois dans leurs rapports aux deux volets extrêmes de XXII. Nous avons vu que nous lisions YHWH en 1–4 comme en 169–170 et *tes commandements* en 5–8 comme en 175b–176. Mais de 1–8 à 175b–176 il y a plus. Notons d'abord du deuxième volet de I au dernier de XXII les récurrences de *TES COMMANDEMENTS* (6 et 176c) dans des protestations d'innocence comme le marque ici et là la négation, puis celle de *jugements* (7b et 175b). Mais du deuxième volet de I au dernier de XXII il y a plus. Ici et là nous lisons encore *commandé/commandements*. Mais nous y ajouterons d'autres remarques en élargissant un peu notre enquête. Faisons d'abord appel au contexte du psautier. On connaît l'opposition aux deux extrêmes du Ps 1 entre le *bonheur* du juste et le fait de *périr* pour le méchant. Nous la retrouvons ici de 1–2 (premiers versets du psaume) à 176 (dernier verset), avec cette différence qu'ici c'est le juste lui-même qui a été menacé de périr. Par ailleurs on ne peut guère échapper à la complémentarité entre les recherches des justes en 2b et celle de YHWH en 176, même si les termes indiquant la recherche ne sont que synonymes. On le voit, les rapports entre les strophes extrêmes de notre psaume sont particulièrement riches et en constituent par là même une inclusion.

Il nous reste, concernant l'ensemble, à considérer le parallèle entre I–XI et XII–XXII. Nous connaissons déjà les rapports entre I–X et XII–XXI considérés selon leur parallèle. Il nous reste donc à considérer le rapport **entre XI et XXII**. Les indices sont les suivants:

XI	81–83		*salut**⁺… ma gorge
		ta <u>parole</u>	
		ton <u>dire</u> / à <u>dire</u>	*car… comme*
		tes lois	je n'ai pas oubliées
	84–85		ton serviteur↓
		jugement↓	
		<u>ton</u> Enseignement	
	86–88	tes <u>commandements</u>	*aide*⁺⁼
		tes préceptes	
XXII	169–170	ta <u>parole</u>	
		ton <u>dire</u>	*délivre**⁼
	171–172	car↑… tes lois↑	
		ton dire↑	
		car↑… tes commandements↓	
	173–175a		à mon aide⁺⁼↓↑
		car↑ tes préceptes↓↑	ton salut⁺⁼↓↑
		<u>ton</u> Enseignement	ma gorge↑
	175b–176	tes jugements…	*m'aident*⁺⁼… *comme*
			ton serviteur
		car tes <u>commandements</u>… je n'ai pas oubliés	

Nous faisons jouer ici les paires stéréotypées de *délivrer/aider*[183], *délivrer/sauver*[184], *aider/sauver*[185]. Le lecteur constatera que tant le premier que le dernier volet de XI se trouve en rapport avec chacun des quatre volets de XXII. De plus, entre les deux derniers volets de XI et ceux de XXII, étant donné les rapports déjà relevés ci-dessus de 86–88 avec les deux derniers volets de XXII et ceux de 84–85 avec ces mêmes volets, les rapports sont ordonnés en parallèle et en chiasme. On voit donc qu'entre XI et XXII les rapports sont nombreux.

---

183 *nṣl/ᶜzr* selon Avishur p.236.
184 Voir n.35.
185 Voir n.54.

Le fidèle aspire au *salut* de YHWH (81 et 174) qu'il appelle à l'*aide* (86 et 173.175) et à le *délivrer* (170). Sa *gorge* s'est achevée pour ce salut (81), mais elle voudrait vivre pour louer son auteur (175). Usé (et c'est à son honneur) *comme* un parchemin (liturgique) en fumée (83), le voilà *comme* un mouton périssant (176)! Pourtant il *n'a oublié* ni les lois (83), ni les commandements de YHWH (176) et peut donc se présenter comme *serviteur* (84 et 176).

La structure d'ensemble des vingt-deux strophes peut être schématiquement présentée comme suit:

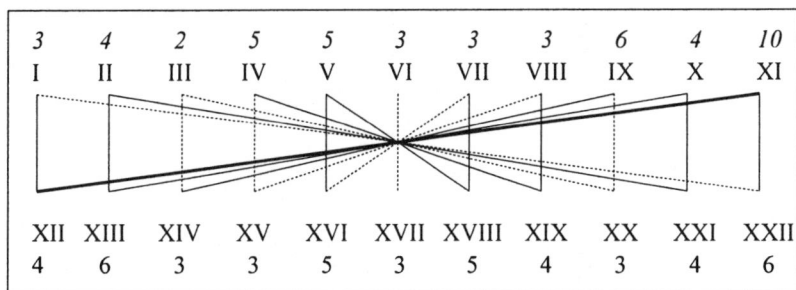

Le parallèle est plus net que le chiasme, mais dans ce dernier on notera le rapport entre les deux centres (du psaume), soit XI et XII (dix récurrences d'ici à là).

- - - - - - - - - - - - - - - - - - -

Dans ce chapitre nous avons constaté qu'à partir de l'ensemble I–IV et jusqu'à l'ensemble I–XXII, les ensembles d'un nombre paire de strophes peuvent tous se lire selon un chiasme et selon un parallèle, tandis qu'entre eux, des ensembles I–V à l'ensemble I–XXI, les ensembles d'un nombre impair de strophes se lisent selon une symétrie concentrique, les deux ensembles de strophes entourant le centre pouvant également se lire selon un parallèle.

3ème partie: Enchaînements et structures aboutissant à XXII en remontant à partir de XXI jusqu'à II

Etant parvenu au terme du psaume nous pouvons découvrir les ensembles structurés aboutissant à la dernière strophe. Nous ne reprendrons pas l'ensemble des vingt-deux strophes, étudié au terme du chapitre précédent. Mais, remontant peu à peu le texte, nous considérerons successivement l'enchaînement des deux dernières strophes, puis l'ensemble des trois dernières, puis des quatre dernières, et ainsi de suite jusqu'à I–XXI.

Enchaînement XXI et XXII

Commençons donc par **l'enchaînement entre XXI et XXII**[186]. Ces strophes se présentent dans leurs rapports à l'aide des indices que voici:

XXI	161–162	<u>tes</u> paroles <u>ton</u> dire		*comme*
	163–165	<u>ton</u> Enseignement jugements↓ <u>ton</u> Enseignement	de ta <u>justice</u>	
	166–168	<u>tes</u> commandements tes préceptes	ton salut, *YHWH* ma gorge <u>car</u> tous	
XXII	169–170	<u>ta</u> parole <u>ton</u> dire	*YHWH*	
	171–172	car↓… ton dire↑ car↓ tous↓ tes commandements↓ <u>justice</u>		
	173–175a	car↓ tes préceptes↓ ton salut↓, YHWH↓ <u>ton</u> Enseignement ma gorge↓		
	175b–176	tes jugements <u>car</u> <u>tes</u> <u>commandements</u>	*comme*	

Les volets extrêmes se répondent parallèlement et selon une inversion. Le volet central 163–165 de XXI appelle chacun des deux volets centraux de XXII. Le premier volet de XXI appelle le premier volet central de XXII, et symétriquement le dernier volet de XXI appelle le deuxième volet central de XXII. Du fait du rapport entre le volet central de XXI et le volet final de XXII, ce dernier se trouve en rapport avec chacun des trois volets de XXI. Reste à mentionner le rapport entre le volet final de XXII et le volet central de XXII, qui fait que le volet final de XXI se trouve finalement en rapport

---

186 Sur leur enchaînement voir *SVT*, p.411.

avec chacun des quatre volets de XXII. On voit enfin que le premier volet central de XXII se réfère à chacun des trois volets de XXI. Donnons ici un schéma récapitulatif:

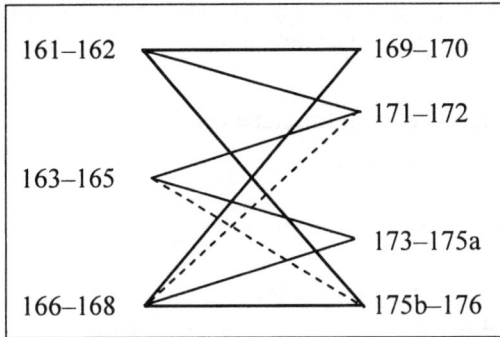

Les deux comparaisons (*comme*) de 162 et 176 sont évidemment de sens opposé. Un même désir du *salut* se lit en 166 et 174. La *gorge* qui a gardé les témoignages (167) escompte bien vivre et louer YHWH (175). La langue du fidèle n'a de cesse de parler de la *justice* de YHWH, soit qu'elle en loue les jugements (164), soit qu'elle réponde à YHWH en soulignant la *justice* de ses commandements (172).

Ensemble XX–XXII

Venons-en maintenant au **petit ensemble des trois dernières strophes**, soit à cette symétrie concentrique élémentaire que constituent XX–XXII, **XX et XXII** se correspondant autour de XXI à partir des indices suivants:

XX	153–155	car ton Enseignement ton dire car tes lois	le _salut_*$^+$
	156–157a	tes jugements↓	YHWH↑
	157b–160	ton dire tes préceptes _ta parole_ jugement	YHWH de ta justice
XXII	169–170	_ta parole_ ton dire	YHWH délivre*
	171–172	car↑... tes lois↑ ton dire↓↑	car↑... justice↓↑
	173–175a	car↑ tes préceptes↓... salut*$^+$↑... YHWH↓ ton Enseignement↑	aide$^+$↑
	175b–176	tes jugements	_aident_$^+$... car

Nous faisons jouer ici les paires stéréotypées _délivrer/sauver_[187] et _aider/sauver_[188]. Il sera plus commode de recourir ici à un schéma pour montrer la répartition régulière des rapports entre nos deux strophes, soit:

---

187 Voir n.35.
188 Voir n.54.

```
┌────────────────────────────────────────────┐
│ 153–155                          169–170     │
│                                              │
│                                  171–172     │
│ 156–157a                                     │
│                                  173–175a    │
│ 157b–160                                     │
│                                  175b–176    │
└────────────────────────────────────────────┘
```

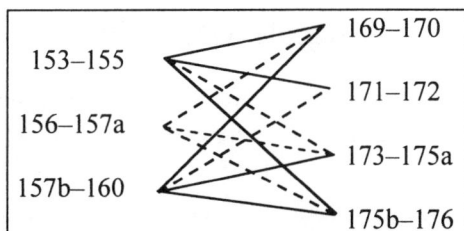

Les volets extrêmes de nos deux strophes s'appellent en parallèle et selon une inversion. On voit par ailleurs que le volet central de XX appelle les volets extrêmes de XXII, tandis que le premier volet de XX appelle le troisième de XXII, et le troisième de XX le deuxième de XXII. Les volet extrêmes de XX appellent pour le premier les deux premiers volets de XXII, pour le dernier les deux derniers volets de XXII. On peut voir que chacun des volets extrêmes de XX appelle chacun des quatre volets de XXII. Enfin, étant donné le rapport entre le volet central de XX (156–157a) et le troisième de XXII (173–175a), on peut voir, compte tenu des autres rapports déjà relevés, que les deux dernières unités de XX et les deux dernières de XXII sont agencées entre elles et en parallèle et en chiasme. Ainsi les deux strophes XX et XXII se rapportent entre elles de telle sorte qu'elles encadrent XXI, les trois respectant une symétrie concentrique simple (ABA').

Le *salut* est éloigné des méchants (155), mais le fidèle le désire (174) et le demande (170.173.175). *Tout* jugement de la *justice* de YHWH est pour toujours selon 160, et *tous* ses commandements sont *justice* selon 172. On notera encore que dans ces deux strophes toutes les occurrences de *YHWH* sont au vocatif, le ton se faisant pressant pour les dernières lignes du psaume.

Ensemble XIX–XXII

Qu'en est-il **en XIX–XXII**? Repérons d'abord le chiasme, et en premier lieu le rapport **entre XX et XXI**[189]. Nous pouvons repérer les indices suivants:

XX	153–155	*car* ton Enseignement	
		<u>ton</u> <u>dire</u>	*salut... car*
	156–157a	*abondantes*↑, YHWH↓	
		abondants↑... poursuivants↑	
	157b–160	<u>tes</u> <u>témoignages</u>	
		ton dire	pas <u>gardé</u>
		<u>tes</u> préceptes	j'ai <u>aimés</u>... <u>YHWH</u>
		ta parole	ta justice
XXI	161–162		poursuivi
		tes paroles	
		<u>ton</u> <u>dire</u>	abondant
	163–165	ton Enseignement↑	j'ai aimé↓
		ta justice↓... *abondante*... aimant↓	
		ton Enseignement↑	
	166–168	*salut*, <u>YHWH</u>... <u>garde</u>	
		<u>tes</u> <u>témoignages</u>... <u>aimant</u>... j'ai <u>gardé</u>	
		<u>tes</u> préceptes	
		<u>tes</u> <u>témoignages</u>	*car*

Les six volets se répondent selon un parallèle et selon un chiasme. De plus chacun des deux volets centraux correspond aux deux volets extrêmes de l'autre strophe, tant et si bien que tous les six volets sont en rapport avec les trois volets de l'autre strophe. On ne peut trame plus serrée.

Le *salut* est éloigné des méchants qui ne recherchent pas les lois (155), mais le fidèle regarde avec confiance vers le *salut*, ayant tout fait selon les commandements (166). Sans doute les adversaires sont-ils *abondants*

---

189 Sur leur enchaînement voir *SVT*, pp. 405–406.

(157), mais on peut en dire autant des affections de YHWH (156) et de la paix advenant à ceux qui aiment l'Enseignement (165). Nombreux sont les *poursuivants* du fidèle (157), des chefs l'ont *poursuivi* sans raison (161), mais la paix reste promise à qui *aime* les préceptes (159), l'Enseignement (163.165), les témoignages (167), à qui *garde* les témoignages et les préceptes (167.168), détestant ceux qui *n'ont pas gardé* le dire divin. Il est pour toujours tout jugement de la *justice* de YHWH (160), et, faisant écho à cette constance, sept fois par jour le fidèle le loue à cause des jugements de sa *justice*.

Les deux autres termes de notre chiasme sont **XIX et XXII**. Voici les indices de leurs rapports:

XIX	145–146		YHWH
		tes lois	*sauve**[+]*-moi*
	147–148	tes paroles↑	
		ton dire↑	
	149–152		*YHWH*
		ton jugement	fais-moi vivre
		ton Enseignement	*YHWH*
		tes commandements	car
XXII	169–170		*YHWH*
		ta parole	
		ton dire	délivre*-moi
	171–172	car↓... tes lois↑	
		ton dire↓↑	
		car↓... tes commandements↓	
	173–175a		à mon aide[+]↑... car↓
			ton salut*[+]↑... YHWH↓↑
		ton Enseignement↓	vive↓
	175b–176	tes jugements...	*m'aident*[+]
		car tes commandements	

Nous faisons jouer ici les paires stéréotypées *délivrer/sauver*[190], *aider/sauver*[191]. Les volets extrêmes se répondent parallèlement et selon une inversion. Les deux volets centraux 171–172 et 173–175a de XXII font référence aux volets extrêmes de XIX. Il se trouve ainsi que le premier volet de XIX appelle les trois premiers de XXII, tandis que le dernier de XIX appelle les trois derniers de XXII. Le volet central 147–148 de XIX appelle les deux premiers volets de XXII, si bien que les deux premiers volets de XIX et les deux premiers de XXII se répondent parallèlement et en chiasme.

La demande de *salut* en 146 en prépare trois autres en 170 (*délivre*), 173 et 175 (*aide*), demandes accompagnant le désir du *salut* mentionné en 174. Si le fidèle demande à *vivre* selon le jugement de YHWH (149), c'est pour que cette *vie* lui permette de le louer (175). On notera que dans ces deux strophes le nom divin sert toujours à interpeller celui qui le porte.

Nos quatre strophes de XIX–XXII se répondent aussi selon un parallèle. Nous connaissons déjà les rapports entre XX et XXII (voir ci-dessus dans l'ensemble XX–XXII). Nous restent à examiner les rapports **entre XIX et XXI**. Leurs rapports s'appuient sur les indices suivants:

---

190 Voir n.35.
191 Voir n.54.

XIX	145–146		cœur… *YHWH… je garde*
		tes témoignages	
	147–148	tes paroles↑	heures de garde↓
		ton dire↑	
	149–152		YHWH
		‚ton jugement	*poursuivant*
		ton Enseignement	YHWH
		tes commandements	
		tes témoignages	car
XXI	161–162		*poursuivi*
		tes paroles	cœur
		ton dire	
	163–165	ton Enseignement↓	
		jugements↓	
		ton Enseignement↓	
	166–168		*YHWH*
		tes commandements	*gardé*
		tes témoignages	*gardé*
		tes témoignages	car

Les volets extrêmes se répondent en parallèle et selon une inversion. Le volet central 147–148 de XIX appelle les deux volets extrêmes de XXI. Mais le volet central 163–165 de XXI ne se réfère qu'au dernier volet de XIX. Le dernier volet ici et là se trouve en rapport avec chacun des trois volets de l'autre strophe.

Les gens *poursuivant* un complot se sont approchés (150), des chefs ont *poursuivi* sans motif le fidèle. Mais lui se présente comme *gardant* les témoignages (146 et 167.168), devançant les heures de *garde* de la nuit pour les méditer (148). Son *cœur* redoute les paroles de YHWH (161), ce qui ne l'empêche de l'impliquer entièrement dans l'appel qu'il lui adresse (145).

La structure de l'ensemble XIX–XXII peut schématiquement être présentée comme suit:

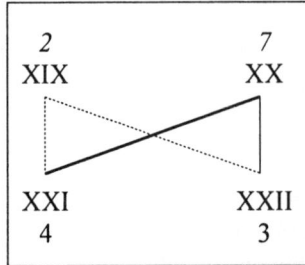

Le parallèle est plus régulier que le chiasme. Dans ce dernier on relève le rapport faible entre XIX et XXII, mais étroit entre XX et XXI, strophes contiguës.

Ensemble XVIII–XXII

Considérons maintenant **les cinq dernières strophes, soit XVIII–XXII**. Concentriquement autour du centre XX nous lisons comme se correspondant XIX et XXI (que nous venons d'étudier dans l'ensemble XIX–XXII ci-dessus), puis **XVIII et XXII** auxquelles nous en venons maintenant. Les indices de leurs rapports sont les suivants:

XVIII 137–138			juste… <u>YHWH</u>
	tes jugements		
	commandé		la justice
139–141	tes paroles↓↑		
	ton dire		ton serviteur↓
	tes préceptes		
142–144			justice (*bis*)
	ton Enseignement		
	<u>tes commandements</u>		mes délices
		justice… *fais-moi discerner*	
XXII 169–170			<u>YHWH</u>
	ta parole	*fais-moi discerner*	
	ton dire		
171–172	ton dire		
	tes commandements↓↑		justice↓↑
173–175a	tes préceptes		YHWH↑
	ton Enseignement↓		mes délices↓
175b–176	*tes jugements*		ton serviteur
	tes commandements		

Les trois volets de XVIII et les quatre de XXII se trouvent en rapport avec chacun des volets de l'autre strophe.

Le psalmiste se présente en 140 et 176 comme le *serviteur*, aimant le dire de YHWH, n'oubliant pas ses *commandements*. Il fait même de ces *commandements* ses *délices* (143), et de même de son Enseignement (174).

En 138 et 172 se trouve souligné le lien entre commandements et justice. Après avoir lu ce que la strophe XVIII nous apprend de la *justice* on n'en mesure que mieux ce que signifie: tous tes commandements sont *justice* en 172.

Pour ce qui est du parallèle entre XVIII + XIX et XXI + XXII, nous connaissons déjà le rapport entre XIX et XXII (voir ci-dessus dans l'ensemble XIX–XXII). Nous reste à étudier celui **entre XVIII et XXI**, dont voici les indices:

XVIII 137–138			juste... *YHWH*
	tes jugements		
	commandé		la justice de
	tes témoignages		
139–141	tes paroles↑		
	ton dire↑		*aimé*↓
142–144			ta justice (*bis*)
	ton Enseignement		
	tes <u>commandements</u>		
	justice <u>tes</u> <u>témoignages</u>		
XXI 161–162	tes paroles		
	ton dire		
163–165	ton Enseignement↓		*aimé*
	jugements↑	de ta justice↓↑...	*aimant*
	ton Enseignement↓		
166–168			*YHWH*
	tes <u>*commandements*</u>		
	<u>*tes*</u> <u>*témoignages*</u>		aimant
	<u>*tes*</u> <u>*témoignages*</u>		

Chacun des volets centraux se trouve en rapport avec les trois volets de l'autre strophe. Il y a aussi rapport entre les derniers volets 142–144 et 166–168. On notera enfin le rapport entre le premier volet de XVIII et le dernier de XXI, tant et si bien qu'il y a parallèle et chiasme entre les deux premiers volets de XVIII et les deux derniers de XXI.

Ici, en dehors du vocabulaire de la loi, le terme récurrent d'une strophe
à l'autre est *aimer*: le serviteur *a aimé* le dire divin selon 140, l'Enseignement selon 163 et 165, les témoignages selon 167. On notera aussi comment *la justice* de YHWH (137 et 142) se trouve en rapport avec le commandement de 138, les témoignages de 144, puis les jugements de 164. On
lit *aimer* une fois en XVIII et trois en XXI, *justice* quatre fois en XVIII et
une en XXI. Ainsi ces deux termes et ces deux thèmes font-ils le pont entre
nos deux strophes. On notera en particulier combien la strophe XVIII nous
prépare à comprendre en 164 le motif de la louange, soit les jugements de
la *justice* divine.

La structure de l'ensemble XVIII–XXII peut être schématisée comme
suit:

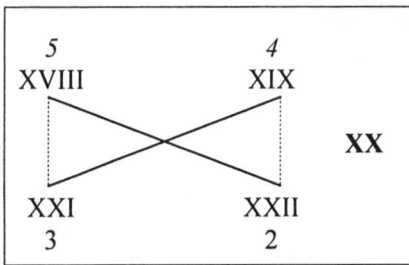

La symétrie concentrique est plus nette que le parallèle.

Ensemble XVII–XXII

Nous en venons maintenant à **l'ensemble de six strophes XVII–XXII**. Au centre du chiasme qui en commande l'agencement nous lisons les strophes **XIX et XX**[192]. Nous y relevons les indices suivants:

XIX	145–146a			*tout... YHWH*
		tes <u>lois</u>		<u>sauve</u>-*moi*
	146b–148			garde↓
		tes témoignages↓		
		tes paroles↓		garde↓
		ton dire↓↑		
	149–152		ta <u>loyauté</u>... YHWH	
		ton <u>jugement</u>	*fais-moi vivre*... poursuivant	
		ton Enseignement...	YHWH... tous... fidélité	
		tes <u>témoignages</u>	*car* pour toujours	
XX	153–155	*car ton Enseignement*		
		ton dire	*fais-moi vivre*... <u>salut</u>	
		car tes <u>lois</u>		
	156–157a		YHWH↓↑	
		tes jugements↓... fais-moi vivre↓... poursuivants↓		
	157b–160	tes <u>témoignages</u>		
		ton dire	pas gardé... *YHWH*	
			ta <u>loyauté</u>...*fais-moi* vivre	
		ta parole	<u>fidélité</u>... pour <u>toujours</u>	
		tout jugement		

Ces six volets se répondent en parallèle et en chiasme. De plus chaque volet central est en rapport avec les volets extrêmes de l'autre strophe, et donc finalement avec les trois volets de l'autre strophe. Chaque volet est ainsi en rapport avec les trois volets de l'autre strophe. Ici encore la trame est des plus serrées.

---

192 Sur leur enchaînement voir *SVT*, pp. 400–402.

Le psalmiste peut demander à être *sauvé* car il *garde* les témoignages (146), mais *le salut* est éloigné des méchants, car ils ne recherchent pas les lois (155). Ses yeux précèdent les heures de *garde* du matin pour méditer sur le *dire* divin. En cela il s'oppose à ceux qui *n'ont pas gardé* le *dire* divin (158). Ce sont ceux-là qui *poursuivent* un complot (150) et sont les *poursuivants* du psalmiste (157). Mais le psalmiste en appelle à *la loyauté* de *YHWH* (149 et 159. La demande *fais-moi vivre* se lit une fois en XIX (en 149), mais dans chacun des volets de XX (en 154, 156, 159). Le psalmiste sait que tous les commandements de YHWH sont *fidélité* (151), que la tête de sa parole est *fidélité* (160). Oui, *pour toujours* YHWH a fondé ses témoignages (152), et tout jugement de sa justice est *pour toujours* (160).

Nous avons étudié ci-dessus les rapports entre XVIII et XXI. Nous pouvons donc en venir maintenant aux rapports **entre XVII et XXII**, aux extrêmes de notre chiasme. Les indices sont les suivants:

XVII	129–131	<u>tes paroles</u> *car tes commandements*	
	132–136	<u>jugement</u> *ton dire* tes préceptes tes lois ton Enseignement	apprends-moi
XXII	169–170	<u>ta parole</u> *ton dire*	
	171–172	tes lois↓	[car↑] tu m'apprends↓
	173–175a	car↑ tes préceptes↓ ton Enseignement↓	
	175b–176	*car tes <u>jugements</u>* *car tes commandements*	

Les volets extrêmes se répondent en parallèle et selon une inversion. Le dernier volet de XVII appelle chacun des quatre volets de XXII. On n'exclura pas un certain rapport entre 131b et 173b, tous deux introduisant par *car* des contenus de même sens, mais cela ne suffit pas à fonder un rapport entre les deux volets auxquels ils appartiennent.

Nous lisons en 135: *apprends-moi tes lois*, et en 171: *tu m'apprends tes lois*, verbe et objet d'ailleurs souvent en rapport dans notre psaume. La prière est donc exaucée.

Pour ce qui est du parallèle entre ces mêmes strophes nous connaissons déjà les rapports entre XVIII et XXI (voir ci-dessus dans l'ensemble XVIII–XXII) comme entre XIX et XXII (voir ci-dessus dans l'ensemble XIX–XXII). Il nous reste donc à étudier le rapport **entre XVII et XX**. En voici les indices:

XVII	129–131	*tes témoignages*	
		tes paroles	<u>car</u>
	132–136	<u>jugement</u>	
		ton <u>dire</u>	je <u>garderai</u>
		<u>tes</u> préceptes	
		tes lois	<u>pas gardé</u>
		ton Enseignement	
XX	153–155	<u>car</u> *ton Enseignement*	
		ton dire	
		<u>car</u> *tes lois*	
	156–157a	tes jugements↓	
	157b–160	*tes témoignages*	
		ton <u>dire</u>	<u>pas gardé</u>
		<u>tes</u> préceptes	
		ta parole	
		<u>jugement</u>	

Les volets extrêmes se répondent à coup sûr selon une inversion. Si l'on accepte l'indice fragile de *car* introduisant des propositions de même sens, on pourra le trouver en 131b (commandements désirés) et 153b (Enseignement non oublié) et avancer que ces mêmes volets se répondent aussi selon un parallèle. En tout cas le rapport entre les derniers volets ne fait aucun doute. Le volet central 156–157a de XX se réfère au dernier volet de XVII, tant et si bien que ce dernier appelle chacun des trois volets de XX.

Le psalmiste s'engage à *garder* les préceptes (134), à l'opposé de ceux qui *n'ont pas gardé* l'Enseignement (136) ni le dire de YHWH (158).

La structure de l'ensemble XVII–XXII peut être présentée schématiquement comme suit:

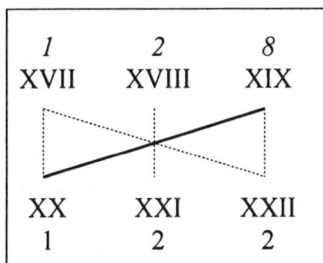

```
      1        2       8
    XVII    XVIII     XIX



     XX      XXI     XXII
      1        2       2
```

Le parallèle n'est pas manifeste. Quant au chiasme il ne comporte qu'un rapport très net (entre XIX et XX, strophes contiguës). Il n'est pas très convaincant ici de parler de structure d'ensemble.

Ensemble XVI–XXII

Nous en venons maintenant à **l'ensemble des sept strophes XVI–XXII**. Commençons par examiner la symétrie concentrique autour de XIX, et d'abord le rapport **entre XVIII et XX**. Les indices en sont les suivants:

XVIII 137–138		*juste... YHWH*	
	tes jugements	*justice de*	
	tes témoignages	*fidélité*	
139–141	tes paroles↓		
	ton dire↓↑	aimé↓	
	tes préceptes↓	pas oubliés↑	
142–144	ta <u>justice</u> (*bis*)... pour toujours		
	ton Enseignement... fidélité... <u>justice</u>		
	<u>tes</u> <u>témoignages</u>	je vivrai	
XX 153–155	*ton Enseignement*	pas oublié	
	ton dire		
156–157a		YHWH↑	
	tes jugements↑	fais-moi vivre↓	
157b–160	*<u>tes témoignages</u>*		
	ton dire		
	tes préceptes	aimés... *YHWH*	
		fais-moi vivre	
	ta parole	*fidélité*... pour toujours	
	jugement	de <u>ta justice</u>	

Les volets extrêmes de nos deux strophes se répondent selon une inversion, mais seulement les derniers volets entre eux. Les volets centraux de chaque strophe appellent les volets extrêmes de l'autre strophe. Ainsi chacun de ces six volets correspond à deux volets de l'autre strophe.

YHWH a commandé la *fidélité* (138), son Enseignement est *fidélité* (142), la tête de sa parole est *fidélité* (160). Aussi son serviteur a-t-il *aimé* son dire (140) et ses *préceptes* (159), n'ayant *pas oublié* ces *préceptes* (141) ni l'Enseignement de YHWH (153). Il sait que la *justice* de YHWH est *pour toujours, pour toujours* tout jugement de sa *justice* (160). Pour peu que YHWH le fasse discerner *il vivra* (144) et verra exaucée sa demande répétée en ce sens (en 154, 156 et 159). Après ce que la strophe XVIII nous apprend de la *justice* divine nous ne sommes nullement surpris que tout jugement de cette *justice* soit pour toujours (160).

Poursuivons avec **XVII et XXI**. Les indices de leurs rapports sont les suivants:

XVII	129–131	*tes témoignages*		
		tes <u>paroles</u>		
		car tes commandements		
	132–136	jugement		
		ton dire	je <u>garderai</u>	
		tes <u>préceptes</u>	pas <u>gardé</u>	
		ton Enseignement		
XXI	161–162	tes <u>paroles</u>		
		ton dire		
	163–165	ton Enseignement↓		
		jugements↓		
		ton Enseignement↓		
	166–168	*tes commandements*	<u>gardé</u>	
		tes témoignages	<u>gardé</u>	
		tes <u>préceptes</u>		
		tes témoignages	car	

Les volets extrêmes se répondent et parallèlement et selon une inversion. Le volet central 163–165 de XXI se réfère seulement au dernier volet de XVII, tant et si bien que le dernier volet de XVII appelle chacun des trois volets de XXI.

En 134 et 136 nous retrouvons l'opposition entre le psalmiste qui *garde* les préceptes et ceux qui *n'ont pas gardé* l'Enseignement. Mais en 167 et 168 ne nous est rappelé que le premier.

Aux extrêmes de notre symétrie concentrique se lisent **XVI et XXII** dont nous étudions maintenant les rapports. En voici les indices:

XVI	121–123	*jugement*	et justice… <u>ton</u> <u>salut</u>
		le <u>dire</u>	de ta justice

124–126		ton serviteur↓
	tes <u>lois</u>… <u>apprends</u>-<u>moi</u>… <u>YHWH</u>↑	
		ton serviteur↓
<u>ton Enseignement</u>		

127–128	tes <u>commandements</u>
	tes <u>préceptes</u>

XXII	169–170	YHWH
	ton <u>dire</u>	

171–172		<u>tu m'apprends</u>
	tes <u>lois</u>	
	ton <u>dire</u>	
	tes <u>commandements</u>↓	justice↑

173–175a	tes <u>préceptes</u> ton <u>salut</u>… <u>YHWH</u>	
	<u>ton Enseignement</u>	

175b–176	tes *jugements* ton serviteur
	tes <u>commandements</u>

Le premier volet de XVI appelle les trois premiers de XXII (voir les mots soulignés), et le dernier de XVI les trois derniers de XXII (mots soulignés). Le volet central de XVI appelle chacun des quatre volets de XXII (on a aussi souligné les indices passant du volet central de XVI aux deux volets centraux de XXII). Reste à signaler le rapport entre le premier volet de XVI et le dernier de XXII.

L'attente du *salut* est vive selon 123 et 174. En 124 et 125 le *serviteur* demande instamment à YHWH son intervention, mais la demande de 176, en sa concision, est encore plus intense. Le constat de 171b reprend terme à terme la prière de 124: *Tes lois, apprends-les moi… Tu m'apprends tes lois*. Ayant fait jugement et *justice* (121), les yeux achevés pour le dire de cette *justice* (123), le psalmiste a pu constater à quel point tous les commandements de YHWH sont *justice* (172).

Pour ce qui est du parallèle entre XVI–XVIII et XX–XXII qui entourent XIX, nous connaissons déjà les rapports entre XVII et XXI (que nous venons d'étudier) et entre XVIII et XXII (voir dans l'ensemble XVIII–XXII). Nous reste donc à étudier le rapport **entre XVI et XX**. Donnons-en les indices:

XVI	121–123	*jugement*	*et justice…* salut
		le dire	*de ta justice*
	124–126		ta loyauté↓
		tes lois↑	
		tes témoignages↓	YHWH↓
		ton Enseignement↑	
	127–128		j'ai aimé
		tes préceptes	
XX	153–155	ton Enseignement	
		ton dire	salut
		tes lois	
	156–157a		YHWH
		tes jugements↑	
	157b–160	tes témoignages	
		ton dire	
		tes préceptes… j'ai *aimés*… YHWH	
			ta loyauté
		jugement	*de ta justice*

Les six volets se répondent trois à trois en parallèle et de plus se répondent le premier de XVI et le dernier de XX. Le volet central 124–126 de XVI appelant en outre les deux volets extrêmes de XX, il se trouve appeler les trois volets de XX. Le volet central 156–157a de XX se référant au premier de XVI, les deux premiers volets de XVI et les deux premiers de XX se trouvent finalement respecter entre eux et un parallèle et un chiasme.

De 123 à 155 s'oppose la tension du fidèle vers *le salut* et le fait que ce dernier est éloigné des méchants qui ignorent les lois. Les deux demandes de 124 et 159 s'appuient sur *la loyauté* divine. Les commandements (127) et les préceptes (159), le fidèle les a *aimés*, mais il a haï toute route de mensonge (128). Ayant fait *jugement et justice* (121), les yeux achevés pour le dire de cette *justice* (123), le psalmiste aura eu l'occasion de constater combien tout *jugement de cette justice* est pour toujours (160).

Ainsi donc les strophes XVI–XXII respectent une symétrie concentrique autour de XIX, et XVI–XVIII et XX–XXII respectent également entre elles un parallèle, ce qui schématiquement peut être présenté comme suit:

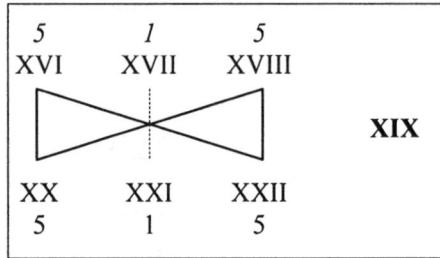

```
  5      1      5
XVI    XVII   XVIII

                        XIX

XX     XXI    XXII
 5      1      5
```

On note la même configuration (5.1.5) pour la symétrie concentrique autour de XIX et pour le parallèle entre XVI–XVIII et XX–XXII.

Ensemble XV–XXII

Nous parvenons ainsi à **l'ensemble XV–XXII**, soit huit strophes agencées entre elles selon un chiasme et selon un parallèle. Commençons en étudiant les deux strophes centrales du chiasme, soit **XVIII et XIX**[193]. Elles se présentent comme ceci:

XVIII 137–138		*TOI, YHWH*
	tes jugements	
	tu as commandé	
	tes témoignages	*fidélité*
139–141	[car↓]... *tes paroles*	
	ton dire	
142–144		pour toujours
	ton Enseignement	fidélité
	tes commandements	
	tes témoignages	pour toujours
XIX 145–146a		YHWH
146b–148	tes témoignages↓↑	
	tes paroles	
	ton dire	
149–152		*YHWH*
	ton jugement	
	ton Enseignement	*TOI, YHWH*
	tes commandements	*fidélité*
	tes témoignages... car pour toujours	

Les six volets se lisent en parallèle. Par ailleurs premier volet de XVIII et dernier volet de XIX se répondent d'une manière qui vaut peut-être la peine d'être regardée de plus près. On y lit en effet:

---

193 Sur leur enchaînement voir *SVT*, pp. 397–398.

137			YHWH	149
	toi, YHWH	↓↑	*ton jugement*	
	tes jugements	↓↑	*toi, YHWH*	151
138	*tu as commandé*		***tes commandements***	
	tes témoignages	↓↑	*fidélité*	
	fidélité	↓↑	*tes témoignages*	152

Mise à part l'interpellation initiale à YHWH en 149(–152) on voit comment autour de *tu as commandé* et *tes commandements* s'inverse l'ordre des autres indices. Ainsi l'ensemble de ces deux strophes XVIII et XX est-il solidement inclus de 137–138 à 149–152. Reste à relever le fait que le volet central de XX se réfère aux deux volets extrêmes de XIX, et donc finalement aux trois volets de XIX. On peut enfin noter finalement que le premier volet de XIX appelle chacun des trois volets de XX.

S'adressant de manière appuyée à Dieu: *TOI, YHWH*, le psalmiste souligne en 137 sa justice, en 151 sa proximité. Selon 138 YHWH a *commandé* la *fidélité*, et selon 151 tous ses *commandements* sont *fidélité*, et le psalmiste en disait déjà autant en 142 de l'Enseignement. En 142 la *justice* est dite *pour toujours*, et de même de la *justice* des *témoignages* en 144, étant dit en 152 que ces derniers ont été fondés *pour toujours*.

Nous connaissons déjà les rapports entre XVII et XX (voir ci-dessus dans l'ensemble XVII–XXII). Venons-en donc à ceux **entre XVI et XXI**, dont voici les indices:

XVI	121–123	jugement	et justice... *ton salut*
		<u>dire</u>	de ta justice

	124–126		MOI↑
		tes témoignages↓	YHWH↓
		<u>ton</u> Enseignement	

	127–128		<u>j'ai aimé</u>
		tes <u>commandements</u>	
		tes préceptes... mensonge... j'ai haïe	

XXI	161–162		MOI
		ton <u>dire</u>	

	163–165	mensonge↓... j'ai haï↓	
		<u>ton</u> Enseignement	j'ai aimé↓
		jugements↑ de ta justice↑... aimant↓	
		<u>ton</u> Enseignement	

	166–168	*ton salut...* YHWH	
		tes <u>commandements</u>	
		tes témoignages	<u>aimant</u>
		tes préceptes	
		tes témoignages	

Les six volets sont agencés selon un parallèle. Les volets centraux correspondent aux deux volets extrêmes de l'autre strophe. Ne reste à signaler qu'un rapport entre le premier volet de XVI et le dernier de XXI, tant et si bien que l'un et l'autre se trouve en rapport avec les trois volets de l'autre strophe.

Les yeux tournés vers *le salut* (123 et 166), le psalmiste se présente (*MOI*) comme serviteur (125) et débordant d'allégresse (162). Ce qu'il *a aimé*, ce sont les commandements (127), l'Enseignement (163), les témoignages (167); ce qu'il a *haï*, c'est *le mensonge* (128 et 163)[194]. Notons qu'est marqué tant en 121 qu'en 164 le rapport entre *jugements* et *justice*. Ayant fait *jugement* et *justice* (121), les yeux achevés pour le dire de ladite

---

194 On se souvient que les antonymes *aimer/haïr* constituent une paire stéréotypée (voir n.64).

justice (123), le psalmiste couronne sa pratique en louant YHWH sept fois par jour à cause des *jugements* de sa *justice*.

Les strophes extrêmes de notre chiasme, soit **XV et XXII** présentent les indices suivants:

XV	113–115	ton Enseignement ta parole *commandements*		
	116–117a	ton dire↑	je vivrai… sauvé*⁺↓	
	117b–120	tes lois (*bis*) tes jugements		car
XXII	169–170	ta parole ton dire	délivre*	
	171–172	car… tes lois ton dire car… tes commandements		
	173–175a	ton Enseignement	aide⁺… car… salut vive	
	175b–176	tes jugements car tes *commandements*	aident⁺	

Nous faisons jouer ici les paires stéréotypées *délivrer/sauver*[195] et *aider/sauver*[196]. Les volets extrêmes se répondent en parallèle, mais le premier volet de XV appelle le dernier de XXII sans qu'existe le rapport symétrique (entre le dernier de XV et le premier de XXII). Existe aussi (sans son symétrique) un rapport entre le premier volet de XV et le deuxième de XXII, tant et si bien que le premier volet de XV appelle chacun des quatre volets de XXII. De même le volet central de XV appelle chacun des quatre volets de XV. Le premier volet central de XXII (171–172) se réfère aux

---

195 Voir n.35.
196 Voir n.54.

deux derniers volets de XV, le deuxième (173–175a) aux deux premiers de
XV. Un schéma aidera ici à récapituler l'ensemble:

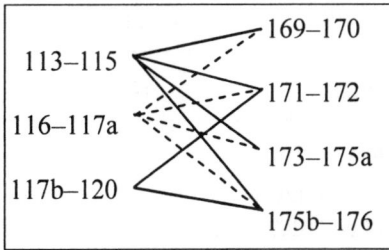

Le fidèle tiendra *la vie* du soutien de YHWH (116), mais s'il souhaite *vi-vre*, c'est pour pouvoir louer ce même YHWH (175). Il obtiendra de lui ce
salut (117) qu'il a ardemment désiré (174) et demandé (170: délivre, 173 et
175: aide).

Considérons maintenant le parallèle entre XV–XVIII et XIX–XXII.
Nous connaissons déjà les rapports entre XVI et XX (voir ci-dessus dans
l'ensemble XVI–XXII), XVII et XXI (*ibid.*), XVIII et XXII (voir ci-dessus
dans l'ensemble XVIII–XXII). Il nous reste donc à examiner ce qu'il en est
entre XV et XIX. Les indices sont les suivants:

XV	113–115	*ton Enseignement* ta parole… j'ai compté… <u>j'observe</u> *commandements*	de *mon Dieu*
	116–117a	<u>*ton dire*</u>	je vivrai↓
	117b–120	*tes lois* *tes <u>témoignages</u>* <u>tes jugements</u>	<u>car</u>
XIX	145–146	*tes lois* *tes témoignages*	YHWH <u>j'observe</u>
	147–148	tes paroles↑ *ton dire*	j'ai compté↑
	149–152	<u>ton jugement</u> *ton Enseignement* tes *commandements* <u>tes témoignages</u>	*YHWH* fais-moi vivre *YHWH* <u>car</u>

Nous retrouvons ici la correspondance entre *YHWH* et *mon Dieu*[197]. Les six volets sont agencés entre eux en parallèle et en chiasme. De plus le volet central 116–117a de XV appelle le dernier volet de XIX, et le volet central 147–148 de XIX se réfère au premier volet de XV, tant et si bien que les deux premiers volets de XV et les deux derniers de XIX se correspondent entre eux en chiasme, mais aussi en parallèle.

On lit en 114b et 147b *sur ta (tes) parole(s) j'ai compté*. Le même *observe* les commandements selon 115, les lois selon 145. Selon 116 il est sûr de *vivre*, c'est-à-dire que sa demande en ce sens (149) sera exaucée.

Ainsi les huit strophes de XV–XXII respectent entre elles tant un chiasme qu'un parallèle, ce qui peut se représenter schématiquement comme suit:

---

197 Pour laquelle on pourrait se référer à la paire stéréotypée *YHWH/'lhym* (selon Avishur p.759, à l'index).

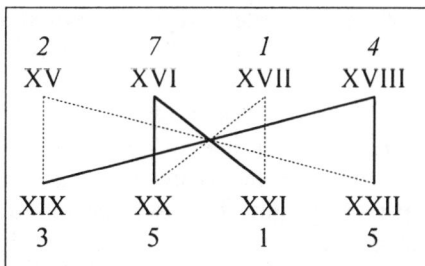

Le chiasme est assez irrégulier, le parallèle un peu moins. On pourrait hésiter ici à parler d'une structure d'ensemble.

Ensemble XIV–XXII

Nous pouvons maintenant considérer **les neuf strophes XIV–XXII**, construit, nous allons le voir, selon une symétrie concentrique autour de XVIII, tandis que les deux volets XIII–XVII et XIX–XXII respectent aussi entre elles un parallèle. Commençons par les strophes contiguës à la strophe centrale, soit **XVII et XIX**. Les indices s'y trouvent situés comme ceci:

XVII	129–131	*tes témoignages*	
		tes paroles	*car*
		tes commandements	
	132–136	jugement	
		ton dire	*je garderai*
		tes lois	*pas gardé*
		ton Enseignement	
XIX	145–146	*tes lois*	*je garde*
		tes témoignages	
	147–148	tes parole↑	garde↓
		ton dire↓	
	149–152	ton jugement	
		ton Enseignement	
		tes commandements	
		tes témoignages	*car*

Les volets extrêmes dans chaque strophe se répondent selon un parallèle et selon une inversion. Le centre 147–148 de XIX fait référence aux deux volets de XVII.

En dehors du vocabulaire relevant des désignations de la loi, c'est *garder* qui fait le pont entre nos deux strophes: s'opposant à ceux qui *n'ont pas gardé* l'Enseignement, notre psalmiste qui pour sa part entend bien *garder* préceptes (134) et témoignages (146) avec ce zèle qui lui fait devancer les heures de *garde* du matin (148).

Nous connaissons déjà les rapports entre XVI et XX (voir ci-dessus dans l'ensemble XVI–XXII). Nous pouvons donc passer maintenant aux rapports **entre XV et XXI**. Voici les indices:

XV	113–115	ton Enseignement, ta <u>parole</u> *commandements*	*j'ai aimé*
	116–117a	ton dire↑	je serai sauvé↓
	117b–120	 tes <u>témoignages</u> tes jugements	<u>car</u>... <u>j'ai aimé</u> *peur*
XXI	161–162	tes <u>paroles</u> ton dire	*peur*
	163–165	ton Enseignement↑ jugements↓ ton Enseignement↑	j'ai aimé↓↑ aimant↓↑
	166–168	 tes *commandements* tes <u>témoignages</u> tes <u>témoignages</u>	salut <u>*aimant*</u> <u>car</u>

Les volets extrêmes se répondent en parallèle et selon une inversion. Chaque volet central correspond aux deux volets extrêmes de l'autre strophe.

113b et 163b sont identiques au sujet de *l'amour* porté par le fidèle à *l'Enseignement* de YHWH. On trouve aussi *l'amour* des *témoignages* en 119b, et l'élargissement de 113b = 163b en 165a où il est question cette fois au pluriel des gens *aimant l'Enseignement* de YHWH, puis de nouveau *l'amour* des *témoignages* en 167. Le psalmiste sait qu'il sera *sauvé* (117), il regarde avec confiance vers ce *salut* (166). S'il a *peur* de YHWH (120) ou de ses paroles (161), c'est à cause de ses jugements et d'une autre peur que celle que pourraient lui inspirer ses poursuivants.

Aux extrêmes de notre symétrie concentrique XIV–XXII se lisent donc les strophes **XIV et XXII**. Elles se répondent à partir des indices suivants:

XIV	105–108	ta parole	
		jugements… YHWH… fais-moi vivre	
		ta parole	*YHWH*
		tes jugements	apprends-moi
	109–112	ton Enseignement	pas oublié
		tes préceptes	car
XXII	169–170		YHWH
		ta parole	
	171–172	[car] tu m'apprends… [car]	
	173–175a	car tes préceptes	*YHWH*
		ton Enseignement	*vive*
	175b–176	*tes jugements…* car… pas oubliés	

Nous comparons le premier volet de XIV aux deux premiers de XXII, puis le deuxième volet de XIV aux deux derniers de XXII. Au vu des termes soulignés le lecteur peut voir en effet que le premier volet de XIV appelle les deux premiers de XXII, puis le deuxième volet de XIV les deux derniers de XXII. Mais, en s'appuyant sur les indices portés ci-dessus en *italiques*, on voit que le premier volet de XIV appelle en plus les deux derniers volets de XXII, soit au total chacun des quatre volets de XXII. De 109–112 à 71–72, au vu de ses contextes, *car* ne suffit pas à constituer un indice de correspondance (d'où nos crochets dans le tableau ci-dessus).

Si le psalmiste demande à *vivre* (107), c'est au bout du compte pour louer Dieu (175). Il demande à *apprendre* les jugements (108), et puis peut louer Dieu qui lui *apprend* ses lois (171). Il *n'a oublié* ni l'Enseignement (109), ni les commandements (176).

Il nous reste à étudier le parallélisme entre XIV–XVII et XIX–XXII autour de XVIII. Nous connaissons déjà les rapports entre XVI et XXI

(voir ci-dessus dans l'ensemble XV–XXII) comme entre XVII et XXII
(voir ci-dessus dans l'ensemble XVII–XXII). Nous avons donc à étudier
les rapports entre XIV et XIX, puis entre XV et XX. **Entre XIV et XIX** les
indices sont les suivants:

XIV	105–108	ta parole	<u>garder</u>
		jugements	*YHWH, fais-moi vivre*
		ta parole	*YHWH*
		tes jugements	
	109–112	<u>ton</u> Enseignement	
		tes témoignages	<u>pour toujours</u>
			mon *cœur* (*bis*)
		tes lois	<u>pour toujours</u>
XIX	145–146		*cœur*...<u>YHWH</u>
		tes lois	<u>je garde</u>
		tes témoignages	
	147–148	tes paroles↑	heures de garde↑
	149–152		*YHWH*
		jugement	*fais-moi vivre*
		<u>ton</u> Enseignement	*YHWH*
		<u>tes témoignages</u>	<u>pour toujours</u>

Les volets extrêmes se répondent selon un parallèle et selon une inversion.
Le volet central 147–148 de XIX se réfère au premier volet de XIV, tant et
si bien que finalement le premier volet de XIV appelle chacun des trois volets de XIX.

Le psalmiste a juré de *garder* les jugements (106), et de fait il *garde*
les témoignages (146), avec ce zèle qui lui fait précéder les heures de
garde du matin (148). C'est de *YHWH* qu'il attend *la vie* (107 et 149). Il a
hérité des *témoignages pour toujours* (111), ces *témoignages* fondés *pour
toujours* (152). Aussi est-il décidé à tout faire selon les lois *pour toujours*
(112).

En XV et XX nous repérons les indices suivants de correspondance:

XV	113–115	ton <u>Enseignement</u> *ta parole*	*j'ai aimé*
	116–117a	ton dire↓↑	*je vivrai*↓↑
	117b–120	*tes lois* (*bis*) tes <u>témoignages</u> tes <u>jugements</u>	*car*... j'ai <u>aimé</u>
XX	153–155	car ton <u>Enseignement</u> ton dire *car tes lois*	fais-moi vivre
	156–157a	tes jugements↓...	*fais-moi vivre*
	157b–160	tes <u>témoignages</u> ton dire *ta parole* <u>jugement</u>	*aimés*... fais-moi vivre

Les six volets se répondent en parallèle et en chiasme. Le volet central 116–117a de XV appelle les deux volets externes de XX, mais le volet central 156–157a de XX ne se réfère qu'au dernier volet de XV, tant et si bien que le volet central de XV appelle chacun des trois volets de XX, et que les deux derniers volets ici et là respectent entre eux non seulement un parallèle, mais aussi un chiasme.

Le psalmiste *a aimé* l'Enseignement (113) et les témoignages (119) tout comme les préceptes (159). Il sait qu'*il vivra* (116) et dans cette certitude en fait directement la demande (154.156.159).

Ainsi donc les strophes XIV–XXII sont elles agencées entre elles selon une symétrie concentrique autour de XVIII, tandis que XIV–XVII et XIX–XXII peuvent se lire en parallèle, ce qui schématiquement peut être présenté comme suit:

```
    4    3    5    1
  XIV   XV  XVI  XVII

                          XVIII

  XIX   XX  XXI  XXII
   5    2    7    1
```

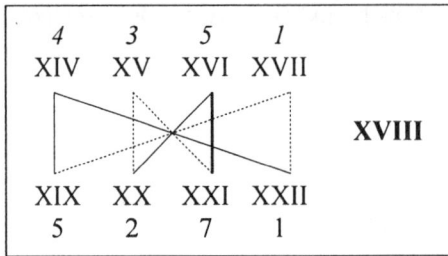

La symétrie concentrique autour de XVIII est plus régulière, mais avec un rapport faible entre les deux strophes entourant le centre XVIII (une récurrence). Le parallèle entre XIV–XVIII et XIX–XXII est irrégulier.

Ensemble XIII–XXII

Nous en venons donc maintenant aux **dix strophes XIII–XXII**, lesquelles se lisent selon un chiasme et selon un parallèle. Commençons par les éléments centraux du chiasme, soit **XVII et XVIII**[198]. Nous y repérons les indices suivants:

XVII	129–131	*tes témoignages*	
		tes paroles	*faisant discerner*
		car *tes commandements*	
	132–136	*jugement*	aimant
		ton dire	ton serviteur
		ton Enseignement	
XVIII	137–138	tes *jugements*	
		tu as commandé	
		tes témoignages	
	139–141	car↑… tes paroles↑	
		ton dire↓… ton serviteur↓… a aimé↓	
	142–144	ton Enseignement	
		tes commandements	
		tes témoignages… fais-moi discerner	

198 Sur leur enchaînement voir *SVT*, p. 394.

Les volets extrêmes se répondent parallèlement et selon une inversion. Le volet central 139–141 de XVIII se réfère aux deux volets de XVII, tant et si bien que les trois volets de XVIII se réfèrent chacun aux deux volets de XVII.

L'ouverture des paroles divines *fait discerner* les ignorants (130), et le psalmiste demande à leur auteur de le *faire discerner* (144). Parmi les gens *aimant* le Nom (132) peut se compter ce *serviteur* qui *a aimé* le dire divin (140), ce même *serviteur* qui attend que YHWH illumine sur lui sa face (135).

Passons à **XVI et XIX**, avec les indices que voici:

| XVI | 121–123 | *jugement*... mes yeux... <u>ton salut</u> |
| | | dire |

	124–126		ta loyauté↓
		tes lois↑	je connaîtrai↓
		tes témoignages↓↑	YHWH↓↑
		ton Enseignement↓	

| | 127–128 | <u>tes commandements</u> |

XIX	145–146		YHWH
		tes lois	<u>sauve-moi</u>
		tes témoignages	

| | 147–148 | | mes yeux↑ |
| | | ton dire↑ | |

	149–152		ta loyauté... YHWH
		ton *jugement*	
		ton Enseignement	YHWH
		<u>tes commandements</u>	j'ai connu
		tes témoignages	

Les volets extrêmes se répondent en parallèle. Le volet central 124–126 de XVI appelle les volets extrêmes de XIX. Le volet central 147–148 de XIX se réfère au volet initial de XIX, tant et si bien que ce volet initial de XIX appelle chacun des trois volets de XIX.

Les *yeux* du psalmiste sont tournés vers le *salut* (123), il demande à YHWH de le *sauver* (146), les *yeux* ouverts sur son dire avant les heures de garde du matin. Il compte sur la *loyauté* de YHWH pour que de dernier intervienne en sa faveur (124), et déjà entende sa voix (149). Il demande à *connaître* les *témoignages* (125), ces *témoignages* dont *il a connu* déjà quelque chose (152).

Nous connaissons déjà les rapports entre XV et XX (voir ci-dessus dans l'ensemble XIV–XXII) et pouvons donc passer maintenant aux rapports entre **XIV et XXI**. Les indices en sont les suivants:

XIV	105–108	<u>ta parole</u>		*garder*
		jugements	*tout à fait... YHWH*	
		<u>ta parole</u>		
		tes jugements		
	109–112	ton Enseignement		
		<u>tes préceptes</u>		
		<u>tes témoignages</u>... *allégresse... mon cœur*		
			<u>car</u>... *mon cœur*	
XXI	161–162	<u>tes paroles</u>	*mon cœur... allégresse*	
	163–165	ton Enseignement↓		
		jugements↑		
		ton Enseignement↓		
	166–168		*YHWH... gardé*	
		<u>tes témoignages</u>	*tout à fait... gardé*	
		<u>tes préceptes</u>		
		<u>tes témoignages</u>		<u>car</u>

Les quatre unités extrêmes se répondent en parallèle et selon une inversion. L'unité centrale 163–165 de XXI fait référence aux deux unités extrêmes de XIV.

Ce fidèle qui a juré de *garder* les jugements (106), c'est bien celui que nous retrouvons ayant *gardé* les témoignages (167) et les préceptes (168). Il a été *tout à fait* humilié (107), et pourtant il a aimé *tout à fait* les témoignages (167). Il trouve *l'allégresse* dans les témoignages (111) et dans le dire divins (162). Les premiers le prennent tant au *cœur* (111) qu'il l'applique à tout faire selon les lois (112). En 161 ce sont ses paroles que *son cœur* redoute, et non ceux qui le poursuivent.

Il nous reste à considérer les unités extrêmes de notre symétrie concentrique, soit **XIII et XXII**. Les indices de leurs rapports sont les suivants:

XIII	97–100	ton Enseignement	
		ton commandement	*car*...je discerne
		car tes préceptes	
	101–102	ta parole↑	
		tes jugements↓	
		car tu m'as enseigné	
	103–104	*tes dires*	
		tes préceptes	*je discerne*
XXII	169–170	ta parole	*discerner*
		ton dire	
	171–172	car... *ton dire*	
		car... tes commandements	
	173–175a	*car tes préceptes*	
		ton Enseignement	
	175b–176	tes jugements	
		car tes commandements	

Les volets extrêmes se répondent selon un parallèle et selon une inversion. De plus le premier volet de XIII appelle le deuxième de XXII, et le dernier volet de XIII l'avant-dernier de XXII. Le premier volet de XIII appelle aussi le troisième de XXII comme, symétriquement, le dernier volet de XIII appelle le deuxième de XXII. Reste un rapport qui n'a pas son symétrique, soit celui entre le volet central de XIII et l'avant-dernier de XXII, rapport qui, avec d'autres pointés précédemment, permet de voir entre les deux derniers volets d'ici à là et un parallèle, et un chiasme.

Ici c'est *discerner* qui fait le pont (pour ce qui est du vocabulaire hors registre de la loi) entre nos deux strophes. Selon 100 et 104 le psalmiste *discerne* mieux que les anciens, et cela à cause des préceptes. En 169 sa prière est bien de savoir *discerner* selon la parole.

Pour ce qui est du parallèle entre XIII–XVII et XVIII–XXII, nous connaissons déjà les rapports entre les strophes successives de XIV–XVII et celles de XIX–XXII (voir ci-dessus pour XIV et XIX ainsi que XV et XX l'ensemble XIV–XXII, pour XVI et XXI l'ensemble XV–XXII, pour XVII et XXII l'ensemble XVII–XXII). Il ne nous reste donc plus à examiner que les rapports **entre XIII et XVIII** (en tête des deux séries). Les indices en sont les suivants:

XIII	97–100		j'ai aimé
		ton Enseignement	
		ton commandement	car
		car *tes témoignages*	je discerne
		car tes préceptes	
	101–102	*ta parole*	
		tes jugements↑	
		car… tu m'as enseigné↓	
	103–104	tes préceptes	
		tes dires	je discerne
XVIII	137–138	tes jugements	
		tu as commandé	
		tes témoignages	
	139–141	*car*↑… *tes paroles*	
		ton dire↓	a aimé↑
		tes préceptes↓↑	
	142–144	*ton Enseignement*	
		tes commandements	
		tes témoignages	discerner

Les six volets se répondent en parallèle et en chiasme. Les volets centraux appellent chacun les trois volets de l'autre strophe. Le volet initial de XIII appelle le dernier de XVIII, tant et si bien que le premier volet de XIII et le dernier de XVIII appellent chacun les trois volets de l'autre strophe.

Hors du vocabulaire de la loi deux termes font ici le pont, *aimer* et *discerner*. Le serviteur *a aimé* l'Enseignement (97) et le dire (140) divins. Selon 100 *il discerne* mieux que les anciens, cela grâce aux préceptes (104). Et selon 144, s'il demande ce *discernement*, c'est pour vivre.

Ainsi l'ensemble des strophes XIII–XXII est-il agencé selon un chiasme et un parallèle que nous pouvons présenter schématiquement comme ceci:

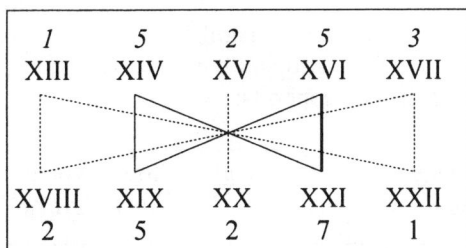

Le chiasme n'est pas évident en ses extrêmes (une récurrence), ni le parallèle en son rapport final (une récurrence). Alternent ensuite 5.2.5.3 récurrences pour le chiasme, avant 2.5.2.7 pour le parallèle.

Ensemble XII–XXII

Passons maintenant à **l'ensemble des onze strophes XII–XXII**, agencé concentriquement autour de XVII, et où les deux ensembles XII–XVI et XVIII–XXII se répondent également en parallèle. Commençons pour la symétrie concentrique par les deux strophes contiguës au centre, soit **XVI et XVIII**. Voici les indices de leurs rapports:

XVI	121–123	jugement	et *justice…* ton serviteur
		le dire	de *ta justice*
	124–126		*ton serviteur* (*bis*) … *MOI*
			discerner↓
		tes témoignages↓↑	YHWH↑
		ton Enseignement↓	
	127–128		j'ai aimé
		tes *commandements*	
		tes préceptes	*droits*
XVIII	137–138		juste… YHWH… *droits*
		tes jugements	
		tu as *commandé* la justice de tes témoignages	
	139–141	ton dire↑… *ton serviteur*↑… l'a aimé↓… *MOI*	
		tes préceptes↓	
	142–144		*ta justice* (*bis*)
		ton Enseignement	
		tes commandements	*justice*
		tes témoignages	discerner

Les six volets se répondent en chiasme. Les volets centraux se trouvent en rapport avec les trois volets de l'autre strophe. Par ailleurs les premiers volets se répondant entre eux, les deux premiers volets ici et là se répondent d'une strophe à l'autre en chiasme et en parallèle.

En 125 le psalmiste se présente ès qualité: *Ton serviteur, MOI*, soit ce *serviteur* dont il précise en 140 qu'il a aimé le dire divin, et ce *MOI* qui selon 141, tout petit et dédaigné qu'il soit, n'a pas oublié les préceptes. Aussi est-il fondé à demander le bonheur pour ce *serviteur* (122). En 127 et 140 il avance qu'*il a aimé* les commandements et le dire de YHWH. Cela suppose cependant un juste *discernement*, ce qu'il prend bien soin de demander en 125 et 144. Ayant dit sa pratique de la *justice* (121) et l'aspiration qui le pousse vers elle (123), le psalmiste nous a préparé à lire la strophe XVIII où nous est présentée en ses traits fondamentaux cette *justice* (voir au besoin notre présentation de cette strophe dans la première partie).

Nous connaissons déjà les rapports entre les strophes **XV et XIX**. Considérons donc maintenant **XIV et XX**. Voici les indices:

XIV	105–108	*ta parole*	lumière*... *garder*
		jugements	*de ta justice...* humilié
			YHWH... _fais-moi_ _vivre_
		ta parole	*YHWH*
		tes *jugements*	
	109–112	*ton Enseignement...*	*je n'ai* _pas_ *oublié*
		tes _préceptes_	
XX	153–155		humiliation
		ton Enseignement...	*je n'ai pas oublié*
			fais-_moi_ _vivre_... salut*
	156–157a		YHWH↑
		tes jugements↑	fais-moi vivre↑
	157b–160		_pas_ *gardé*
		tes _préceptes_	*YHWH... fais-moi vivre*
		ta parole	
		jugements	*de ta justice*

Nous faisons jouer ici la paire stéréotypée *lumière/salut*[199]. Les volets extrêmes respectent entre eux un parallèle et une inversion. De plus existe un rapport entre le premier volet de XIV et le volet central de XX, tant et si bien que le premier volet de XIV appelle chacun des trois volets de XX.

Dire que la parole est une *lumière* pour son sentier, c'est s'opposer nettement à ces méchants dont le *salut* reste éloigné (155). Le fidèle a juré de

---

199 Voir n.175.

garder les jugements (106), s'opposant ainsi à ceux qui *n'ont pas gardé* le dire divin (158). Il *n'a pas oublié l'Enseignement* (109b = 153b). *Humilié* (107 et 153), il prie YHWH de le *faire vivre* (107 et 154.156.159). En 106 le psalmiste jure de garder *les jugements de la justice* de YHWH, ces jugements qui durent pour toujours selon 160.

Poursuivons avec **XIII et XXI**. Les indices sont les suivants:

XIII	97–100		j'ai *aimé*
		ton Enseignement	jour
		ton commandement	
		tes témoignages	
		tes préceptes	
	101–102		je garde↓
		ta parole↑	
		tes *jugements*	
		tu m'as *enseigné*↑	
	103–104	*tes dires*	
		tes préceptes	j'ai haï… mensonge
XXI	161–162	tes paroles	
		ton dire	
	163–165		mensonge↓… j'ai haï↓
		ton *Enseignement*↑… j'ai aimé↑… jour↑	
		jugements	aimant↑
		ton *Enseignement*↑	
	166–168	*tes commandements*	a gardé
		tes témoignages	aimant… j'ai gardé
		tes préceptes	
		tes témoignages	

Les six volets sont agencés en chiasme. De plus les volets centraux correspondent aux volets extrêmes de l'autre strophe. Il en résulte que ces deux volets centraux appellent chacun les trois unités de l'autre strophe. Enfin les unités finales se correspondent, tant et si bien qu'elles appellent elles aussi chacune les trois unités de l'autre strophe.

En XIII le psalmiste se présente comme qui *a aimé l'Enseignement*
(97) et *haï le mensonge* (104), en XXI de même (en ordre inverse) en 163.
Il sait qu'il y a une paix abondante pour les gens *aimant l'Enseignement*
(165). Tout le *jour* cet Enseignement est l'objet de sa méditation (97), et
sept fois par *jour* il a loué YHWH à cause de ses jugements. Il *garde* la parole (101) et les témoignages (167.168).

Pour ce qui est du chiasme en XII–XXII il nous reste à comparer les
extrêmes **XII et XXII**. Les indices de correspondance sont situés comme
ceci:

XII	89–91a		YHWH
		tes jugements	
	91b		car↓↑... tes serviteurs↓
	92–96	ton Enseignement	mes délices... péri
		tes préceptes	car... tu m'as fait vivre
			je n'oublierai pas... sauve-moi
		car tes préceptes	périr... je *discerne*
		ton commandement	
XXII	169–170		YHWH... *discerner*
	171–172	*car↓*... tes commandements↓	
	173–175a	*car↓* tes préceptes↓... ton salut↓... YHWH↑	
		ton Enseignement↓... mes délices↓... que vive↓	
	175b–176	*tes jugements*	périssant... ton serviteur
		car tes commandements	je n'ai pas oubliés

Les volets extrêmes de chaque strophe se répondent en parallèle et selon
une inversion. De plus les derniers volets ici et là correspondent à tous les
volets de l'autre strophe (trois en XII, quatre en XXII).

Celui qui se présente comme *serviteur* au dernier verset du psaume est
serviteur à un titre particulier, se comptant cependant parmi tous les êtres
serviteurs de YHWH selon 91. Il *discerne* le témoignage (95) et prie
YHWH de le *faire discerner* (169). L'Enseignement de YHWH fait ses *délices* (92 et 174). Il *n'oubliera pas* ses préceptes (93); *il n'a pas oublié* ses
commandements (176). Par ces préceptes YHWH l'*a fait vivre* (93): que

vive sa gorge et qu'elle le loue (175). Que YHWH le *sauve* (94) en réponse à son attente de ce *salut* (174). Sans son Enseignement *il périrait* (92), et c'est ce qu'espèrent les méchants (95). Voilà qu'il s'est égaré comme un mouton *périssant* (176). Que YHWH cherche donc son serviteur.

Pour ce qui est du parallèle entre XII–XVI et XVIII–XXII qui entourent XVII, nous connaissons déjà les rapports entre XIV et XX (voir ci-dessus dans l'ensemble XII–XXII), XV et XXI (voir ci-dessus dans l'ensemble XV–XXII), XVI et XXII (voir ci-dessus dans l'ensemble XVI–XXII). Il ne nous reste donc à étudier, en tête du parallèle, que XII et XVIII, puis XIII et XIX. Commençons par **XII et XVIII**. Voici les indices:

XII	89–91a		YHWH
		ta parole	
		tes jugements	
	91b		car… tes serviteurs
	92–96	ton Enseignement… mes délices… je n'oublierai pas	
		tes préceptes	car… tu m'as fait vivre
		car tes préceptes	
		tes témoignages	je discerne
		ton *commandement*	
XVIII	137–138		YHWH
		tes jugements	
		tu as *commandé*	
		tes témoignages	
	139–141		car↓ ils ont oublié↓
		tes paroles↑	ton serviteur
		tes préceptes↓	je n'ai pas oubliés↓
	142–144	ton Enseignement	
		tes commandements	mes délices
		tes témoignages	discerner… je vivrai

Les six volets se correspondent selon un parallèle. Le volet central de XVIII se réfère aussi aux deux volets extrêmes de XII, et donc aux trois volets de XII. Il existe enfin un rapport entre le dernier volet de XII et le premier de XVIII qui finalement fait que le dernier volet de XII appelle les trois volets de XVIII.

Ton serviteur à un titre particulier (140) se compte (et distingue) parmi *tes serviteurs* que sont pour YHWH tous les êtres (91). Lui *discerne* (95) et demande à YHWH de le *faire discerner* (144). *Il n'oublie pas* les *préceptes* (93 et 141). L'Enseignement est pour lui *délices* (92), tout comme les commandements (143). YHWH *l'a fait vivre* (93), *il vivra* (144).

Il ne nous reste plus à comparer que **XIII et XIX**. Les indices ici sont les suivants:

XIII	97–100	*ton Enseignement*	
		ton commandement	car
		car *tes témoignages*… car… observés	
	101–102		*je garde*↑
		ta parole	
		tes jugements↓	car↓ TOI↓
		tu m'as enseigné↓	
	103–104	tes dires	
XIX	145–146	j'observe… je garde	
		tes témoignages	
	147–148	tes paroles	*garde*
		ton dire↓	
	149–152	ton jugement	
		ton Enseignement	TOI
		tes commandements	
		tes témoignages	car

Le rapport le plus net se joue entre le premier volet de XIII et le dernier de XIX. Mais entre les deux premiers volets ici et là on peut repérer un parallèle, et entre les deux derniers ici et là un chiasme. De plus il se trouve, au vu du rapport entre le volet central de XIII avec le premier de XIX, que le volet central de XIII appelle chacun des trois volets de XIX.

Observer et *garder* font le pont entre ces deux strophes. Le psalmiste *a observé* les préceptes (100), *il observe* les lois (145). *Il garde* la parole (101) et les témoignages (146) avec ce zèle qui lui fait devancer les heures de *garde* du matin (148). On notera aussi la référence appuyée à YHWH (*TOI*) en 102 (le maître) et 151 (proche).

Ainsi l'ensemble XII–XXII est-il agencé concentriquement autour de XVII, tandis que XII–XVI et XVIII–XXII, autour de ce même centre XVII, respectent entre elles un parallèle, ce qui schématiquement se présente comme ceci :

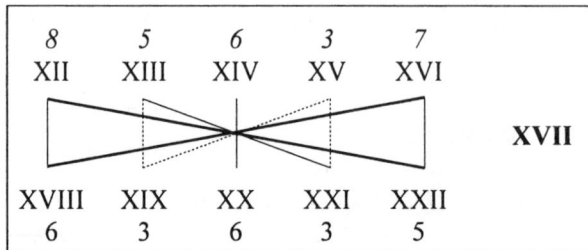

La symétrie concentrique autour de XVII est nette. On y notera en particulier le rapport étroit (huit récurrences) entre les strophes extrêmes XII et XXII, incluant ainsi cet ensemble. Autour du centre XVII les strophes XVI et XVIII sont aussi en étroit rapport (sept récurrences). Le parallèle entre XII–XVI et XVIII–XXII est assez régulier.

Ensemble XI–XXII

Venons-en à **l'ensemble des douze strophes de XI–XXII,** en chiasme et en parallèle. Aux centres du chiasme nous lisons les strophes **XVI et XVII**[200]. Elles se présentent comme ceci:

XVI	121–123	*jugement*	*m'opprimant*
			m'oppriment… mes yeux
		dire	
	124–126	tes lois↓… apprends-moi↓… fais-moi discerner↑	
		tes témoignages↑	
		ton Enseignement↓	
	127–128		*c'est pourquoi* <u>j'ai</u> <u>aimé</u>
		tes commandements	*c'est pourquoi*
		<u>tous</u> <u>tes</u> <u>préceptes</u>	<u>tous</u>… <u>toute</u>
XVII	129–131	tes témoignages	*c'est pourquoi*
			faisant discerner
		tes commandements	
	132–136	*jugement*	<u>aimant</u>
		ton *dire*	<u>toute</u>… *l'oppression*
		<u>tes</u> <u>préceptes</u>	apprends-moi
		tes lois	*mes yeux*
		ton Enseignement	

Les volets extrêmes se répondent selon une inversion. Le volet central de XVI appelle les deux volets de XVII. Le dernier volet de XVII se réfère aux trois volets de XVI.

En 121.122 et 134 le fidèle demande à être libéré de l'*oppression.* Dans son épreuve *ses yeux* se sont achevés pour le salut (123) tandis qu'y viennent d'abondantes larmes au spectacle de ceux qui n'ont pas gardé l'Enseignement (136). En 124b et 135b il demande à YHWH de lui *apprendre ses lois.* Mais il attend aussi qu'il lui donne de *discerner* (125) comme il sait le faire pour les ignorants (130). Pour lui il *a aimé* les com-

---

200 Sur leur enchaînement voir *SVT*, pp. 391–392.

mandements (127), apparenté en cela à ceux qui *aiment* le Nom (132). On notera encore la parenté de sens entre les trois propositions introduites par *C'est pourquoi...* en 127.128 et 129.

Quant aux strophes **XV et XVIII**, voici les indices de leurs rapports:

XV	113–115	*ton Enseignement...* j'ai aimé
		ta parole
		commandements [mon Dieu]
	116–117a	*ton dire* je vivrai↓
	117b–120	car... j'ai aimé
		tes témoignages
		tes jugements
XVIII	137–138	[YHWH]
		tes jugements
		tu as commandé
		tes témoignages
	139–141	car↓
		tes paroles↑
		ton dire a aimé↓↑
	142–144	*ton Enseignement*
		tes commandements
		tes témoignages je vivrai

Les six volets se correspondent en parallèle et en chiasme. Le volet central 139–141 de XVIII se réfère à chacun des trois volets de XV. Et comme il existe encore un rapport entre le volet central de XV et le dernier de XVIII, on peut voir que les deux derniers volets d'ici à là se répondent non seulement en parallèle, mais aussi en chiasme.

Le psalmiste *a aimé* l'Enseignement (113) et les témoignages (119), ainsi que le dire de YHWH (140). Soutenu par le dire de YHWH il *vivra* (116); ou encore recevant de lui le discernement il *vivra* (144).

Nous connaissons déjà les rapports entre XIV et XIX. Passons donc à ceux **entre XIII et XX**. Les indices en sont les suivants:

XIII	97–100		*j'ai aimé*
		ton Enseignement... car... *pour toujours*	
		car *tes témoignages*	
		car *tes préceptes*	
	101–102		je garde↓
		ta parole↓	
		tes jugements↓	
		car↑... tu m'as enseigné↑	
	103–104	*tes dires*	
		tes préceptes	
XX	153–155	car ton Enseignement	
		ton dire	car
	156–157a	*tes jugements*	
	157b–160	*tes témoignages*	
		ton dire	pas gardé
		tes préceptes	*j'ai aimés*
		ta parole	*pour toujours*
		jugement	

Les six volets se répondent en parallèle et en chiasme. De plus le volet central 101–102 de XIII appelle les deux volets extrêmes de XX, tant et si bien qu'il se trouve en rapport avec chacun des trois volets de XX.

En 97 et 159 le psalmiste affirme *avoir aimé* l'Enseignement et les préceptes. La preuve en est qu'il a *gardé* la parole (101), à l'opposé de ceux qui *n'ont pas gardé* le dire de YHWH. Ainsi cet Enseignement *pour toujours* est à lui (98), comme est *pour toujours* tout jugement de YHWH (160).

Poursuivons avec **XII et XXI**. Les indices ici sont les suivants:

XII	89–91a		*YHWH*
		ta parole	
		tes jugements	jour
	91b		[car↓]
	92–96	ton Enseignement... car... sauve-moi... car	
		tes témoignages	
		ton commandement	
XXI	161–162	tes paroles	
	163–165	ton Enseignement↓	jour↑
		jugements↑	
		ton Enseignement↓	
	166–168		ton salut... *YHWH*
		tes commandements	
		tes témoignages (*bis*)	car

Les volets extrêmes se correspondent selon un parallèle, mais le volet initial de XII appelle le dernier de XXI, sans qu'existe le rapport symétrique du dernier volet de XII au premier de XXI. Le volet central de XXI se réfère aux deux volets extrêmes de XII.

Même si elle n'est pas la même, le terme *jour* sert à exprimer une durée tant en 91 qu'en 164: les *jugements* de YHWH se sont maintenus jusqu'à au *jour/d'hui*, et le fidèle sept fois par *jour* le fidèle loue YHWH à cause de ses *jugements*, comme si la permanence de la louange tentait de refléter celle des jugements. En 94 et 166 il apparaît combien le psalmiste attend de YHWH le *salut*.

Nous connaissons déjà les rapports entre XI et XXII et pouvons donc à présent confirmer la disposition en chiasme des douze strophes XI–XXII. Considérons ensuite leur agencement en parallèle. Nous connaissons déjà tous les rapports établissant le parallèle entre XII–XVI et XVIII–XXII (voir ci-dessus pour XII et XVIII, XIII–XIX, XIV et XX l'ensemble XII–XXII, pour XV et XXI l'ensemble XIV–XXII, pour XVI et XXII l'ensemble XVI–XXII). Il ne nous reste donc à examiner que le premier de chaque série, soit **XI et XVII**. Les indices de leurs rapports sont les suivants:

XI	81–83		*salut**… <u>ma</u> <u>gorge</u>
		<u>ta</u> <u>parole</u>	*mes yeux*
		ton dire / à *dire*	<u>car</u>
		tes lois	
	84–85		ton serviteur↓
		jugement↓	
		ton Enseignement↓	
	86–88	*tes commandements*	
		<u>tes</u> <u>préceptes</u>	<u>je</u> <u>garderai</u>
		témoignage	ta *bouche*
XVII	129–131	tes *témoignages*	<u>ma</u> <u>gorge</u>
		<u>tes</u> <u>paroles</u> illumine*… ma *bouche*
		<u>car</u> *tes commandements*	
	132–136	jugement	
		ton dire	<u>je</u> <u>garderai</u>
		<u>tes</u> <u>préceptes</u>… *illumine**… ton serviteur
		tes lois *mes yeux*… pas <u>gardé</u>
		ton Enseignement	

Nous faisons jouer ici la paire stéréotypée *lumière/salut*[201]. Les volets extrêmes se correspondent en parallèle et selon une inversion. Comme le volet central 84–85 de XI appelle le dernier volet de XVII, on peut voir que ce dernier se réfère finalement aux trois volets de XI.

Signalons que nous avons ici le neuvième des dix rapports entre strophes où jouent comme récurrents les *huit* termes désignant la loi. Par ailleurs c'est la même chose qu'attend le psalmiste, sous un mode plus inquiet quand il présente sa gorge achevée pour *le salut* (81), sous un mode plus paisible quand il demande à YHWH d'*illuminer* sa face sur son serviteur. Si *ses yeux* sont aussi achevés pour le dire de YHWH (82), ils sont même remplis de larmes quand ils considèrent ceux qui n'ont *pas gardé*

---

201 Voir n.175.

l'Enseignement (136). Face à ceux-là il peut se présenter comme celui qui *gardera* le témoignage (88) et les préceptes (134), bref comme le *serviteur* (84 et 135). Si *sa gorge* s'est achevée pour le salut (81), elle observe aussi les merveilles des témoignages (129). Il garde le témoignage de la *bouche* de YHWH, et quant à la sienne, elle est ouverte, pleine du désir des commandements.

Ainsi donc les douze strophes de XI–XXII sont-elles agencées entre elles selon un chiasme et selon un parallèle, ce qui schématiquement peut être présenté comme suit:

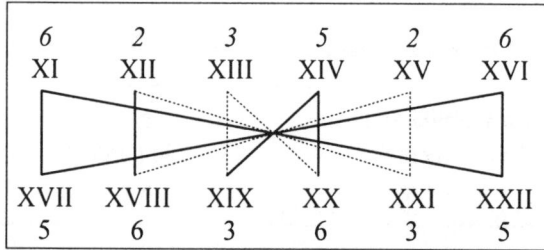

Le chiasme est assez net, plus faible dans les deuxièmes et avant-dernières strophes (deux et deux récurrences). Le parallèle se tient.

Ensemble X–XXII

Passons aux **treize strophes de X–XXII**. Elles sont agencées concentriquement autour de XVI, et de plus, toujours autour de XVI, X–XV et XVII–XXII se répondent selon un parallèle. Contiguës au centre nous lisons **XV et XVII**. Voici les indices de correspondance entre ces deux strophes:

XV	113–115	*ton Enseignement* ta parole commandements	*j'ai aimé* j'observe
	116–117a	ton dire↓	je serai sauvé*↓↑
	117b–120	tes lois (bis) *tes témoignages* tes jugements	car... j'ai aimé
XVII	129–131	*tes témoignages* tes paroles car tes commandements	observés illumine*
	132–136	jugement ton dire tes lois *ton Enseignement*	*aimant* illumine*

Nous faisons jouer ici la paire stéréotypée *illuminer/sauver*[202]. Les volets extrêmes se répondent en parallèle et selon une inversion. Le volet central 116–117a de XV appelle les deux volets extrêmes de XVII.

Si le fidèle *observe* les commandements (115) et les témoignages (129), c'est qu'il *a aimé* cet Enseignement (113) et ces témoignages (119), faisant ainsi partie de ceux qui *aiment* le Nom (132). Ainsi peut-il espérer voir exaucée sa prière d'être *sauvé* (117), *illuminé* (135), sachant combien l'ouverture des paroles *illumine* (130).

202 Voir n.175.

Poursuivons en comparant les strophes **XIV et XVIII**. Voici les indices:

XIV	105–108	ta parole		
		jugements	de *ta justice*... <u>tout</u> <u>à</u> <u>fait</u>	
			<u>YHWH</u>, *fais-moi vivre*	
		ta parole	<u>YHWH</u>	
		<u>tes</u> jugements		

	109–112	<u>ton</u> <u>Enseignement</u>	pas oublié	
		tes préceptes		
		tes témoignages...<u>pour</u> <u>toujours</u>... car	
			<u>pour</u> <u>toujours</u>	

XVIII	137–138		<u>juste</u>... <u>YHWH</u>	
		<u>tes</u> jugements	<u>justice</u> de	
		tes témoignages	<u>tout</u> <u>à</u> <u>fait</u>	

	139–141		ils ont oublié↓	
		tes paroles↑	tout à fait↑	
		tes préceptes↓	pas oubliés↓	

	142–144	*ta justice* (*bis*)... <u>pour</u> <u>toujours</u>	
		<u>ton</u> <u>Enseignement</u>	*justice*	
		tes témoignages,	<u>pour</u> <u>toujours</u>	
			je vivrai	

Les volets extrêmes se répondent selon un parallèle et selon une inversion. Le volet central 139–141 de XVIII se réfère aux deux volets extrêmes de XIV.

La prière *Fais-moi vivre* en XIV (107) a pour écho en XVIII (144) son exaucement: *je vivrai*. Elle peut s'appuyer sur le fait que le fidèle *n'a pas oublié* l'Enseignement (109) ou les préceptes (141), à la différence de ceux qui *ont oublié* les paroles (139). Ici et là deux expressions visent l'intensité (*tout à fait*) ou la durée (*pour toujours*). *Tout à fait* caractérise l'humiliation en 107, épreuve pour le psalmiste, mais le passage au creuset pour le dire en 140, épreuve en quelque sorte pour le dire divin. *Pour toujours* connote l'héritage reçu, *les témoignages* et la fidélité du psalmiste en 111 et 112, mais la justice et *les témoignages* en 142 et 144. En 106 le psalmiste jure solennellement de garder les jugements de la *justice* de YHWH, cette *justice* dont la strophe XVIII nous dit les traits fondamentaux (voir au besoin notre présentation de cette strophe dans notre première partie).

Nous connaissons déjà les rapports entre XIII et XIX (voir ci-dessus dans l'ensemble XII–XXII) et pouvons ainsi passer à **XII et XX**. Voici les indices de correspondances entre ces deux strophes:

XII	89–91a		*YHWH*
		ta parole	*ta fidélité*
		tes *jugements*	

	91b	[car↑]

	92–96	*ton Enseignement*	*humiliation*
			je n'oublierai pas
		tes préceptes... *car*... <u>*tu m'as fait vivre*</u>	
			sauve-moi
		car tes <u>préceptes</u>	*recherchés*
			méchants
		tes <u>témoignages</u>	<u>*j'ai vu*</u>

XX	153–155		*vois... humiliation*
		car ton Enseignement	*pas oublié*
		fais-moi vivre... méchants	
		salut... car... pas recherchées	

	156–157a	YHWH↑
	tes jugements↑	fais-moi vivre↓

	157b–160	tes <u>témoignages</u>	<u>*j'ai* vu</u>... <u>vois</u>
		tes <u>préceptes</u> *YHWH*...	<u>fais-moi vivre</u>
		ta parole	*fidélité*
		jugement	

Les volets extrêmes se répondent selon une inversion. Le volet central 156–157a de XX se réfère aux deux volets extrêmes de XII. Les deux derniers volets se répondent entre eux. On notera la riche articulation entre le dernier volet de XII et le premier de XX. On pourrait la présenter ainsi:

		vois	153
92	ton Enseignement	mon humiliation	
	mon humiliation	car ton Enseignement	
93	je n'oublierai pas	je n'ai pas oublié	
	car... tu m'as fait vivre	fais-moi vivre	154
94	sauve-moi	des méchants	155
	car... j'ai recherchés	le salut	
95	les méchants	car... ils n'ont pas recherchées	
96	**j'ai vu**		

Une fois sa *parole* placée aux cieux, la *fidélité* de YHWH dure de génération en génération (89–90), la tête de la *parole* étant *fidélité* (160). Sans
l'Enseignement le psalmiste aurait péri dans son *humiliation* (92). Il peut
appeler l'attention de YHWH sur son *humiliation* pour l'affranchir, car il
n'a pas oublié *l'Enseignement* (153). L'Enseignement lui permet ainsi
d'éviter la mort et d'obtenir de YHWH le salut. Il *n'a pas oublié*
l'Enseignement (153), et jamais il *n'oubliera* les préceptes (93). YHWH
l'*a fait vivre* (93) en réponse à sa demande répétée (154, 156, 159), lui de-
mandant encore en d'autres termes *le salut* (94), ce *salut* qui reste éloigné
des méchants (155). Lui *a recherché* les préceptes (94), les *méchants n'ont
pas recherché* les lois (155). Ces *méchants* espéraient même le faire périr
(95). Lui de tout achèvement *a vu* l'extrémité (96), il *a vu* des gens trahissant (158). Mais à YHWH il demande de *voir* son humiliation (153) et sa
fidélité (159).

Passons aux strophes **XI et XXI**. Nous y découvrons les indices que
voici:

XI	81–83		pour *ton salut ma gorge*
		ta <u>parole</u>	
		ton <u>dire</u> / à <u>dire</u>	*car…* <u>comme</u>
	84–85	*jugement*	
		ton <u>Enseignement</u>	
	86–88	tes <u>commandements</u> mensonge…	*MOI*
		tes <u>préceptes</u>	<u>je garderai</u>
		<u>témoignage</u>	
XXI	161–162	tes <u>parole</u>	*MOI*
		ton <u>dire</u>	<u>comme</u>
	163–165		mensonge↓
		ton <u>Enseignement</u>	
		jugements	
		ton <u>Enseignement</u>	
	166–168		*ton salut*
		tes <u>commandements</u>… <u>a gardé</u>, *ma gorge*	
		tes <u>témoignages</u>	<u>j'ai gardé</u>
		tes <u>préceptes</u>	
		tes <u>témoignages</u>	*car*

Les six volets se répondent en parallèle et en chiasme. Il existe de plus un rapport entre le volet central 163–165 de XXI et le dernier volet de XI (récurrence de *mensonge*).

Tourné vers *le salut* (81 et 166), *la gorge* du fidèle s'est ainsi achevée (81), mais elle a aussi gardé et aimé les témoignages (167). Et il peut user de deux comparaisons à son avantage, puisque le voilà *comme* un parchemin (liturgique) en fumée, étant ainsi évoquée sa méditation de l'Enseignement (83) et *comme* qui aurait trouvé un butin abondant, étant ainsi évoquées les richesses contenues dans ledit Enseignement (162). Il *gardera le témoignage* (88), il *a gardé les témoignages* (167 et 168). C'est avec *mensonge* que ses ennemis l'ont poursuivi (86), mais *le mensonge*, lui le hait et l'abomine (163). *LUI* (*MOI*), il n'a pas abandonné les préceptes (87) et déborde d'allégresse à cause du dire divin (162).

Nous pouvons à présent en venir aux extrêmes de notre symétrie concentrique, soit les **strophes X et XXII**. Et voici les indices de correspondances entre elles:

X	73–77a		j'apprendrai
		tes commandements	
		car… <u>ta parole</u> <u>YHWH</u>… *car* justice	
		tes jugements	
		<u>ton dire</u> à *ton serviteur…* je vivrai	

	77b	car ton Enseignement↓↑mes délices↓↑

	78–80	car… tes préceptes
		tes lois

XXII	169–170		<u>YHWH</u>
		<u>ta parole</u>	
		<u>ton dire</u>	

	171–172	car↓↑ tu m'apprends↑
		tes lois↓
		ton dire↑
		car↓↑… tes commandements↑ justice↑

	173–175a	car↓↑ tes préceptes↓	YHWH↓↑
		ton Enseignement	mes délices
			vive↑

	175b–176	*tes jugements*	*ton serviteur*
		car tes commandements	

Le fait le plus frappant est que le premier volet 73–77a de X se trouve en rapport avec chacun des quatre volets de XXII. Mais constatons aussi les rapports entre premier volet de X et deuxième de XXII, puis dernier volet de X et troisième de XXII. Enfin il existe une inversion (un chiasme) de rapports entre les deux derniers volets de X et les deux volets centraux de XXII.

Si YHWH le fait discerner, le psalmiste *apprendra* (73), et c'est louange quand YHWH lui *apprend* ses lois (171). YHWH saura bien accorder la consolation à *son serviteur* (76), et mieux encore venir le chercher quand il s'est égaré (176). Ainsi *vivra-t-il*, et s'il désire que *vive* sa gorge, c'est pour pouvoir louer YHWH (175). *L'Enseignement*, ce sont ses *délices* (77b = 174b). En 75 il est dit que les jugements de YHWH sont *justice*, et en 172 la même chose des commandements.

Ainsi avons-nous achevé l'étude de la symétrie concentrique en X–XXII. Considérons maintenant le parallèle, autour de XVI **entre X–XV et XVII–XXII**. Nous en connaissons déjà la deuxième moitié, soit les rapports parallèles entre XIII–XV et XX–XXII (voir ci-dessus pour XIII et XX dans l'ensemble XI–XXII, pour XIV et XXI dans l'ensemble XIII–XXII, pour XV et XXII dans l'ensemble XV–XXII). Il nous reste à étudier la première moitié. Commençons par **X et XVII**, dont voici les indices de correspondance:

X	73–77a	discerner
		tes <u>commandements</u>
		<u>car</u> sur <u>ta parole</u> … [*YHWH*]
		<u>car</u>… tes *jugements*
		ton dire *ton serviteur*
	77b	[car↑] ton Enseignement↓
	78–80	*car*… tes <u>préceptes</u>
		tes témoignages
		tes <u>lois</u>
XVII	129–131	*tes témoignages*
		tes <u>paroles</u> discerner
		car tes <u>commandements</u>
	132–136	*jugement* [*ton nom*]
		ton dire
		tes <u>préceptes</u>… *ton serviteur*
		tes <u>lois</u>
		ton Enseignement

Les volets extrêmes se répondent selon un parallèle et selon une inversion. Et puisqu'existe en outre un rapport entre le volet central 77b de X et le volet final de XVII, on peut voir que s'assemblent dans ce dernier les trois volets de X.

Signalons que nous avons ici le dixième et dernier des dix rapports[203] entre strophes où jouent comme termes récurrents les *huit* termes désignant la loi. Par ailleurs si le fidèle demande le *discernement*, c'est pour apprendre les commandements (73). Il sait que l'ouverture des paroles illumine et *fait discerner* les ignorants (130). Pour le *serviteur* il demande la consolation (76) et l'illumination (135).

Entre XI et XVIII nous découvrons les indices que voici:

XI	81–83	ta parole ton dire / à dire… car… pas oubliées	
	84–85	jugement↑ ton Enseignement↓	*ton serviteur*
	86–88	tes *commandements* tes préceptes *témoignage*	fais-moi vivre
XVIII	137–138	tes jugements tu as *commandé* tes *témoignages*	
	139–141	tes paroles↑ ton dire↑ tes préceptes↓	ils ont oublié↑ *ton serviteur* pas oubliés↑
	142–144	ton Enseignement tes commandements tes témoignages	je vivrai

---

203 Lesquels se lisent donc (selon l'ordre où nous les avons traités ci-dessus) entre les strophes VI et VIII, VI et X, VI et XI, VIII et X, VIII et XVII, VIII et XI, X et XI, VI et XVII, XI et XVII, X et XVII. Ravasi (p.454) comptait aussi la dernière strophe comme contenant ces *huit* termes désignant la loi, mais c'est une erreur. En réalité, elle n'en comporte que sept. Il y a au total cinq strophes comportant ces huit termes, soit VI, VIII, X, XI, et XVII.

Les deux volets centraux et le volet final de XI correspondent avec chacun des trois volets de l'autre strophe.

Le fidèle *n'a pas oublié* les lois (83), ni les préceptes (141), à la différence de ses adversaires qui *ont oublié* les paroles (139). Lui reste *serviteur* (84 et 140). Aussi quand il demande à YHWH de le *faire vivre* (88) sait-il bien qu'il *vivra* (144).

Pour ce qui est de **XII et XIX** les indices sont les suivants:

XII	89–91a		*YHWH*
		ta parole	
		tes jugements	
	91b		[car↓]
	92–96	<u>ton Enseignement</u>... <u>car</u>... <u>tu m'as fait vivre</u>	
		sauve-moi... <u>car</u>... espéré*	
		<u>tes témoignages</u>	
		<u>ton commandement</u>	
XIX	145–146		<u>YHWH</u>... *sauve-moi*
		tes témoignages	
	147–148	<u>tes paroles</u>↑	j'ai compté*↓
	149–152		*YHWH*
		ton jugement	<u>fais-moi vivre</u>
		<u>ton Enseignement</u>	*YHWH*
		<u>tes commandements</u>	
		<u>tes témoignages</u>	<u>car</u>

Nous faisons jouer ici la paire stéréotypée *espérer/compter*[204]. Les volets extrêmes se correspondent selon un parallèle et selon une inversion. Le volet central 147–148 de XIX se réfère aux deux volets extrêmes de XII.

Le fidèle sait bien comment YHWH *fait vivre* (93) alors même qu'il lui demande de la *faire vivre* (149). C'est avec cet arrière-fond qu'il lui adresse ses demandes de *salut* (94 et 146). Ses ennemis ont *espéré* le faire périr (95), mais lui a *compté* sur les paroles de YHWH.

---

204 Voir n.166.

Ainsi donc les strophes XII–XXII sont-elles ordonnées concentriquement autour de XVI, les deux séries X–XV et XVII–XXII (entourant XVI)
pouvant également se lire selon un parallèle, ce qu'on pourra présenter
schématiquement comme suit:

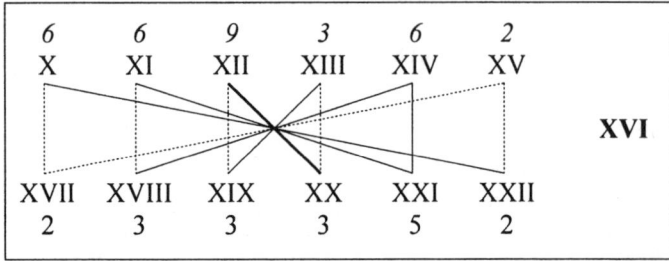

6	*6*	*9*	*3*	*6*	*2*	
X	XI	XII	XIII	XIV	XV	
						XVI
XVII	XVIII	XIX	XX	XXI	XXII	
2	3	3	3	5	2	

La symétrie concentrique autour de XVI est assez nettement indiquée. On
y relèvera le rapport étroit (neuf récurrences) entre XII et XX. Le parallèle
entre X–XV et XVII et XXII est plus discret, faible en ses extrêmes (deux
et deux récurrences).

Ensemble IX–XXII

Nous abordons donc maintenant **l'ensemble des quatorze strophes IX–
XXII**, ordonnées entre elles selon un chiasme et selon un parallèle. Les
éléments centraux du chiasme sont **les strophes XV et XVI**[205]. Elles se
présentent comme ceci:

XV	113–115		*j'ai haïs*
		ton Enseignement	*j'ai aimé*
		commandements	[de mon Dieu]
	116–117a	ton dire↑	je serai sauvé↑
	117b–120	tes lois	<u>tous</u>
		tes lois… <u>tous</u>… <u>c'est</u> <u>pourquoi</u> <u>j'ai</u> <u>aimé</u>	
		tes témoignages	
		tes *jugements*	
XVI	121–123	*jugement*	salut
		dire	
	124–126	tes lois↓	
		tes témoignages↓	[YHWH]↑
		ton Enseignement↑	
	127–128	<u>c'est</u> <u>pourquoi</u> *j'ai* <u>aimé</u>	
		tes *commandements*	<u>c'est</u> <u>pourquoi</u>
		<u>tous</u>… <u>tous</u>… *j'ai haïe*	

Les volets extrêmes se répondent selon une inversion. Comme le dernier
volet de XV se trouve aussi en rapport avec le volet central et le volet final
de XVI, on voit qu'il appelle chacun des trois volets de XVI. Entre les
deux premiers volets d'ici à là on notera encore des rapports disposés en
chiasme, si bien que ici et là le premier volet correspond aux deux derniers
volets de l'autre strophe.

---

205 Sur leur enchaînement voir *SVT*, pp. 387–389.

L'ensemble de ces deux strophes consécutives présente une inclusion avec les antonymes *aimer/haïr*[206] dans le premier volet de XV et le dernier de XVI. En 113 le fidèle affirme *haïr* les divisés et *aimer* l'Enseignement, avec un écho en 119 sur *l'amour* des témoignages. En 127–128 il dit *aimer* les commandements et *haïr* le mensonge. On aura remarqué l'inversion des termes. Il sera *sauvé* (117), et ce n'est pas pour rien que ses yeux se sont achevés pour le *salut* (123). L'adjectif *tout* nous guide de 118–119 à 128 vers le rejet ici de *tous* ceux qui errent loin des lois, *tous* les méchants et là du mensonge, rejet qui s'oppose ici à la considération pour *tous* les préceptes. On notera que *j'ai aimé* est précédé par *c'est pourquoi* en 119b comme en 127a, avec ici un écho en 128 sur la considération des préceptes.

Les strophes **XIV et XVII** présentent les indices de correspondance que voici :

XIV	105–108	ta parole	*lumière*
		jugements	
		ta parole	ma bouche
		tes *jugements*	apprends-moi
	109–112	ton Enseignement	
		tes préceptes	
		tes *témoignages*	car
		tes lois	
XVII	129–131	tes *témoignages*	
		tes paroles…illumine… ma bouche… *car*	
	132–136	jugement	
		tes préceptes	*illumine… apprends-moi*
		tes lois	
		ton Enseignement	

Nos quatre volets se répondent en parallèle et en chiasme.

D'une strophe à l'autre se répondent les demandes d'*apprendre* les jugements (108) et les lois (135). La (les) *parole(s)* sont une *lumière* pour le fidèle (105 et 130), et le fidèle demande même à YHWH d'*illuminer* sur lui sa face. Il demande encore à YHWH de prendre plaisir aux générosités

---

206 Lesquels constituent une paire stéréotypée : voir n.64.

de *sa bouche* (108), alors que cette même *bouche* est en plein désir des commandements.

Connaissant déjà les rapports entre XIII et XVIII (voir ci-dessus dans l'ensemble XIII–XXII) ainsi que entre XII et XIX (voir ci-dessus dans l'ensemble X–XXII), nous passons maintenant aux rapports entre **XI et XX**. En voici les indices:

XI	81–83		ton <u>salut</u>
		ta parole	
		ton <u>dire</u> / à *<u>dire</u>*	<u>car</u>
		<u>tes</u> <u>lois</u>	<u>pas</u> <u>oubliées</u>
	84–85	*jugement*↓	
		ton Enseignement↑	
	86–88		<u>tous</u>… <u>fidélité</u>
		<u>tes</u> <u>préceptes</u> <u>ta</u> <u>loyauté</u> *fais-<u>moi</u> <u>vivre</u>*	
			je <u>garderai</u>
		<u>témoignage</u>	
XX	153–155	<u>car</u> ton Enseignement	<u>pas</u> <u>oublié</u>
		<u>ton</u> <u>dire</u> *fais-moi vivre*… <u>salut</u>	
		<u>car</u> <u>tes</u> <u>lois</u>	
	156–157a	<u>tes</u> *<u>jugements</u>*	fais-moi vivre↓
	157b–160	<u>tes</u> <u>témoignages</u>	
		ton dire	pas <u>gardé</u>
		<u>tes</u> <u>préceptes</u>… <u>ta</u> <u>loyauté</u> <u>fais</u>-<u>moi</u> <u>vivre</u>	
		ta parole	<u>fidélité</u>
		<u>tout</u> jugement	

Nos six volets se correspondent en parallèle et selon un chiasme. De plus le volet central de XI appelle les deux volets extrêmes de XX, et donc chacun des trois volets de XX. Reste encore un rapport entre le dernier volet de XI et le volet central de XX, faisant que les deux derniers volets ici et là se répondent et en parallèle, et en chiasme.

La gorge du fidèle s'est achevée pour *le salut* (81), mais ce dernier reste éloigné des méchants (155). Lui *n'a pas oublié* les lois (83) ni l'Enseignement (153). Tous les commandements sont *fidélité* (86) et la tête de la parole est *fidélité* (160). Le fidèle s'appuie sur *la loyauté* divine pour obtenir *la vie* (88a = 159b), ou encore sur le dire (154) et les jugements (156). Lui *gardera* les témoignages (88), à la différence de ceux qui *n'ont pas gardé* le dire divin.

Connaissant déjà les rapports entre X et XXI, nous pouvons passer maintenant à **IX et XXII**, strophes extrêmes du chiasme IX–XXII. Les indices de leurs correspondances sont les suivants:

IX	65–67a	*ton serviteur...* YHWH	
		ta parole	apprends-moi
		car à *tes commandements*	
		ton dire	
	67b–70		apprends-moi
		tes lois	
		tes préceptes	comme↓
		ton Enseignement... je me suis délecté	
	71–72	car... j'apprenne	
		tes lois	
		l'Enseignement	
XXII	169–170	YHWH	
		ta parole	
		ton dire	
	171–172	car↓↑ tu m'apprends↓↑	
		tes lois↓	
		ton dire↑	
		car↓↑... tes commandements↑	
	173–175a	car↓↑ tes préceptes	YHWH↑
		ton Enseignement↓	mes délices
	175b–176	comme... *ton serviteur*	
		car tes commandements	

Chacun des deux volets centraux de XXII se réfère à chacun des trois volets de IX. De plus, étant donnés les rapports entre le premier volet de IX et les volets extrêmes de XXII, on voit que ce premier volet de IX est en rapport avec chacun des quatre volets de XXII.

S'il est vrai que YHWH a opéré le bon envers *son serviteur* (65), il ne va pas manquer à chercher *son serviteur* égaré (176). Ce dernier lui demande instamment de lui *apprendre* ce qui est bon (66), *ses lois* (68), et c'est ce qui est advenu lors de son humiliation (71), puisqu'il y a *appris ses lois*. De *l'Enseignement il s'est délecté* (70b = 174b, presque identiques). Il entend donc louer celui qui lui *apprend ses lois*. Le vrai bonheur n'est pas pour ceux-là qui sont gorgés *comme* de graisse (70), mais pour celui qui est *comme* un mouton errant (176). Le nom divin ici s'inscrit toujours dans les interpellations à celui qui le porte.

Pour ce qui est du **parallèle entre IX–XV et XVI–XXII** nous en connaissons déjà presque tous les rapports (voir ci-dessus pour X et XVII, XI et XVIII, XII et XIX dans l'ensemble X–XXII, pour XIII et XX dans l'ensemble XI–XXII, pour XIV et XXI dans l'ensemble XIII–XII, pour XV et XXII dans l'ensemble XV–XXII) sauf celui, initial, **entre IX et XVI**, que nous considérons à présent. Voici quels en sont les indices:

IX	65–67a		le <u>bon</u>… <u>tu</u> <u>as</u> <u>fait</u>
			<u>ton</u> <u>serviteur</u>… YHWH
		ta parole… <u>le</u> <u>bon</u>… connaissance… apprends-moi	
		tes commandements	
		ton <u>dire</u>	

	67b–70		bon (*bis*)↑… *<u>apprends-moi</u>*
		tes <u>lois</u>	mensonge↓…orgueilleux↑
		tes préceptes↓	
		<u>ton</u> <u>Enseignement</u>	

	71–72		*bon*… j'apprenne
		tes lois	*bon*
		enseignement	<u>plus</u> <u>que</u>… or

XVI	121–123		<u>j'ai</u> <u>fait</u>… <u>ton</u> <u>serviteur</u>
			le *<u>bon</u>*… orgueilleux
		<u>dire</u>	

	124–126		fais↑… ton serviteur↑
		tes <u>lois</u>↓…	*<u>apprends-moi</u>*↓↑…ton serviteur↑
			je connaîtrai↑… faire↑… YHWH↑
		<u>ton</u> <u>Enseignement</u>↓	

	127–128	*tes commandements*	<u>plus</u> <u>que</u> l'or
		tes préceptes	mensonge

Les six volets se trouvent en correspondance avec chacun des trois volets de l'autre strophe.

Le *bon*, voilà ce que YHWH a fait avec son serviteur (65), car il est lui-même *bon* (68). Aussi le serviteur demande à apprendre le *bon* (66), ce qu'il pourra déjà découvrir dans l'Enseignement de la bouche divine (72), tout cela se lisant en IX. En XVI il reprend une demande concernant le *bon(heur)* en 122. Si *ton serviteur* ne se lit qu'une fois en IX, dans le premier verset (65), on le lit trois fois en XVI, en 122, 124 et 125. Ce *serviteur* sait bien comment il a déjà été traité (65), et ses demandes de 122 et 124 en faveur du *serviteur* sont suivies du rappel de sa qualité de *serviteur* (125). Il demande la *connaissance* selon 66, et selon 125 il finira par *connaître* les témoignages. A cette fin il demande encore d'*apprendre*

(66.68 et 124) et réalise que l'humiliation lui fut bonne pour *apprendre* les lois (71). YHWH a *fait* ce qui est bon pour son serviteur (65), lequel parlant donc d'expérience quand il demande de *faire* pour lui selon sa loyauté (124), discernant le temps de *faire* pour YHWH (126). Les *orgueilleux* ont combiné contre lui *le mensonge* (69). Pourvu que ces *orgueilleux* n'oppriment pas le fidèle (122), lequel hait toute route de *mensonge* (128). L'Enseignement de la bouche de YHWH représente pour lui *plus que* des milliers d'*or* et d'argent (72), il aime ses commandements *plus que l'or*, l'or pur (127).

Ainsi les quatorze strophes IX–XXII sont-elles agencées non seulement en chiasme, mais aussi en parallèle, ce que nous présenterons schématiquement comme ceci:

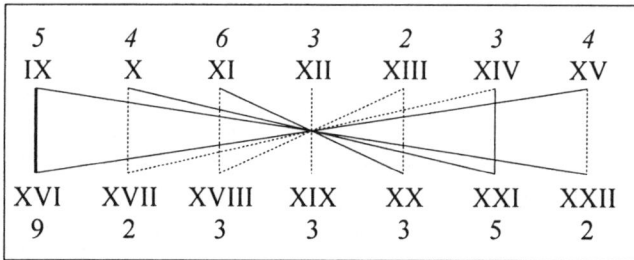

5	*4*	*6*	*3*	*2*	*3*	*4*
IX	X	XI	XII	XIII	XIV	XV
XVI	XVII	XVIII	XIX	XX	XXI	XXII
9	2	3	3	3	5	2

Le chiasme est assez lisible, le parallèle plus faible, sauf en son premier rapport (neuf récurrences entre IX et XVI).

Ensemble VIII–XXII

Considérons maintenant **les quinze strophes de l'ensemble VIII–XXII**, soit la symétrie concentrique autour de XV, puis le parallèle entre VIII–XIV et XVI–XXII. Les strophes contiguës au centre sont donc **XIV et XVI**. Entre elles jouent les indices de correspondance suivants:

XIV	105–108	jugements tes jugements	de ta justice… YHWH (*bis*) apprends-moi
	109–112	ton Enseignement tes préceptes tes témoignages tes lois	
XVI	121–123	jugement	et justice… ta justice
	124–126	tes lois↓ tes témoignages↓ ton Enseignement↓	apprends-moi↑ YHWH↑
	127–128	tes préceptes	

Les volets extrêmes se répondent parallèlement. Le volet central 124–126 de XVI se réfère aux deux volets de XIV.

On lit dans chaque strophe une demande pour *apprendre*, soit les jugements (108), soit les lois (124). En 106 le psalmiste jure de garder les *jugements* de la *justice*, et de fait en 121 il peut avancer qu'il a fait *jugement et justice* et en 123 que ses yeux se sont achevés pour le dire de cette *justice*.

Passons à **XIII** et **XVII**, en repérant d'abord les indices:

XIII 97–100		*j'ai aimé*
	ton Enseignement	
	<u>ton</u> <u>commandement</u>	<u>car</u>
	<u>car</u> <u>tes</u> <u>témoignages</u>	<u>je</u> <u>discerne</u>
	<u>car</u> *tes préceptes*	<u>j'ai</u> <u>observés</u>
101–102		je garde↓
	ta parole↑	
	tes jugements↓	
	car↑ tu m'as enseigné↓	
103–104	<u>tes</u> <u>dires</u>	*ma bouche*
	<u>tes</u> <u>préceptes</u> *je discerne... c'est pourquoi*	
XVII 129–131	<u>tes</u> <u>témoignages</u>... *c'est pourquoi...* <u>observés</u>	
	tes paroles <u>*discerner*</u>... *ma bouche*	
	<u>car</u> <u>tes</u> <u>commandements</u>	
132–136	jugement	*aimant*
	<u>ton</u> <u>dire</u>	je garderai
	<u>tes</u> <u>préceptes</u>	pas gardé
	ton Enseignement	

Les volets extrêmes se répondent en parallèle et selon une inversion. Le volet central 101–102 de XIII appelle les deux volets de XVII.

Le psalmiste se présente comme ayant *aimé* l'Enseignement (97), plus directement encore comme faisant partie de ceux *aimant* le Nom (132). Il *discerne* mieux que les vieux (100) grâce aux préceptes (104) et sait comme l'ouverture des paroles fait *discerner* les ignorants (130). Il a *observé* les préceptes (100) et les témoignages (129), *garde* la parole (101) et les préceptes (134), à la différence de ceux qui *n'ont pas gardé* l'Enseignement (136). Les dires divins sont plus doux que le miel pour *sa bouche* (103), cette *bouche* ouverte dans le désir des commandements (131). De 104, dernier verset de XIII, à 129, premier verset de XVII, on relèvera encore l'opposition entre les deux propositions introduites par *c'est pourquoi*: haine du mensonge, observation des témoignages.

Nous connaissons déjà les rapports entre XII et XVIII et pouvons donc passer à **XI et XIX**. Voici les indices de correspondance:

XI	81–83		<u>salut</u>
		ta parole	j'ai compté… mes yeux
		ton dire (dire)	*car*
		<u>tes</u> <u>lois</u>	
	84–85	jugement↓	
		ton Enseignement↓	
	86–88	<u>tes</u> <u>commandements</u>	<u>fidélité</u>
		<u>ta</u> <u>loyauté</u>… <u>fais-moi</u> <u>vivre</u>… *je garderai*	
		témoignage	
XIX	145–146	<u>tes</u> <u>lois</u>	<u>sauve-moi</u>… *je garde*
		tes *témoignages*	
	147–148	tes paroles↑… j'ai compté↑… mes yeux↑… garde↓	
		ton dire↑	
	149–152		<u>ta</u> <u>loyauté</u>
		ton jugement	<u>fais-moi</u> <u>vivre</u>
		ton Enseignement	
		<u>tes</u> <u>commandements</u>	<u>fidélité</u>
		<u>tes</u> <u>témoignages</u>	*car*

Les volets extrêmes se répondent parallèlement. Le volet central 147–148 de XIX se réfère aux deux volets extrêmes de XI. Et puisqu'il existe aussi un rapport entre le dernier volet de XIX et le volet central de XI, on peut voir que les deux dernières unités ici et là se répondent en chiasme. Enfin il existe un rapport entre le dernier volet de XI et le premier de XIX, tant et si bien que le dernier volet de XI appelle chacun des trois volets de XIX.

L'attente du *salut* en 81 devient une demande directe en 146: *Sauve-moi!* Le fidèle *a compté sur la (les) parole(s)* (81b = 147b, quasi-équivalence). *Ses yeux* se sont achevés pour le *dire* divin (82) et précèdent l'aurore pour méditer à son sujet. Il entend bien *garder le(s) témoignage(s)* (88b = 146b, quasi-équivalence). Il le sait, *tous les commandements sont fidélité* (86a = 151b). Aussi demande-t-il avec assurance: *Fais-moi vivre* (88a: selon ta loyauté, et 149b: selon ton jugement). Le recours à *la loyauté* divine appuie cette dernière demande en 88, puis celle d'une écoute en

149. Il est remarquable qu'entre ces deux strophes trois formules presque identiques d'ici à là en marquent les rapports.

Connaissant déjà le rapport entre X et XX nous pouvons maintenant considérer **IX et XXI**. Les indices sont les suivants:

IX	65–67a		*tu as fait*... YHWH
		ta <u>parole</u>	
		car à *tes commandements*	
		<u>ton</u> <u>dire</u>	*j'ai gardé*
	67b–70		*mensonge*... MOI↑... mon cœur↑
		tes préceptes↑... comme↑... cœur↑... MOI↑	
		ton *Enseignement*	
	71–72	[<u>car</u>]... enseignement	
XXI	161–162	<u>tes paroles</u>	mon cœur... MOI
		<u>ton</u> <u>dire</u>	comme
	163–165		*mensonge*
		ton *Enseignement* (*bis*) ↓	
	166–168		YHWH
		tes commandements	*j'ai fait*... *gardé*
		tes préceptes	*car*

Le premier volet de XXI se réfère aux deux premiers de IX, puis le deuxième volet de XXI aux deux derniers de IX. De plus se correspondent le premier volet de IX et le dernier de XXI.

Ce que YHWH *a fait* avec son serviteur, c'est du bon (65), en retour ce dernier a tout *fait* en conformité avec les commandements (166). Il a *gardé* le dire divin (67) et les témoignages (167). Et tandis que les orgueilleux ont combiné contre lui *le mensonge* (69), lui l'a haï et abominé (163). De tout *cœur* il observe les préceptes (69) et son *cœur* redoute les paroles (161), tandis que le *cœur* des orgueilleux est gorgé *comme* de graisse (70). A cette comparaison répond et s'oppose celle de 162 où le fidèle devant le dire divin se présente *comme* un homme qui a trouvé un butin abondant. Ainsi se présente-t-il (*MOI*) non seulement comme fidèle (69b: *MOI*, j'observe...), mais aussi comme comblé (70b: *MOI*, je me suis délecté, et 162a: *MOI*, ... comme un homme qui a trouvé un butin abondant).

Aux extrêmes de notre symétrie concentrique se lisent les strophes **VIII et XXII**, auxquelles nous en venons maintenant, et d'abord en relevant les indices:

VIII	57–58		YHWH
		tes paroles	
		ton dire	
	59–61a	*tes commandements*	
	61b–64	ton Enseignement… pas oublié…	rendre grâce*
		jugements	de ta justice
		tes préceptes	*YHWH*
		tes lois	apprends-moi
XXII	169–170		*YHWH*
		ta parole	
		ton dire	
	171–172		louange*↓… tu m'apprends↓
		tes lois↓	
		ton dire↑	
		tes commandements	justice↓
	173–175a	tes préceptes↓	YHWH↑
		ton Enseignement↓	loue*↓
	175b–176	jugements	
		tes commandements	pas oubliés

Le premier volet de VIII appelle les trois premiers de XXII, le dernier volet de VIII appelle les trois derniers de XXII. Et puisque le dernier volet de VIII appelle aussi le premier volet de XXII, on voit que le dernier volet de VIII appelle au total les quatre de XXII. Quant au volet central de VIII, il se trouve en rapport avec les deuxième et dernier volets de XXII, comme parallèlement au premier volet de VIII qui, nous l'avons vu, est en rapport avec les premier et troisième volets de XXII.

Le psalmiste *n'a oublié* ni l'Enseignement (61), ni les commandements (176). Ayant demandé à YHWH de lui *apprendre ses lois* (64), il peut aussi constater: *tu m'apprends tes lois* (171). Aussi peut-il *rendre grâce* (62) et *louer* YHWH (171.175). En 62 le psalmiste affirme se lever la nuit pour rendre grâce à YHWH des jugements de sa *justice*, et en 172 il confesse encore que tous ses commandements sont *justice*.

Considérons à présent le parallélisme, autour de XV, **entre VIII–XIV et XVI–XXII**. Nous connaissons déjà les rapports entre VIII et XVI (voir dans notre IIème partie l'ensemble I–XVI). Passons à **IX et XVII**, pour lesquels voici les indices de correspondance:

IX	65–67a		*ton serviteur...* [*YHWH*]
		ta <u>parole</u>	
		<u>tes</u> commandements	
		ton dire	*j'ai gardé*
	67b–70		apprends-moi↓
		tes lois↓	j'observe↑
		ton Enseignement↓	
	71–72		<u>j'apprenne</u>
		<u>tes</u> <u>lois</u>	
		Enseignement	ta *bouche*
XVII	129–131		observés
		<u>tes</u> <u>paroles</u>	ma *bouche*
		<u>tes</u> <u>commandements</u>	
	132–136		[*ton nom*]
		ton dire... je garderai... ton serviteur	
			<u>apprends-moi</u>
		<u>tes</u> <u>lois</u>	pas *gardé*
		ton Enseignement	

Les volets extrêmes se répondent en parallèle et selon une inversion. Le volet central 68–70 de IX appelle les deux volets de XVII.

Ce sont les bienfaits de Dieu que le psalmiste constate (65) ou appelle (135) sur celui qu'il appelle *son serviteur*. Lui a *gardé* le dire divin (67), il *gardera les préceptes* (134),à l'opposé de ceux qui *n'ont pas gardé* l'Enseignement. Il *observe les préceptes* (69) et a *observé* les témoignages (129). Il demande à YHWH de *lui apprendre ses lois* (68b = 135b) et constate qu'à cette fin l'humiliation lui fut bonne (71). Il sait quels trésors sont contenus dans l'Enseignement de la *bouche* divine (72) et sa *bouche* à lui est ouverte dans le désir des commandements.

Nous arrivons ainsi à **X et XVIII**. Les indices de correspondance sont ici :

X	73–77a		*discerner*
		tes commandements	
		ta parole	YHWH… *justice*
		tes jugements	*fidélité*
		ton dire	ton serviteur… *je vivrai*
	77b	ton Enseignement↓	mes délices↓
	78–80	tes préceptes	
		tes témoignages	
XVIII	137–138		juste… YHWH
		tes jugements	
		tu as commandé	justice
		de *tes témoignages*	fidélité
	139–141	tes paroles↑	
		ton dire↑	ton serviteur↑
		tes préceptes↓	
	142–144		ta *justice… justice*
		ton Enseignement	fidélité
		tes commandements	mes délices… *justice*
		tes témoignages	*discerner… je vivrai*

Les volets extrêmes se répondent en parallèle et selon une inversion. le volet central 139–141 de XVIII se réfère aux deux volets extrêmes de X. Le volet central de XVIII n'appelle que le dernier volet de XVIII, tant et si bien que le dernier volet ici et là se trouve en correspondance avec les trois volets de l'autre strophe, ce qui est aussi le cas pour le premier volet de X.

La première demande en X et la dernière en XVIII vise à obtenir *le discernement*, ce qui permettra au fidèle soit d'apprendre les commandements (73), soit plus radicalement de *vivre* (144). Mais l'assurance de *vivre* est également présente en 77, attenante à la demande des affections divines. La *fidélité* de Dieu n'est pas mise en cause par l'humiliation que subit le psalmiste (75), commandée par Dieu (138), définissant son Enseignement (142). Le psalmiste reste *son serviteur*, consolé par YHWH (76), et pour sa part aimant son dire (140). C'est au point que l'Enseignement fait *ses délices* (77), et de même ses commandements (143).

Les correspondances, selon un ordre parallèle, entre XI–XIV et XIX–XXII nous sont déjà connues (voir ci-dessus pour XI et XIX dans l'ensemble VIII–XXII, pour XII et XX dans l'ensemble X–XXII, pour XIII et XXI dans l'ensemble XII–XXII, pour XIV et XXII dans l'ensemble XIV et XXII). Ainsi donc les strophes VIII–XIV et XVI–XXII peuvent-elles se lire selon le parallèle qui les ordonne. Nous avons vu plus haut également la symétrie concentrique commandant l'ensemble VIII–XXII. La structure peut être alors être présentée schématiquement comme ceci:

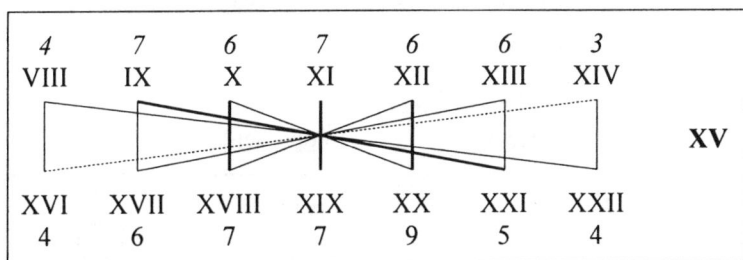

Dans la symétrie concentrique autour de XV, assez régulière, on relève en particulier les rapports entre IX et XXI et entre XI et XIX. Dans le parallèle entre VIII–XIV et XVI–XXII, encore plus net, on relève au milieu les trois rapports étroits entre X–XII et XVIII–XX.

Ensemble VII–XXII

Nous abordons maintenant **l'ensemble des seize strophes VII à XXII**, or-données en chiasme et en parallèle. Les centres du chiasme sont les stro-phes **XIV et XV**[207]. Elles se présentent comme ceci:

XIV	105–108	ta parole		
		jugements	[YHWH]... vivre	
		<u>ta</u> <u>parole</u>		
		jugements		
	109–112	*ton Enseignement*	méchants	
		tes <u>témoignages</u>	<u>car</u>	
		tes <u>lois</u>		
XV	113–115	*ton Enseignement*		
		ta <u>parole</u>	[mon <u>Dieu</u>]	
	116–117a		je vivrai↑	
	117b–120	tes <u>lois</u> (*bis*)... <u>car</u>...	méchants	
		tes <u>témoignages</u>		
		tes *jugements*		

Les volets extrêmes se répondent en parallèle et selon une inversion. Du fait que le volet central de XV se réfère au premier volet de XIV, ce pre-mier volet de XIV appelle finalement chacun des trois volets de XV.

En 107 le psalmiste demande à *vivre* selon la parole, en 116 il avance que si YHWH le soutien selon son dire *il vivra*. *Les méchants* lui ont pré-paré une trappe (110), mais YHWH pour sa part a fait cesser tous *les mé-chants* de la terre (119).

---

207 Sur leur enchaînement voir *SVT*, p.384.

Considérons maintenant **XIII et XVI**. Voici d'abord les indices:

XIII	97–100		*j'ai aimé*
		ton Enseignement…	*plus que* (*bis*)…appris
		ton commandement	
		tes témoignages…	*plus que*… je discerne
		tes préceptes	
	101–102		toute route↓
		tes jugements↑	
		tu m'as <u>*enseigné*</u>	
	103–104	tes *dires*	<u>plus</u> <u>que</u>
		<u>tes</u> préceptes	je discerne
			<u>c'est</u> <u>pourquoi</u> <u>j'ai</u> <u>haï</u>
			<u>toute</u> <u>route</u> <u>de</u> <u>mensonge</u>
XVI	121–123	jugement	
		dire	
	124–126		apprends-moi↑discerner↑
		tes témoignages↑	
		ton <u>*Enseignement*</u>↑	
	127–128		<u>c'est</u> <u>pourquoi</u> *j'ai aimé*
		tes commandements… <u>*plus que*</u>… c'est pourquoi	
		tous <u>*tes préceptes*</u>	
			<u>toute</u> <u>route</u> <u>de</u> <u>mensonge</u> <u>j'ai</u> <u>haïe</u>

Les volets extrêmes se répondent selon une inversion. Le volet central 101–102 appelle chacun des trois volets de XVI. On notera aussi les correspondances appuyées entre les derniers volets 103–104 et 127–128. Enfin le rapport entre le premier volet de XIII et le volet central de XVI permet de découvrir entre les deux premiers volets ici et là un chiasme.

Les antonymes *aimer* et *haïr* se lisent dans chacune de ces deux strophes. En XIII le psalmiste *a aimé* l'Enseignement (97) et *haï toute route de mensonge* (104). En XVI il *a aimé* les commandements (127) et de même *haï toute route de mensonge* (128, verbe et objet étant dans le texte inversés). Le *commandement* l'a rendu sage *plus que* ses ennemis, il l'a fait ré-

fléchir *plus que* ses maîtres (98–99). L'enseignement du dire divin fut à sa
bouche doux *plus que* le miel (103), aussi a-t-il aimé les *commandements
plus que* l'or le plus pur (127). Il a réfléchi plus que tous ceux qui lui ont
appris des choses, mais il lui reste encore à demander à YHWH de lui *apprendre* ses lois (124). Et s'il *discerne* plus que les vieux (100), il lui reste
à demander à YHWH le *discernement* (125). Au terme de chaque strophe il
explique (*C'est pourquoi*) la raison de sa haine du mensonge.

Entre XII et XVII nous repérons les indices suivants:

XII	89–91a		[*YHWH*]
		ta <u>parole</u>	
		tes *jugements*	
	91b		[car↑]… tes serviteurs↓
	92–96	ton <u>Enseignement</u>	
		tes <u>préceptes</u>	*car*… <u>*sauve*</u>-moi*
		car <u>préceptes</u>	
		tes *témoignages*	*je discerne*
		ton *commandement*	
XVII	129–131	tes *témoignages*	
		tes <u>paroles</u>	*illumine**… discerner
		car tes *commandements*	
	132–136	*jugement*	[*ton nom*]
		tes <u>préceptes</u>	illumine*… ton serviteur
		ton <u>Enseignement</u>	

Nous faisons jouer ici la paire stéréotypée *lumière/salut*[208] et la correspondance entre *YHWH* et *ton nom*. Les volets extrêmes se correspondent selon
un parallèle et selon une inversion. Le dernier volet de XVII fait référence
également au volet central de XII, de telle sorte qu'il correspond finalement à chacun des trois volets de XII.

Celui qui se présente à YHWH comme *son serviteur* en 135 se compte,
même si c'est à un titre particulier, parmi *ses serviteurs* que sont tous les
êtres selon 91. En 94 il prie YHWH de le *sauver*, en 135 de l'*illuminer*, ce
qui, nous le savons, revient au même. Il sait d'ailleurs comment cette *illu-*

---

208 Voir n.175.

mination fait *discerner* les ignorants (130), lui-même ayant *discerné* les témoignages (95).

Connaissant déjà les correspondances entre XI et XVIII (voir ci-dessus dans l'ensemble X–XXII) nous pouvons maintenant considérer **X et XIX**. Voici les indices de leurs rapports:

X	73–77a	*tes commandements*	
		car sur ta parole	j'ai compté
			YHWH... j'ai connu
		car... tes jugements	*fidélité... ta loyauté*
		ton dire	*je vivrai*
	77b	car↓ ton Enseignement↓	
	78–80		car... connaîtront
		tes témoignages	mon *cœur*
		tes lois	
XIX	145–146		*cœur*... YHWH
		tes lois	
		tes témoignages	
	147–148	Sur tes paroles↑	j'ai compté↑
		ton dire↑	
	149–152	*ta loyauté. YHWH... fais-moi vivre*	
		ton jugement	
		ton Enseignement	*YHWH*
		tous *tes commandements... fidélité... j'ai connu*	
		tes *témoignages*	*car*

Les volets extrêmes se répondent selon un parallèle et selon une inversion. De plus, étant donnés les rapports d'ici à là entre premier et deuxième, puis entre deuxième et dernier volets, le premier volet de X appelle les trois de XIX, tandis que le dernier volet de XIX fait référence aux trois de X.

En 74b et 147b le psalmiste affirme avoir *compté sur la (les) parole(s)* de YHWH. Il *a connu* les jugements (75) et les *témoignages* de YHWH (152), *témoignages* que les gens le craignant *connaîtront* également (79). C'est sans préjudice à sa *fidélité* que YHWH a humilié son fidèle, et sa *loyauté* fut pour lui sa consolation (75–76). Le psalmiste fait appel à cette *loyauté* pour être entendu (149), et il sait bien que tous les commandements sont *fidélité*. Que lui viennent les affections de YHWH et il *vivra* (77): c'est avec cette certitude qu'il lui demande de le *faire vivre* (149).

Nous connaissons déjà les rapports entre IX et XX (voir dans notre IIème partie l'ensemble I–XXI) et pouvons donc maintenant considérer les rapports **entre VIII et XXI**. Les indices sont les suivants:

VIII	57–58		*YHWH*
		j'ai <u>dit</u>	*garder*
		<u>tes paroles</u>	<u>cœur</u>
		<u>ton dire</u>	
	59–61a		mes chemins↓
		tes témoignages↓	garder↓
		tes commandements↓	
	61b–64	ton Enseignement... rendre grâce*	
		jugements de ta justice... <u>gardant</u>	
		tes <u>préceptes</u>	YHWH
XXI	161–162	<u>tes paroles</u>	cœur
		<u>ton dire</u>	
	163–165	ton Enseignement↓... j'ai loué*↓	
		jugements de ta justice↓	
		ton Enseignement↓	
	166–168		*YHWH*
		tes commandements	*gardé*
		tes témoignages	*gardé*
		<u>tes préceptes</u>	
		tes témoignages	mes chemins

Nous faisons jouer ici la paire stéréotypée *louer/rendre grâce*[209]. Les volets extrêmes se répondent parallèlement. Et étant donnés les rapports entre

---

209 Voir n.174.

premier et deuxième volets de VIII avec le dernier de XXI, ce dernier volet de XXI se trouve faire référence à chacun des trois volets de VIII.

Garder les paroles de YHWH (57), ses commandements (60), associé aux gens *gardant* ses *préceptes* (63), *garder* ses *témoignages* (167), ses *préceptes* et ses *témoignages* (168), tel est le partage du psalmiste, mais aussi *rendre grâce des jugements de sa justice* (62), le *louer* sept fois le jour à cause des *jugements de sa justice* (164).

Les termes extrêmes de notre chiasme se lisent en **VII et XXII**, lesquels nous considérons ici. Voici les indices de correspondance:

VII	49–51		*souviens-toi**
		ta <u>parole</u>	*ton serviteur*
		car <u>ton</u> <u>dire</u>	m'a fait vivre
		ton Enseignement	
	52	je me suis souvenu*↓↑	
		tes jugements↓↑	*YHWH*↓↑
	53–56	ton Enseignement	
		tes lois… <u>je</u> <u>me</u> <u>suis</u> <u>souvenu</u>*… *YHWH*	
		ton Enseignement	
		<u>car</u> tes préceptes	
XXII	169–170		*YHWH*
		<u>ta</u> <u>parole</u>	
		<u>ton</u> <u>dire</u>	
	171–172	car↓↑… tes lois↓	
		ton dire↑	car↓↑
	173–175a	car↓↑ tes préceptes↓	*YHWH*↓
		ton Enseignement↓↑	vive↑
	175b–176	tes jugements	*ton serviteur*
		*car… je n'ai pas oubliés**	

Nous faisons jouer ici la paire stéréotypée *se souvenir/ne pas oublier*[210]. Les quatre volets extrêmes se trouvent en rapport avec chacun des volets de l'autre strophe. Le volet central 52 de VII est en correspondance avec les volets extrêmes de XXII. Chacun des volets centraux 171–172 et 173–175a de XXII fait référence aux volets extrêmes de VII. Il existe aussi, mais sans son symétrique, un rapport entre le volet central de VII et le second des volets centraux de XXII.

Dans chacun des trois volets de VII se répondent les *souvenirs* de YHWH à l'endroit de *son serviteur* (49) et de ce dernier à l'endroit de YHWH (52: les jugements, et 55: le nom), cette dernière perspective réapparaissant au terme de XXII où le *serviteur* proteste de *n'avoir pas oublié* les commandements. En 50 il rappelle que le dire de YHWH l'a *fait vivre*, et en 175 il souhaite que sa gorge *vive* afin qu'elle puisse louer YHWH. Dans ces deux strophes toutes les mentions de *YHWH* sont au vocatif.

Pour ce qui est du parallèle entre VII–XIV et XV–XXII, nous en connaissons toutes les correspondances. Ainsi donc VII–XXII sont-ils agencés et selon un chiasme, et selon un parallèle, lesquels peuvent se présenter schématiquement comme ceci:

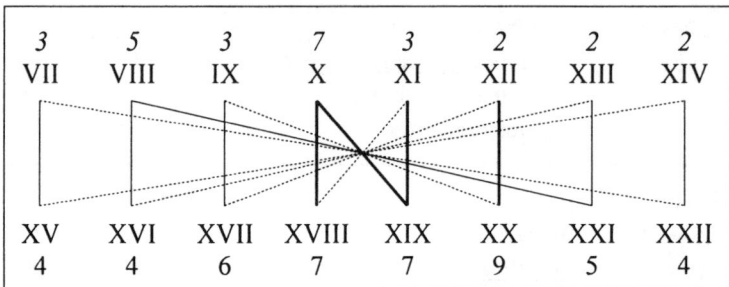

Ici il est patent que le chiasme, mis à part le rapport entre X et XIX, fait pâle figure par rapport au parallèle qui pour sa part est nettement indiqué.

---

210 Voir n.128.

Ensemble VI–XXII

Nous parvenons maintenant à **l'ensemble des dix-sept strophes VI–XXII**, ordonnées, nous allons le voir, concentriquement autour de XIV, les ensembles VI–XIII et XV–XXII respectant également entre eux un parallèle. Commençons par étudier le rapport entre les strophes contiguës au centre, soit **XIII et XV**. Ici les indices de correspondance sont les suivants:

XIII	97–100		*j'ai aimé*
		ton <u>Enseignement</u>	
		ton <u>commandement</u>	*car*
		car tes témoignages	*car...* <u>observés</u>
	101–102	ta parole↑	
		tes jugements↓	car↓ TOI↑
		tu m'as enseigné↑	
	103–104	tes dires... <u>c'est</u> <u>pourquoi</u> *j'ai haï...* <u>mensonge</u>	
XV	113–115		*j'ai haï*
		ton <u>Enseignement</u>	j'ai <u>aimé</u>... TOI
		ta parole	j'observe
		<u>commandements</u>	
	116–117a	ton dire↓	
	117b–120		*car...* <u>mensonge</u>
			<u>c'est</u> <u>pourquoi</u>... *j'ai aimé*
		tes témoignages	
		tes jugements	

Les volets extrêmes se répondent en parallèle et selon une inversion. Le volet central 101–102 de XIII appelle les volets extrêmes de XV. Le volet central 116–117a de XV se réfère au dernier volet de XIII, tant et si bien que ce dernier volet de XIII appelle chacun des trois volets de XV.

Nous lisons dans lune et l'autre strophe les antonymes *aimer* et *haïr*. En 97 et 104 nous voyons le psalmiste *aimer l'Enseignement* et *haïr* le mensonge; en 113 nous le voyons *haïr* les divisés et *aimer l'Enseignement*, à quoi fait écho en 119 son *amour* des témoignages. Au terme de XIII c'est *j'ai haï* qui est introduit par *c'est pourquoi*, eau terme de XV *j'ai aimé*. En 100 et 115 nous le voyons *observer* les préceptes ou les commandements. Le *mensonge* qu'il hait selon 104, nous le retrouvons dans l'imposture des impies en 118. Enfin, quand il interpelle YHWH en lui disant *TOI* c'est pour souligner en 102 qu'il tient de lui l'Enseignement, en 114 qu'il est sa cachette et son bouclier.

Passons à **XII et XVI**. Voici les indices de correspondance:

XII	89–91a		YHWH	
		tes <u>jugements</u>		
	91b		tes <u>serviteurs</u>↑	
	92–96	ton Enseignement		
		tes <u>préceptes</u>	*sauve*-moi	
		tes <u>préceptes</u>		
		tes témoignages... *achèvement*		
		ton <u>commandement</u>		
XVI	121–123	<u>jugement</u>	ton serviteur	
			achevés pour ton *salut*	
	124–126		ton <u>serviteur</u> (*bis*)	
		tes témoignages↓...	YHWH↑	
		ton Enseignement↓		
	127–128	tes <u>commandements</u>		
		tes <u>préceptes</u>		

Les six volets se correspondent selon un parallèle. Le volet central 124–126 de XVI se réfère à chacun des trois volets de XII. Le premier volet de XVI se réfère aux trois volets de XII comme, symétriquement, le dernier volet de XII appelle les trois volets de XVI.

Le *serviteur* trois fois nommé en XVI est à compter, même si c'est à un titre particulier, parmi les *serviteurs* de YHWH que sont tous les êtres selon 91. Il demande directement le *salut* en 94, mais en 123 présente ses yeux *achevés* pour le *salut*, peut-être une des raisons pour lesquelles il peut dire en 96 que de tout *achèvement* il a vu l'extrémité.

Nous connaissons déjà les rapports entre XI et XVII (voir ci-dessus dans l'ensemble XI–XXII), X et XVIII (voir ci-dessus dans l'ensemble

VIII–XXII), IX et XIX (voir dans la IIème partie l'ensemble I–XIX). Nous pouvons donc passer maintenant à **VIII et XX**. Voici les indices de leurs rapports:

VIII	57–58		*YHWH... garder*
		j'ai dit	
		tes paroles	
		ton dire	
	59–61a	témoignages↓... garder↓... méchants↑	
	61b–64	*ton Enseignement*	*pas oublié*
		jugements de ta justice... gardant	
		tes préceptes ta loyauté... YHWH	
		tes lois	
XX	153–155	*ton Enseignement*	*pas oublié*
		ton dire	méchants
		tes lois	
	156–157a		YHWH↓↑
		tes jugements↑	
	157b–160	tes témoignages	
		ton dire	*pas gardé*
		tes préceptes... *YHWH* , selon ta loyauté	
		ta parole	
		jugement	de ta justice

Les volets extrêmes se répondent en parallèle et selon une inversion. Les volets centraux de chaque strophe correspondent aux deux volets de l'autre strophe.

Ce psalmiste qui, comme il est dit successivement dans chacun des trois volets de VIII *garde* les paroles, les commandements, et se trouve associé à ceux qui *gardent* les préceptes, il s'oppose manifestement à ceux qui, selon 158, *n'ont pas gardé* le dire de YHWH. Lui *n'a pas oublié l'Enseignement* (61b = 153b). Les *méchants* l'ont ligoté (61), mais le salut reste éloigné d'eux (155). Mais *la loyauté* de YHWH remplit la terre (64) et c'est en y recourant que le psalmiste demande à vivre (159). En 62 nous

voyons le psalmiste se lever *la nuit pour rendre grâce* à YHWH *des juge-*
ments de sa justice, et en 164 le même sept fois *le jour louer* YHWH à
cause *des jugements de sa justice*. On connaît les correspondance entre *nuit*
et *jour*, ainsi qu'entre *rendre grâce* et *louer*[211]. Ces deux versets se rapportent étroitement l'un à l'autre.

Viennent ensuite les strophes **VII et XXI**. Voici les indices:

VII	49–51	<u>ta parole</u> *car* <u>ton</u> <u>dire</u> ton Enseignement
	52	tes <u>jugements</u> YHWH↓
	53–56	ton Enseignement la nuit* YHWH… je <u>garde</u> ton Enseignement car <u>tes</u> <u>préceptes</u>
XXI	161–162	<u>tes paroles</u> <u>ton</u> dire
	163–165	ton Enseignement↓↑… jour*↓ <u>jugements</u> ton Enseignement↓↑
	166–168	YHWH… <u>gardé</u> (*bis*) tes <u>préceptes</u> *car*

Nous faisons ici appel à la paire stéréotypée *jour/nuit*[212]. Les six volets se
répondent selon un parallèle. Le volet central 163–165 de XXI fait référence aux trois volets de VII. Le rapport du volet central 52 de VII au volet
final de XXI fait que finalement les deux derniers volets ici et là se répondent non seulement en parallèle, mais aussi en chiasme.

Le psalmiste *garde* l'Enseignement (55), sa gorge *a gardé* les témoignages (167). *La nuit* il se souvient du Nom (55), sept fois par *jour* il le
loue à cause de ses jugements. Dans ces deux strophes les trois mentions
de *YHWH* sont au vocatif.

---

211 Paire stéréotypée : voir n.175. C'est aussi le cas pour *ywm/lylh* : voir n.168.
212 Voir n.168.

Les termes extrêmes de la symétrie concentrique sont les strophes **VI** et **XXII** que nous devons maintenant examiner. Voici les indices de leurs rapports:

VI	41–42	<u>YHWH</u>... ton salut
		<u>ton dire</u>
		une <u>parole</u>
		car... <u>ta parole</u>
	43–44	parole
		car... ton jugement
		ton Enseignement
	45	*car* <u>tes préceptes</u>
	46–48	j'ai *parlé* je me suis délecté
		<u>tes commandements</u> (*bis*)
		tes lois
XXII	169–170	<u>YHWH</u>
		<u>ta *parole*</u>
		<u>ton dire</u>
	171–172	*car*... tes lois
		ton dire
		car... tes commandements
	173–175a	*car* <u>tes préceptes</u>... ton salut... YHWH
		ton Enseignement mes délices
	175b–176	tes jugements
		car <u>tes commandements</u>

Bien que signalé sur notre tableau, on ne tiendra pas compte ici du seul *car* quand il n'est pas accompagné d'un autre indice. On peut voir d'abord que le premier volet de VI annonce les trois premiers de XXII, tandis que le dernier annonce les trois derniers. Entre deuxième et quatrième volets de VI et premier et troisième de XXII on peut repérer parallèle et chiasme. De même que les volets extrêmes de VI convergent dans le deuxième de XXII, de même et inversement le deuxième volet de VI appelle les volets extrêmes de XXII. Tentons de récapituler ces divers rapports dans un schéma:

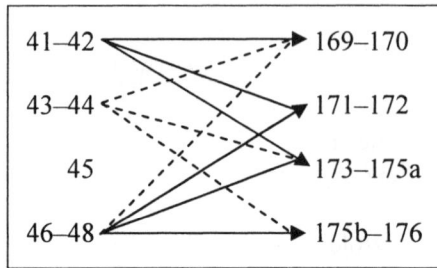

En 41 le fidèle demande explicitement *le salut* dont en 174 il nous dit son désir. Selon 47 il *s'est délecté* des commandements, et selon 174 de l'Enseignement. Les trois emplois de *YHWH* sur nos deux strophes sont au vocatif.

Nous connaissons déjà tous les rapports fondant le parallèle entre VI–XIII et XV–XXII (voir *dans la IIème partie* pour VI et XV, VII et XVI, VIII et XVII dans l'ensemble I–XVII, pour IX et XVIII dans l'ensemble I–XVIII; *ci-dessus* pour X et XIX dans l'ensemble VII–XXII, pour XI et XX dans l'ensemble IX–XXII, pour XII et XXI dans l'ensemble XI–XXII, pour XIII et XXII dans l'ensemble XIII–XXII). Nous avons donc en VI–XXII une symétrie concentrique autour de XIV, les deux ensembles VI–XIII et XV–XXII, autour de XIV, étant entre eux parallèles, ce qui schématiquement peut se présenter comme ceci:

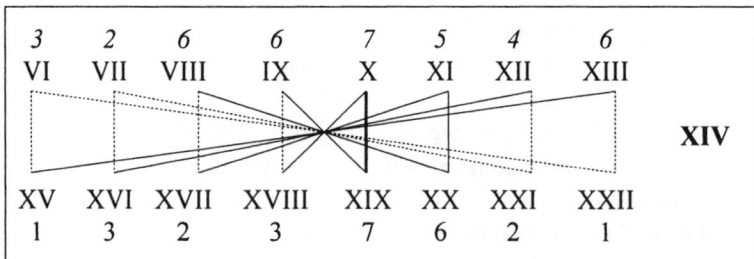

Le parallèle entre VI–XIII et XV–XXII n'est pas très marqué, on y retiendra surtout les rapports entre X et XIX et entre XI et XX. La symétrie concentrique autour de XIV est plus régulière.

Ensemble V–XXII

Nous arrivons ainsi à **l'ensemble de dix-huit strophes V–XXII**, ordonnées entre elles en chiasme et en parallèle. Commençons par les termes centraux du chiasme, soit les strophes **XIII et XIV**[213]. Redonnons-les comme ceci:

XIII	97–100	*ton Enseignement... car pour toujours... <u>à moi</u> (ly)*
		<u>appris</u>...*car*... <u>*pour moi*</u> *(ly)*
		car tes préceptes
	101–102	mes pieds↑... je garde↑
		ta parole↑
		tes jugements↑
		car↓... tu m'as enseigné↓
	103–104	*<u>pour ma</u> bouche (lpy)*
		<u>tes</u> préceptes
XIV	105–108	*<u>pour mon</u> pied (lrgly)*
		ta parole
		jugements
		ta parole
		tes jugements
		garder
		ma bouche
		<u>apprends</u>-moi
	109–112	*ton Enseignement* <u>*pour moi*</u> *(ly)*
		<u>*tes*</u> <u>préceptes</u>... *pour toujours*... *car*... *pour toujours*

Les volets extrêmes se répondent en parallèle et selon une inversion. Le volet central de XIII appelle les volets extrêmes de XV, tant et si bien que ces derniers sont en rapport avec chacun des trois volets de XIV.

Le psalmiste constate que, grâce au commandement, il a réfléchi plus que ceux qui lui en ont *appris* (99), aussi demande-t-il à YHWH de lui *apprendre* ses jugements (108). Il *garde* la parole (101) et a juré de *garder* les jugements (1–6). De toute route de mal il a retenu *ses pieds* (101), mais c'est aussi que la parole est une lampe pour *son pied* (105). Pour *sa bouche* les dires divins ont été plus doux que le miel (103), et en retour il invite

---

213 Sur leur enchaînement voir *SVT*, pp. 379–381.

YHWH à prendre plaisir aux générosités de *sa bouche* (108). Le commandement de YHWH est à lui *pour toujours* (98), il a hérité de ses témoignages *pour toujours* (111), aussi a-t-il tendu son cœur à tout faire selon ses lois *pour toujours* (112). Le commandement de YHWH est *à lui (ly)* pour toujours (98), et ses témoignages une méditation *pour lui (ly)*[214], et les méchants, eux, ont posé *pour lui (ly)* une trappe.

Entre XII et XV nous repérons les indices que voici :

XII	89–91a		YHWH
		ta parole	*la terre*
		tes jugements	
	[91b]		
	92–96	*ton Enseignement*... tu m'as fait vivre	
		espéré*... méchants	
		tes témoignages	
		ton *commandement*	
XV	113–115	*ton Enseignement*	
		ta parole	*compté**
		commandements	mon Dieu
	116–117a		je vivrai↓
	117b–120	les méchants de *la terre*	
		tes témoignages	
		tes jugements	

Nous faisons jouer ici la paire stéréotypée *espérer/compter*[215] et la correspondance entre *YHWH* et *mon Dieu*. Les volets extrêmes se répondent et en parallèle et selon une inversion. Le volet final de XII appelant également le volet central de XV, il se trouve qu'il appelle chacun des trois volets de XV.

Non seulement YHWH a stabilisé *la terre* de sorte qu'elle se maintient (90), mais il l'a aussi débarrassée des *méchants* (119)[216], ces *méchants* qui

---

214 Et l'on pourrait rappeler ici *pour ma bouche* (103) et *pour mon pied* (105) [*l*... *y*].
215 Voir n.166.
216 L'articulation est la même qu'en Ps 104, 5 et 35.

espéraient faire périr le psalmiste (95). YHWH, lui, par ses préceptes l'a fait *vivre* (93) et pour peu que YHWH le soutienne, il vivra (116). Ainsi si les méchants ont *espéré* le faire périr (95), le psalmiste pour sa part *a compté* sur la parole (114).

En XI et XVI nous trouvons les indices suivants:

XI	81–83		achevée pour ton salut
			achevés mes yeux
		ton dire / à dire	
		tes lois	
	84–85		ton serviteur↑
		jugement↑	les orgueilleux↑
		ton Enseignement	
	86–88	tous tes commandements mensonge… *achevé*	
		tes préceptes	
		témoignage	
XVI	121–123	jugement ton serviteur… les orgueilleux	
		mes yeux… *achevés*… ton salut	
		dire	
	124–126		ton serviteur
		tes lois↑	ton serviteur
		tes témoignages↓	
		ton Enseignement	
	127–128	tes commandements	
		tous tes préceptes mensonge	

Les six volets sont disposés selon un parallèle. Le volet central 124–126 de XVI se référant également aux volets extrêmes de XI, on voit qu'il se réfère au total aux trois volets de XI. Par ailleurs le volet initial de XVI se référant également au volet central et au volet final de XI, on voit qu'il se réfère lui aussi aux trois volets de XI.

La gorge et les *yeux* du psalmiste se sont *achevés* pour le *salut* et pour le *dire* de YHWH (81–82 et 123). Celui qui en 125 se présente comme le *serviteur* presse son Seigneur d'opérer en sa faveur le jugement (84) et, pour lui garantir le bonheur (122), d'agir avec lui selon sa loyauté (124). Les *orgueilleux* ont creusé pour lui des tombes (85), mais lui s'adresse à YHWH pour n'avoir pas à subir leur oppression (122). C'est grâce au *mensonge* qu'ils l'ont poursuivi (86), mais le fidèle pour sa part a haï toute route de *mensonge*.

Nous connaissons déjà les rapports entre X et XVII (voir ci-dessus dans l'ensemble II–XXII), IX et XVIII (voir notre IIᵉᵐᵉ partie dans l'ensemble I–XVIII), VIII et XIX (voir notre IIᵉᵐᵉ partie dans l'ensemble I–XXI), et pouvons donc à présent considérer **VII et XX**. Les indices sont ici les suivants:

VII	49–51		souviens-toi*
		ta parole	mon humiliation
		car *ton dire*	*m'a fait vivre*
		ton Enseignement	
	52		je me suis souvenu↑
		tes jugements↓... depuis toujours↓ *YHWH*↓	
	53–56		*méchants*
		ton Enseignement	
		tes lois souvenu*... YHWH... je garde	
		ton Enseignement	
		car tes préceptes	
XX	153–155		mon humiliation
		car ton Enseignement	*pas oublié**
		ton dire fais-moi vivre... *méchants*	
		car tes lois	
	156–157a		*YHWH*↓
		tes jugements	fais-moi vivre↑
	157b–160	*ton dire*	pas gardé
		tes préceptes... YHWH... *fais-moi vivre*	
		ta parole	pour toujours
		jugement	

Nous faisons jouer ici la paire stéréotypée *se souvenir/ne pas oublier*[217].
Les six volets se répondent et en parallèle et en chiasme. De plus les volets
centraux se trouvent aussi en rapport avec les deux volets extrêmes de
l'autre strophe, si bien que chacun des six volets correspond avec chacun
des trois volets de l'autre strophe. Tous les rapports possibles sont présents.

Le fidèle a quelque titre à demander à YHWH de *se souvenir* de
lui(49), car lui *s'est souvenu* de ses jugements (52) et *n'a pas oublié*
l'Enseignement (153). C'est *depuis toujours* qu'il s'est souvenu des *jugements*, sachant par ailleurs que tout *jugement* de la justice divine est *pour
toujours* (160). Dans *l'humiliation* qu'il endure le *dire* de YHWH l'*a fait
vivre*, il n'en demande que plus sereinement à YHWH de voir cette *humiliation* (153) et à son *dire* de le *faire vivre* (154), selon sa loyauté de le
faire vivre (159). Il se révolte devant *les méchants* qui abandonnent
l'Enseignement (53), mais le salut reste éloigné d'eux (155). Lui *garde*
l'Enseignement (55), mais il déteste ceux qui *n'ont pas gardé* le dire divin
(158). Dans nos deux strophes tous les emplois de *YHWH* sont au vocatif.

217 Voir n.128.

Nous arrivons ainsi à **VI et XXI**. Les indices sont les suivants:

VI	41–42		*YHWH... ton salut*
		ton dire	
		une parole	
		car... ta parole	
	43–44	parole↑	
		car↓... ton *jugement*	je garderai↓
		ton *Enseignement*	
	45	car↓ tes préceptes↓	
	46–48	j'ai *parlé*	
		tes témoignages	
		tes commandements (*bis*)	
XXI	161–162	tes *paroles*	
		ton dire	
	163–165	ton *Enseignement*	
		jugement	
		ton *Enseignement*	
	166–168		*ton salut... YHWH*
		tes commandements	a gardé
		tes témoignages	gardé
		tes préceptes	
		tes témoignages	*car*

Les volets extrêmes se répondent en parallèle et selon une inversion. Les deux premiers volets de VI appellent l'un et l'autre les trois volets de XXI. Le dernier volet de XXI se réfère aux quatre volets de VI.

Le psalmiste en 41 interpelle *YHWH* pour qu'advienne *son salut*, tandis qu'en 166 il affirme au même *YHWH* regarder vers *son salut* avec confiance. En 44 et 167–168 il se présente comme celui qui *gardera* l'Enseignement ou *a gardé* les témoignages.

Aux extrêmes de notre chiasme nous lisons les strophes **V et XXII** dont nous considérons maintenant les rapports. En voici les indices:

V 33–36			YHWH
	tes lois		<u>discerner</u>
	ton Enseignement		
	tes commandements		*car*

37–40			ton <u>serviteur</u>
	ton dire		
	<u>car tes jugements</u>		désir
	tes préceptes	ta justice… fais-moi vivre	

XXII 169–170		YHWH… <u>discerner</u>	
	ton dire		

171–172	car↓↑… tes lois↑		
	ton dire↓		
	car↓↑… tes commandements↑		justice↓

173–175a	car↓↑ tes préceptes↓…		j'ai désiré↓
	ton Enseignement↑		vive↓

175b–176	<u>tes jugements</u>		ton <u>serviteur</u>
	<u>*car*</u> *tes commandements*		

Chacun des six volets se trouve en correspondance avec tous les volets (quatre ou deux) de l'autre strophe.

Chacune des deux strophes commence explicitement par une demande adressée explicitement à *YHWH*. Suit de peu une demande de *discernement* (34 et 169c). Le fidèle en 38 et 176 appelle l'attention de YHWH sur *son serviteur*, ce dernier habité du *désir* de ses préceptes (40) ou du salut (174). S'il demande à YHWH de le *faire vivre* (40), c'est finalement pour que *vive* sa gorge et qu'elle le loue (175). En 40 le psalmiste demande à vivre en cette *justice* qui selon 172 définit les commandements.

Pour ce qui est du parallèle entre V–XIII et XIV–XXII nous en connaissons tous les rapports (voir notre IIème partie pour V et XIV, VI et XV, VII et XVI, VIII et XVII dans l'ensemble I–XVII, pour IX et XVIII dans l'ensemble I–XVIII, puis ci-dessus pour X et XIX dans l'ensemble VII–XXII, pour XI et XX dans l'ensemble IX–XXII, pour XII et XXI dans l'ensemble XI–XXII, pour XIII et XXII dans l'ensemble XIII–XXII). Ainsi donc les strophes V–XXII se trouvent-elles agencées en chiasme et en parallèle, ce qui schématiquement se présente comme ceci:

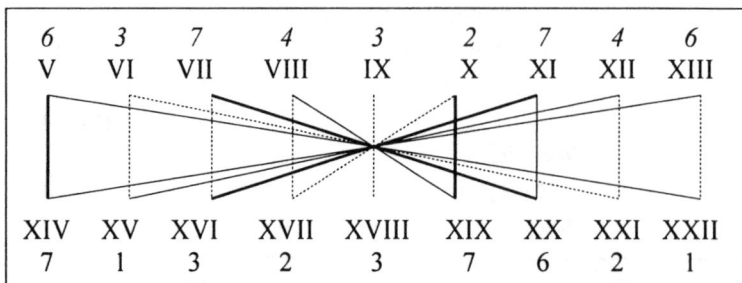

6	*3*	*7*	*4*	*3*	*2*	*7*	*4*	*6*
V	VI	VII	VIII	IX	X	XI	XII	XIII
XIV	XV	XVI	XVII	XVIII	XIX	XX	XXI	XXII
7	1	3	2	3	7	6	2	1

Dans le chiasme on notera en particulier les rapports symétriques (à sept récurrences) entre VII et XX comme entre XI et XVI, ainsi que les rapports entre les strophes extrêmes (V et XXII, XIII et XIV). Le parallèle comporte sans doute plus de rapports assez faibles (en particulier VI/XV et XIII/XXII. On notera cependant les rapports entre V et XIV, puis entre X et XIX.

Ensemble IV–XXII

Nous arrivons donc ainsi à **l'ensemble des dix-neuf strophes de IV–XXII**, agencées, nous allons le voir, concentriquement autour de XIII, les deux ensembles IV–XII et XIV–XXII (autour de XIII) respectant entre eux un parallèle. Commençons par les strophes contiguës à la strophe centrale, soit **XII et XIV**. Les indices de correspondance sont ici les suivants:

XII	89–91a		YHWH
		ta parole	
		tes jugements	
	[91b]		[car]
	92–96		mon *humiliation*
		tes préceptes... car... *tu m'as fait vivre*	
		car tes préceptes	
		tes témoignages	
XIV	105–108	ta parole	
		jugements	*humilié...* YHWH
			fais-moi vivre
		ta parole	YHWH
		tes jugements	
	109–112	tes préceptes	
		tes témoignages	car

Les volets extrêmes se répondent en parallèle, et le dernier volet de XII appelle le premier de XIV.

Sans l'Enseignement de YHWH le psalmiste aurait péri dans son *humiliation* (92), et il a *été humilié* tout à fait (107). Mais YHWH *l'a fait vivre* par ses préceptes (93), et il lui demande donc en connaissance de cause de *le faire vivre* selon sa parole (107).

Poursuivons avec **XI et XV**. Les indices de correspondance sont les suivants:

XI	81–83		ton salut
		ta parole	j'ai compté
		ton dire / à dire	*car*
		tes lois	
	84–85	jugement↓	
		ton Enseignement↑	
	86–88	tes *commandements*	la terre
			fais-moi vivre
		témoignage	
XV	113–115	ton Enseignement	
		ta parole	j'ai compté
		commandements	
	116–117a	ton dire↑ je vivrai↓... je serai sauvé↑	
	117b–120	*tes lois* (*bis*)	*car*... la terre
		tes témoignages	
		tes jugements	

Les volets extrêmes se répondent parallèlement et selon une inversion. les volets centraux appellent chacun les volets extrêmes de l'autre strophe.

La gorge achevée pour le *salut*, le psalmiste sait bien que si YHWH le soutient, *il sera sauvé. Il a compté sur la parole* (81b = 114b). Sur *la terre* il a failli être achevé (87), mais finalement YHWH a fait cesser tous les méchants de *la terre* (119). Il lui demande: *Fais-moi vivre!*, sachant qu'il suffit que YHWH le soutienne pour qu'*il vive* (116a).

Nous arrivons ainsi à **X et XVI**, où se repèrent les indices suivants:

X	73–77a		fait… j'apprendrai
		tes commandements	YHWH… justice
		tes <u>jugements</u>	ta loyauté
		ton <u>dire</u>	<u>ton</u> <u>serviteur</u>
	77b	*ton Enseignement*	
	78–80		*les orgueilleux*
		tes <u>préceptes</u>	
		tes témoignages	
		tes lois	
XVI	121–123	<u>jugement</u>	et <u>justice</u>… <u>ton</u> <u>serviteur</u>
			les orgueilleux
		le <u>dire</u>	de ta <u>justice</u>
	124–126	fais↑… ton serviteur↑… ta loyauté↑	
		tes lois↓ apprends-moi↑… ton serviteur↑	
		tes témoignages↓ faire↑… YHWH↑	
		ton Enseignement	
	127–128	*tes commandements*	
		tes <u>préceptes</u>	

Les six volets se répondent en parallèle et en chiasme. Par ailleurs le volet central se référant aux deux volets extrêmes de X, il se trouve en rapport avec les trois volets de X.

Les mains de YHWH *ont fait* le fidèle (73), et ce dernier comme en réponse *fait* jugement et justice (121), le temps étant venu de *faire (agir)* pour YHWH contre les impies. Le fidèle est prêt à *apprendre* les commandements (73) et prie à cette fin (124). Il est *serviteur* de son Dieu (76 et 124.125) et attend de lui que *sa loyauté* lui soit consolation (76) et qu'il agisse envers lui selon cette *loyauté* (124). *Les orgueilleux*, qu'ils aient honte (78) et cessent de l'opprimer (122)! En 75 le psalmiste affirme qu'ils sont *justice les jugements* de YHWH, puis en 121 qu'il a fait *jugement et justice*, les yeux achevés selon 123 pour le dire de ladite *justice*, en quoi il manifeste son accord avec YHWH.

Connaissant déjà les rapports entre IX et XVII (voir ci-dessus dans l'ensemble VIII–XXII) comme entre VIII et XVIII (voir notre IIème partie dans l'ensemble I–XX), nous pouvons maintenant examiner ceux **entre VII et XIX**, dont voici les indices:

VII	49–51	parole *car* ton dire ton Enseignement	compter *fait vivre*
	52	tes jugements↓... depuis toujours↓... YHWH↓↑	
	53–56	ton Enseignement *tes lois* ton Enseignement	*YHWH...je garde* car... *observés*
XIX	145–146	*tes lois*	*YHWH* *j'observe... je garde*
	147–148	tes paroles↑ ton dire↑	j'ai compté↑... garde↓
	149–152	ton jugement *ton Enseignement*	YHWH *fais-moi vivre* YHWH *car* pour toujours

Les volets extrêmes se répondent selon une inversion. Les volets centraux appellent les volets extrêmes de l'autre strophe. Le rapport entre les derniers volets fait que chacun d'eux finalement se trouve en rapport avec les trois volets de l'autre strophe.

Grâce à YHWH le psalmiste *compte sur la (les) parole(s)* (49 et 147). Puisque le dire de YHWH *l'a fait vivre* (50), ce ne peut être qu'en toute confiance qu'il lui demande de *le faire vivre* selon son jugement (149). *Depuis toujours* il s'est souvenu des jugements de YHWH (52) et sait que ses témoignages ont été fondés *pour toujours*. Il *garde* l'Enseignement (55) et les témoignages (148), *observe* les préceptes (56) et les lois (145) avec ce zèle qui lui fait précéder les heures de *garde* du matin pour en méditer.

Nous avons à examiner maintenant les rapports **entre VI et XX**. Les indices en sont les suivants:

VI	41–42	*ta loyauté, YHWH,* et ton <u>salut</u> *ton <u>dire</u>* une *parole* <u>car</u>... *ta parole*	
	43–44	parole↓ fidélité↓ car↑... <u>ton jugement</u>↓...je garderai↓ ton Enseignement↑	
	45	car↑ tes préceptes↓...j'ai recherchés↑	
	46–48	j'ai parlé de <u>tes</u> <u>témoignages</u> *tes lois*	
XX	153–155	<u>car</u> ton Enseignement *ton <u>dire</u>* <u>salut</u> <u>car</u> *tes lois* pas recherchées	
	156–157a	YHWH↑ <u>tes jugements</u>	
	157b–160	<u>tes témoignages</u> *ton dire* pas gardé tes préceptes *YHWH... ta loyauté* *ta parole* fidélité jugement	

Les volets extrêmes se répondent en parallèle et selon une inversion. Chacun des deux centres 43–44 et 45 de VI appellent les volets extrêmes de XX. Le centre 156–157a de XX ne se réfère qu'aux deux premiers volets de VI.

Le fidèle fait appel à *la loyauté* divine en 41 et 159. Il demande pour lui ce *salut* (41) qui ne peut être qu'éloigné des méchants (155). Il entend que *la parole de fidélité* reste bien en sa bouche (43), oui cette *parole* dont la tête est *fidélité* (160), s'appliquant à *garder* l'Enseignement (44) et *rechercher* les préceptes (45), à la différence de ceux qui *n'ont pas recherché* les lois (155) *ni gardé* le dire divin (158). Les trois occurrences de *YHWH* dans nos deux strophes sont au vocatif.

Venons-en à présent à **V et XXI**. Ici les indices sont les suivants:

V	33–36	Enseigne-moi	*YHWH... chemin*
		ton Enseignement...	*garderai... tout* <u>cœur</u>
			cheminer
		tes commandements	car... <u>mon</u> cœur
		tes témoignages	
	37–40		ton <u>chemin</u>
		ton dire	
		<u>car</u> tes jugements	
		<u>tes</u> <u>préceptes</u>	ta justice
XXI	161–162		<u>mon</u> cœur
		ton dire	
	163–165	ton Enseignement↑	
		jugements	de ta justice↓
		ton Enseignement↑	
	166–168		*YHWH*
		tes commandements	*gardé*
		tes témoignages	*j'ai gardé*
		<u>tes</u> <u>préceptes</u>	<u>car</u> *tous* mes <u>*chemins*</u>

Les volets extrêmes se répondent en parallèle et selon une inversion. Le volet central 163–165 de XXI fait référence aux deux volets de V.

Le *cœur* du fidèle est tout appliqué à garder l'Enseignement de YHWH (34), tendu vers ses *témoignages* (36), et ne redoute que ses paroles (161). Oui, ce qui compte pour lui, c'est de *garder* l'Enseignement (34) et les *témoignages* (167 et 168). En 40 le psalmiste demande à YHWH de le faire vivre en sa *justice*, l'aboutissement de l'exaucement étant évoqué en 164 dans cette louange à YHWH sept fois répétée durant le jour pour les jugements de sa *justice*.

Aux extrêmes de notre symétrie concentrique se lisent **IV et XXII** que nous examinons à présent. Voici les indices:

IV	25–27		ma gorge
		<u>ta parole</u>	apprends-moi
		tes lois	
		tes préceptes	<u>discerner</u>

	28		<u>ma gorge</u>
		ta parole↑	

	29–32	ton Enseignement	aie *pitié*
		<u>tes jugements</u>	*YHWH*
		<u>tes</u> commandements	<u>car</u>

XXII	169–170		*YHWH*
		<u>ta parole</u>	discerner… *pitié*

	171–172	car↓ tu m'apprends↑
		tes lois↑
		car↓… tes commandements↓

	173–175a	car↓ tes préceptes↑… YHWH↓
		ton Enseignement↓ <u>ma gorge</u>↑

	175b–176	<u>tes jugements</u>
		<u>car tes commandements</u>

Les volets extrêmes se répondent en parallèle. Les volets centraux de XXII (171–172 et 173–175a) se réfèrent aux volets extrêmes de IV. Il existe un rapport entre le dernier volet de IV et le premier de XXII, qui fait que finalement le dernier volet de IV appelle chacun des quatre volets de XXII. Il en va de même du premier volet de XXII par rapport aux trois volets de IV étant donné le rapport du volet central de IV au volet initial de XXII. Le rapport du volet central de IV au troisième volet de XXII fait que ce dernier lui aussi est finalement en rapport avec les trois volets de IV. Ici un schéma récapitulatif s'avérera utile:

```
25–27 ◄──────────► 169–170
                    171–172
  28 ◄
                    173–175a
29–32 ◄──────────► 175b–176
```

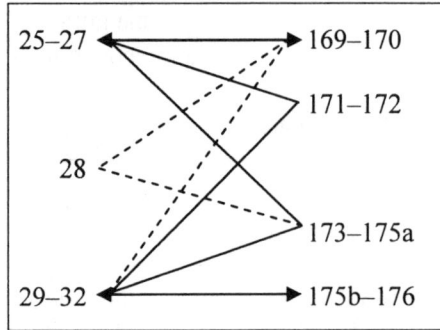

La *gorge* du fidèle est en 25 et 28 en pleine détresse, mais en 175 aspirant à vivre pour pouvoir louer YHWH. A de dernier le psalmiste demande de *lui apprendre ses lois*, et c'est bien ce qui advient selon 171. En 27 et 169 il demande encore *le discernement*. Mais ce dont il a aussi radicalement besoin, c'est de *la pitié* divine qu'il demande instamment en 29 et 170.

Nous connaissons tous les rapports permettant d'avancer que les ensembles IV–XII et XIV–XXII (autour de XIII) se répondent en parallèle. Ainsi donc l'ensemble IV–XXII est-il ordonné concentriquement autour de XIII, les ensembles IV–XII et XIV–XXII se répondant aussi selon un parallèle.

La structure d'ensemble de IV–XXII peut être présentée schématiquement comme suit:

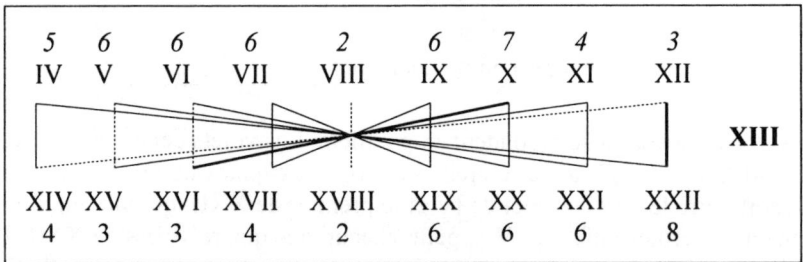

5	6	6	6	2	6	7	4	3	
IV	V	VI	VII	VIII	IX	X	XI	XII	
									XIII
XIV	XV	XVI	XVII	XVIII	XIX	XX	XXI	XXII	
4	3	3	4	2	6	6	6	8	

Le rapport entre VIII et XVIII est assez faible, mais lui excepté, l'ensemble concentrique autour de XIII est assez régulier, et de même le parallèle entre IV–XII et XIV–XXII. Dans le parallèle on relèvera le rapport plus étroit (huit récurrences) entre les deux dernières strophes (XII et XXII).

Ensemble III–XXII

Nous en arrivons ainsi aux **vingt strophes de III–XXII**, agencées, nous allons le voir, en chiasme et en parallèle. Les termes centraux du chiasme sont les strophes **XII et XIII**[218]. Les rapports pourront en être repérés à partir des indices que nous signalons dès l'abord comme ceci:

XII	89–91a		<u>pour</u> <u>toujours</u>
		ta parole	
		tes jugements	<u>jour</u>
	91b		[<u>car</u>↑ <u>tous</u>↓↑]
	92–96	*ton Enseignement*	*pour toujours*
		<u>tes</u> <u>préceptes</u>	*car*
		car <u>tes</u> <u>préceptes</u>	*à moi (ly)*
		tes témoignages	*<u>je</u> <u>discerne</u>... <u>tout</u>*
		ton commandement	
XIII	97–100	*ton Enseignement*	*tout* le <u>jour</u>
		ton commandement	*car <u>pour</u> <u>toujours</u>*
			à moi (ly)... tous
		car tes témoignages... pour moi (ly)... je discerne	
		car tes préceptes	
	101–102		*<u>toute</u>↓*
		ta parole↑	
		tes jugements↑	
		<u>car</u>↓... tu m'as enseigné↓	
	103–104	<u>tes</u> <u>préceptes</u>	<u>je</u> <u>discerne</u>... <u>toute</u>

Les volets extrêmes se répondent en parallèle. Il existe un rapport très marqués, sur lequel nous revenons ci-dessous entre le dernier volet de XII et le premier de XIII. Le dernier volet de XII et le premier de XIII correspondent aux deux volets extrêmes de l'autre strophe. Le volet central 91b de XII ne contient pas d'indice vraiment significatif. Quant au volet central

---

218 Sur leur enchaînement voir *SVT*, pp. 374–375.

101–102 de XIII, il se réfère au premier volet de XII, les autres indices qu'il contient n'étant pas significatifs.

Mais revenons sur les rapports entre 92–96 et 97–100 pour en montrer ici la disposition:

```
92   ton enseignement ◄─────► ton enseignement        97
93   + pour toujours
     tes préceptes, car ◄─────── tout
                                 + ton commandement    98
                                 car pour toujours +
94        a toi [lk] MOI ◄ - - - - - ► LUI a moi [ly]
     car tes préceptes ◄─────── tous                    99
95            a moi [ly] ◄╲   ╱► car tes témoignages...
     tes témoignages ◄────╳───► pour moi [ly]
          je discerne ◄─────► je discerne              100
96               tout ───────► car tes préceptes
     + ton commandement
```

Les deux unités s'ouvrent sur une déclaration d'amour du fidèle pour *l'Enseignement* de YHWH. Deux inversions sont dans la suite remarquable, soit de 94a à 98b, puis de 95 à 99b. La première joint l'appartenance à YHWH et l'appartenance en somme inverse du commandement divin au psalmiste. On notera les deux formules lapidaires de 94a et 98b: *A toi* (YHWH, j'appartiens) *moi*, et: *lui* (ton commandement, il est) *à moi*, exprimant cet échange étroit et dans les deux sens entre YHWH (ou son commandement) et son fidèle. La seconde énonce en en inversant simplement les termes le rapport entre le psalmiste et les témoignages divins. On retrouve au terme, en 95b et 100a l'activité de *discernement* du psalmiste, ici précisant son objet (tes témoignages), là sa qualité (meilleur que celui des anciens). Après les occurrences de *ton Enseignement* et de *je discerne* nous lisons ici *tes préceptes, car* et *tout*, là *tout* et *car tes préceptes*. Entre les deux inversions on lit *car tes préceptes* et *tous*. Enfin il faut remarquer que *ton commandement* se lit après *tout* en 96 comme en 97–98, et qu'on lit *(car) pour toujours* en 93 et 98 sans que la place en soit autrement remarquable. Ces deux unités de 92–96 et 97–100 sont donc étroitement apparentées.

Si la parole de YHWH est placée aux cieux *pour toujours* (89), c'est aussi *pour toujours* que le fidèle prendra garde d'oublier des préceptes (93), sachant bien que le commandement est à lui *pour toujours* (98). En écho aux jugements qui se sont maintenus jusqu'à *ce jour* (91), l'Enseignement reste l'objet de la méditation du fidèle *tout le jour* (97).

Venons-en maintenant aux strophes **XI et XIV**, lesquelles présentent les indices de correspondance que voici:

XI	81–83		*ma gorge*
		<u>ta</u> <u>parole</u>	*car*
		tes lois	*pas oubliées*
	84–85	jugement↑	
		ton Enseignement↓	
	86–88	<u>tes</u> <u>préceptes</u>... *fais-moi vivre... je garderai*	
		<u>témoignage</u>	ta *bouche*
XIV	105–108	<u>ta</u> <u>parole</u>	*garder*
		jugements	*fais-moi vivre*
		<u>ta</u> <u>parole</u>	ma *bouche*
		tes jugements	
	109–112		*ma gorge*
		ton Enseignement	*pas oublié*
		<u>tes</u> <u>préceptes</u>	
		tes <u>témoignages</u>	*car*
		tes lois	

Les volets extrêmes se répondent en parallèle et selon une inversion. Le volet central 84–85 de XI appelle les deux volets de XIV.

Si l'on accepte comme nous l'avons fait plus haut l'interprétation de Ravasi pour 109a, on verra *ma gorge* en 81a et 109a présentée dans un contexte d'épreuve. Le fidèle *n'a oublié* ni les lois (83), ni l'Enseignement (109b), mais il entend bien *garder* le témoignage (88) et les jugements (106). Que YHWH *le fasse vivre* selon sa loyauté (88) ou selon sa parole (107)! Le fidèle garde le témoignage de *la bouche* divine (88), mais il invite en retour YHWH à prendre plaisir aux générosités de *sa bouche* de fidèle.

Nous avons maintenant à étudier les rapports entre **X et XV**. En voici les indices:

X	73–77a	tes <u>commandements</u>	te *craignant*
		car <u>sur</u> <u>ta</u> <u>parole</u> j'ai <u>compté</u>… [<u>YHWH</u>]	
		car… tes jugements	
		ton dire	je vivrai
	77b	car↓ ton Enseignement↑	
	78–80		car… te <u>craignant</u>
		tes <u>témoignages</u>	
		tes <u>lois</u>	
XV	113–115	ton Enseignement	
		<u>sur</u> <u>ta</u> <u>parole</u> j'ai <u>compté</u>	
		<u>commandements</u>	[<u>mon</u> <u>Dieu</u>]
	116–117a	ton dire↑	je vivrai↑
	117b–120	<u>tes</u> <u>lois</u> (*bis*)	*car*
		tes <u>témoignages</u>	
		tes jugements	j'ai *<u>craint</u>*

Les volets extrêmes se répondent en parallèle. Le rapport du premier volet de X avec le deuxième et le troisième de XV fait finalement que le premier volet de X appelle chacun des trois volets de XV. On notera aussi le rapport du premier volet de XV au volet central de X, si bien que les deux premiers volets ici et là se répondent en chiasme.

En X par deux fois (en 74 et 79) le fidèle se situe parmi les craignant YHWH, et au terme de XV (en 120) il se présente directement comme qui craint YHWH à cause de ses jugements. Cette crainte n'est évidemment nullement incompatible avec la certitude qu'il a de *vivre* grâce aux affections de YHWH (77) ou à son soutien (116).

Connaissant déjà les rapports entre IX et XVI (voir ci-dessus dans l'ensemble IX–XXII) comme entre VIII et XVII (voir notre IIème partie dans l'ensemble I–XVII) et entre VII et XVIII (voir notre IIème partie dans l'ensemble I–XXI), nous pouvons maintenant en venir aux rapports **entre VI et XIX**. Les indices sont les suivants:

VI	41–42		*ta loyauté…* <u>YHWH</u>
		ton dire	<u>j'ai</u> <u>répondu</u>
		une parole	
		car… ta parole	
	43–44	*parole*	fidélité↓
		car↓… ton jugement↓…	*je garderai*↑
		ton Enseignement↓…	pour toujours↓
	[45]		[car↓]
	46–48	j'ai parlé de *tes* *témoignages*	
		<u>tes</u> <u>commandements</u> (bis) …	j'ai médité
		tes lois	
XIX	145–146		<u>réponds</u>-moi, <u>YHWH</u>
		tes lois	je garde
		tes témoignages	
	147–148	tes *paroles*↓↑	*garde…* méditer↓
		ton dire↑	
	149–152		*ta loyauté…* *YHWH*
		ton jugement	
		ton Enseignement	*YHWH*
		<u>tes</u> <u>commandements</u>	fidélité
		<u>tes</u> <u>témoignages</u>…	*car…* pour toujours

On peut ici négliger 45 qui ne contient aucun indice significatif. Les six volets alors considérés se répondent en parallèle et en chiasme. De plus chacun des volets centraux (43–44 et 147–148) correspond aux deux volets extrêmes de l'autre strophe. Ainsi chacun des six volets se trouve en rapport avec les trois volets de l'autre strophe.

En 41 et 149 le psalmiste demande à ce que YHWH intervienne pour lui ou l'entende selon sa *loyauté*. Lui a trouvé une parole à *répondre* à qui le méprisait, il demande à YHWH de lui *répondre* quand il l'appelle (145). Le psalmiste entend *garder* l'Enseignement *pour toujours* (44), et pareillement *garder* ces témoignages (146) qui sont fondés *pour toujours* (152), avec ce zèle qui lui fait devancer les heures de *garde* du matin pour *médi-ter* sur le dire divin (148). Il disait déjà en 48 qu'il *méditait* sur les lois.

Nous avons à considérer maintenant **V et XX**. Voici les indices:

V	33–36	Enseigne-moi	*YHWH*
		tes <u>lois</u>	
		ton <u>Enseignement</u>	je *garderai*… <u>car</u>
		tes témoignages	
	37–40		*voir*… *fais-<u>moi</u> vivre*
		ton dire	
		car tes <u>jugements</u>	
		tes <u>préceptes</u>	En <u>ta</u> justice *fais-<u>moi</u> vivre*
XX	153–155		*vois*
		car ton <u>Enseignement</u>	
		ton dire	*fais-moi vivre*
		car tes <u>lois</u>	
	156–157a		YHWH↑
		tes jugements↓	fais-moi vivre↓
	157b–160	*tes témoignages*	<u>j'ai</u> <u>vu</u>
		ton dire	pas *gardé*… <u>vois</u>
		tes <u>préceptes</u>	*YHWH*… fais-<u>moi</u> vivre
		<u>jugement</u>	de <u>ta</u> justice

Les volets extrêmes se répondent selon un parallèle et selon une inversion. Le volet central 156–157a de XX se réfère aux deux volets de V.

De 34 à 158 on voit s'opposer qui est décidé à *garder* l'Enseignement et ceux qui *n'ont pas gardé* les lois. En 37 le psalmiste prie YHWH de lui épargner de *voir* la vanité, mais selon 158 *il a vu* les gens trahissant, ce qu'il déteste; mais lui, selon 159, peut inviter YHWH à *voir* comme il a aimé les préceptes. Par cinq fois dans nos deux strophes (37.40 et 154.156.159) il prie YHWH de *le faire vivre*, en s'appuyant toujours sur une dénomination ou l'autre de la loi, sauf pour la dernière où il se réfère plus radicalement à la loyauté divine. Quand en 40 il demande à YHWH de le faire vivre en sa *justice*, il sait sur quelle réalité il s'appuie si l'on en croit 160 qui dit: il est pour toujours, tout jugement de ta *justice*.

Poursuivons avec **IV et XXI**, dont voici les indices de correspondance:

IV	25–27		*ma gorge*
		<u>ta</u> parole	*mes chemins*
			chemin de tes préceptes
	28		ma gorge↓
		ta parole↑	
	29–32		<u>chemin</u> du mensonge
		ton Enseignement	chemin
		tes jugements	
		<u>tes</u> <u>témoignages</u>… <u>YHWH</u>… <u>chemin</u> de	
		<u>tes</u> <u>commandements</u>… <u>car</u>…	*mon cœur*
XXI	161–162	<u>tes</u> <u>paroles</u>	*mon cœur*
	163–165		le mensonge↓
		ton Enseignement↓	
		jugements↓	
		ton Enseignement↓	
	166–168		YHWH
		<u>tes</u> <u>commandements</u>	*ma gorge*
		<u>tes</u> <u>témoignages</u>	
		tes préceptes	
		<u>tes</u> <u>témoignages</u>…	<u>car</u>… *mes <u>chemins</u>*

Les volets extrêmes se répondent parallèlement et selon une inversion. Le volet central 28 de IV appelle les deux volets extrêmes de XXI. Le rapport entre le dernier volet de IV et le volet central de XXI fait que finalement ce dernier volet de IV appelle chacun des trois volets de XXI.

Certes *la gorge* du psalmiste est à l'épreuve (25 et 28), mais elle a pour elle d'avoir gardé les témoignages (167). YHWH élargira ce *cœur* (32) qui ne redoute que ses paroles (161). Il n'y a pas de compromis possible entre le psalmiste et *le mensonge*: il prie YHWH d'en détourner de lui le chemin (29), il le hait et l'abomine (163). Nous lisons en 26: *mes chemins*, je les ai décrits, et en 168: tous *mes chemins* sont devant toi, ces chemins mis en accord avec *le chemin* de tes préceptes (27), *le chemin* de tes commandements (32), bref *le chemin* de la fidélité (30), en opposition au *chemin* du mensonge (29).

Aux extrêmes de notre chiasme nous lisons les strophes **III et XXII**. En voici les indices de correspondance:

III	17–19		*ton serviteur...* je vivrai
		ta parole	
		ton Enseignement	
		tes commandements	
	20		*ma gorge... désir*
		tes jugements↓	
	21–24	tes commandements	
		ils ont *parlé*	ton serviteur
		tes lois	mes délices
XXII	169–170	ta *parole*	
	171–172	tes lois↓	
		tes commandements↓↑	
	173–175a		j'ai *désiré*
		ton Enseignement↑...	mes délices↓
		vive↑... *ma gorge*	
	175b–176	tes jugements	*ton serviteur*
		tes commandements	

Les volets extrêmes se répondent parallèlement et selon une inversion. Le premier volet central de XXII (171–172) se réfère au dernier de III, et symétriquement le second volet central de XXII (173–175a) se réfère au premier de III. Le rapport entre le premier volet de III et le premier volet central de XXII fait que finalement le premier volet de III appelle chacun des quatre volets de XXII. Le rapport entre le volet central de III et le dernier volet de XXII fait que finalement le dernier volet de XXII se réfère aux trois volets de III.

La strophe III commence par une invitation faite à YHWH pour qu'il agisse favorablement envers *son serviteur* (17), ce dernier se présentant vers la fin de la strophe (23) comme celui qui médite sur les lois. En 176 la demande d'intervention en faveur du même se fait plus pressante en sa concision: Cherche *ton serviteur!* Certain alors de *vivre* (17) le psalmiste le souhaite pour pouvoir louer YHWH: *vive ma gorge* et qu'elle te loue! Ainsi la *gorge* est-elle passée du désir douloureux de 20 à la perspective réjouissante de la louange. En 20 ce *désir* a pour objet les jugements, nous le retrouvons en 174 avec pour objet le salut. En 24 les témoignages font *les délices* du psalmiste, en 174 il en dit autant de l'Enseignement.

Ainsi l'ensemble III–XXII respecte-t-il un large chiasme. Et puisque nous connaissons déjà tous les rapports établissant un parallèle entre III–XII et XIII–XXII on dira que ce même ensemble III–XXII respecte également un parallèle. La structure de l'ensemble peut alors être présentée schématiquement comme ceci:

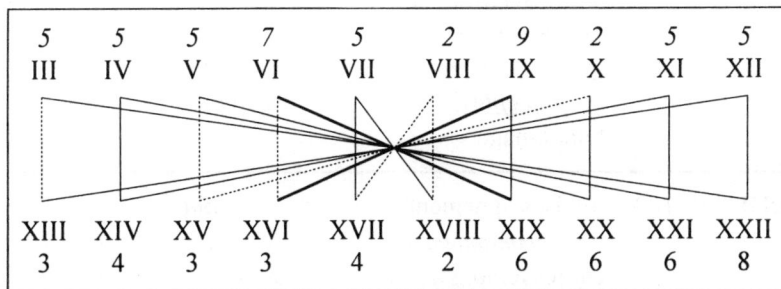

Le chiasme comporte bien deux rapports un peu faibles (deux récurrences entre VIII et XVII, puis entre X et III), mais on notera les riches rapports autour des centres entre VI et XIX, puis entre IX et XVI. Le parallèle est plus régulier et achève chacun de ses volets sur l'étroit rapport (huit récurrences) entre XII et XXII.

Ensemble II–XXII

Il ne nous reste plus à examiner que **l'ensemble des vingt et une strophes II–XXII**, agencées, nous allons le voir, symétriquement autour de XII et dont les volets II–XI et XIII–XXII sont entre eux parallèles. Commençons par examiner les rapports entre les strophes contiguës à la strophe centrale, soit **XI et XIII**. En voici les indices:

XI	81–83	ta parole	
		ton dire / à *dire*	car
	84–85	*jugement*	
		ton Enseignement↑	
	86–88	*tous* tes *commandements*… <u>mensonge</u>	
		tes préceptes	je garderai
		témoignage	
XIII	97–100	ton Enseignement	*tout*
		ton commandement	car
		car tes témoignages	
		car *tes préceptes*	
	101–102		toute↓… je garde↓
		ta parole↑	
		tes *jugements*	
		car↑… *tu m'as enseigné*	
	103–104	*tes dires*	
		tes *préceptes* <u>toute</u>… <u>mensonge</u>	

Les six volets se répondent selon un chiasme. Le volet central 101–102 se réfère aux trois volets de XI. Etant donné le rapport entre les derniers volets 86–88 et 103–104 on peut voir que le dernier volet de XI appelle finalement les trois volets de XIII. Le rapport entre le volet central de XI et le volet initial de XIII fait que les deux premiers volets se répondent d'ici à là en chiasme.

C'est avec *mensonge* qu'on a poursuivi le psalmiste (86), mais lui il hait toute route de *mensonge* (104). Au contraire il *garde* le témoignage (88) et la parole (101).

Viennent ensuite les strophes **X et XIV**. Voici leurs indices de correspondance:

X	73–77a	*car*... <u>ta</u> <u>parole</u> <u>tes</u> <u>jugements</u>	<u>YHWH</u>... *car* <u>justice</u> <u>humilié</u>... <u>je</u> <u>vivrai</u>
	77b	<u>car</u>↓ ton Enseignement↓	
	78–80	<u>car</u>... <u>tes</u> <u>préceptes</u> <u>tes</u> <u>témoignages</u>	
XIV	105–108	<u>ta</u> <u>parole</u> <u>jugements</u> <u>ta</u> <u>parole</u> <u>tes</u> <u>jugements</u>	de <u>ta</u> <u>justice</u>...<u>humilié</u> <u>YHWH</u>... <u>fais-moi</u> <u>vivre</u> <u>YHWH</u>
	109–112	ton Enseignement <u>tes</u> <u>préceptes</u> <u>tes</u> <u>témoignages</u>	*car*

Les volets extrêmes se répondent parallèlement. Le volet final de XIV se réfère au volet central de X. Le seul *car* ne suffit pas à constituer l'indice d'un rapport entre le premier volet de X et le dernier de XIV.

Face à *l'humiliation* (75 et 107) le fidèle aspire à pouvoir *vivre* (73) et en fait la demande directe à YHWH (107). Selon 75 le psalmiste a reconnu que *les jugements* de YHWH sont *justice*, et c'est conscient de cela qu'il jure selon 106 de garder *les jugements de sa justice*.

En **IX et XV** nous repérons les indices suivants:

IX	65–67a		YHWH
		ta parole	
		car... tes commandements	
		ton dire	
	67b–70		TOI↑
		tes lois↓... mensonge↓... j'observe↑	
		ton Enseignement↑	
	71–72	car... tes lois	
		Enseignement	
XV	113–115	ton *Enseignement*	TOI
		ta parole	j'observe
		commandements	mon Dieu
	116–117a	ton dire↑	
	117b–120	tes lois (*bis*)	car mensonge

Nous retrouvons ici la correspondance entre *YHWH* et *mon Dieu*. Les volets extrêmes se répondent parallèlement. Le volet central 68–70 de IX appelle les deux volets extrêmes de XV. Le volet initial de XV se réfère également au volet final de IX, si bien qu'il se trouve en rapport avec les trois volets de IX. Le volet central 116–117a de XV se réfère au volet initial de IX, si bien que les deux premiers volets d'ici à là se répondent en chiasme.

S'adressant à YHWH (*TOI*) le psalmiste en vante la bonté (68) et reconnaît qu'il est pour lui une cachette et un bouclier (114). Lui *observe* les préceptes (69) et les commandements (115), subissant *le mensonge* des orgueilleux (69), mais comptant sur la réaction de YHWH vis à vis d'eux dont l'imposture n'est que *mensonge*.

Nous connaissons déjà les rapports entre VIII et XVI (voir notre IIème partie dans l'ensemble I–XVI) et entre VII et XVII (voir notre IIème partie dans l'ensemble I–XIX). Nous pouvons donc en venir à **VI et XVIII**. Leurs rapports sont signalés par les indices suivants:

VI	41–42		YHWH
		ton dire	
		une parole / ta parole	
	43–44	parole	fidélité↓↑
		ton jugement↑	
		ton Enseignement↓... pour toujours↓	
	45	tes préceptes	
	46–48	j'ai parlé de *tes témoignages*	
		tes *commandements* (*bis*)	
XVIII	137–138		YHWH
		tes jugements	
		tu as *commandé*	
		tes témoignages	fidélité
	139–141	tes paroles↓↑	
		ton dire↑	
		tes préceptes	
	142–144		pour toujours
		ton Enseignement	fidélité
		tes commandements	
		tes témoignages	pour toujours

Les volets extrêmes se répondent parallèlement. Le volet central 139–141 de XVIII fait référence à chacun des quatre volets de VI. Les rapports entre le deuxième volet de VI et les volets extrêmes de XVIII ainsi que entre le dernier volet de VI et le premier volet de XVIII font que finalement les trois derniers volets de VI et les trois volets de XVIII respectent entre eux parallèle et chiasme. Récapitulons ici dans un schéma:

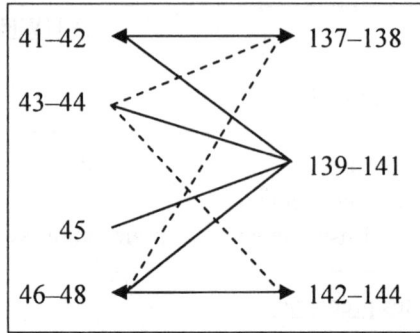

On voit que de VI à XVIII le deuxième volet et le quatrième appellent chacun des trois volets de XVIII.

Le fidèle demande que la parole de *fidélité* ne quitte pas sa bouche (43), cette *fidélité* qui en quelque sorte définit l'Enseignement (142). *Pour toujours* il gardera cet Enseignement (44), la justice de YHWH étant elle-même encore plus radicalement *pour toujours* (142.144).

Nous avons à examiner maintenant les rapports **entre V et XIX**. Voici les indices:

V	33–36	*Enseigne-moi*	*YHWH*
		<u>tes</u> <u>lois</u>	<u>j</u>'observerai (bis)
		ton Enseignement	<u>je</u> <u>garderai</u>
			de <u>tout</u> <u>cœur</u>
		tes commandements... car... mon <u>cœur</u>	
		<u>*tes*</u> <u>*témoignages*</u>	

	37–40		mes yeux...<u>fais</u>-<u>moi</u> <u>vivre</u>
		ton dire	
		car <u>tes</u> <u>jugements</u>	<u>fais</u>-<u>moi</u> <u>vivre</u>

XIX	145–146		de <u>tout</u> <u>cœur</u>... YHWH
		<u>tes</u> <u>lois</u>	<u>j</u>'observe... <u>je</u> <u>garde</u>
		<u>tes</u> <u>témoignages</u>	

	147–148		mes yeux↓... garde↑
		ton dire↓	

	149–152		YHWH
		<u>ton</u> <u>jugement</u>	<u>fais</u>-<u>moi</u> <u>vivre</u>
		ton Enseignement	*YHWH*
		tes commandements	
		tes témoignages	*car*

Les volets extrêmes se répondent selon un parallèle. Le volet central 147–148 de XIX se réfère aux deux volets de V. Reste à signaler le rapport entre le premier volet de V et le dernier de XIX, qui fait que finalement le premier volet de V appelle chacun des trois volets de XIX.

Le fidèle est celui qui *observe* les lois (33 et 145) et *l'Enseignement* (34), qui *garde l'Enseignement* (34) et les témoignages (146)[219], avec ce zèle qui fait devancer à *ses yeux* les heures de *garde* du matin pour méditer, priant par ailleurs YHWH de les faire passer loin de voir la vanité (37). S'appuyant sur la loi diversement désignée, il demande à YHWH de *le faire vivre* (37.40 et 149).

---

219 On se souvient que *garder/observer* constituent une paire stéréotypée : voir n.20.

Venons-en à **IV et XX**, en repérant dès l'abord les indices que voici:

IV	25–27		*fais-moi vivre*
		ta parole	
		tes lois	
		tes préceptes	
	28	ta parole↓	
	29–32	*ton Enseignement*	fidélité
		tes jugements	
		tes témoignages	YHWH
XX	153–155	*ton Enseignement*	fais-moi vivre
		tes lois	
	156–157a		YHWH↓
		tes jugements↓	fais-moi vivre↑
	157b–160	tes témoignages	
		tes préceptes YHWH... *fais-moi vivre*	
		ta parole	fidélité
		jugement	

Les volets extrêmes se répondent parallèlement et selon une inversion. Le volet central de XX se réfère aux deux volets extrêmes de IV. Le premier volet de IV et le dernier de XX se réfèrent à chacun des trois volets de l'autre strophe.

Les trois premières demandes *fais-moi vivre* s'appuient sur la parole (25), le dire (154), les jugements (156), tandis que la dernière recourt plus directement à la loyauté divine (159). Le psalmiste a choisi le chemin de la *fidélité* (30), cette *fidélité* qui est la tête de la parole.

Entre III et XXI nous repérons les indices que voici:

III	17–19		*je garderai*
		ta <u>parole</u>	
		ton Enseignement	
		tes commandements	
	20	tes <u>*jugements*</u>… en [tout] <u>*temps*</u>*	
	21–24	tes <u>commandements</u>	
		tes <u>témoignages</u>	
		ils ont *parlé*	
		tes <u>témoignages</u>	
XXI	161–162	tes <u>*paroles*</u>	
	163–165	ton Enseignement↑	<u>*jour*</u>*
		<u>*jugements*</u>	
		ton Enseignement↑	
	166–168	<u>*tes commandements*</u>	*gardé*
		tes <u>témoignages</u>	*j'ai gardé*
		tes <u>témoignages</u>	[tous]

Nous faisons jouer ici la paire stéréotypée *jour/temps*[220]. Nos six volets se répondent en parallèle et en chiasme. Le volet central 163–165 de XXI se réfère aussi au volet initial de III.

Le fidèle *gardera* la parole (17) et *a gardé* les témoignages (167). Le désir des *jugements* le travaille *en tout temps* (20), et sept fois le *jour* il loue YHWH pour ces mêmes *jugements*.

Et nous voilà au terme de notre symétrie concentrique avec les strophes **II et XXII**. De l'une à l'autre nous voyons passer les indices suivants:

---

220 Voir n.143.

II	9–11	ta <u>parole</u> *tes commandements* ton <u>dire</u>		
	12a			*YHWH*↑
	12b–16		apprends-moi	
		tes lois		
		<u>jugements</u>		<u>comme</u>
		tes préceptes		
		tes lois je me délecte… <u>je n'oublie pas</u>		
		ta parole		
XXII	169–170		YHWH	
		ta <u>parole</u> ton <u>dire</u>		
	171–172		tu m'apprends↓	
		tes lois↓		
		ton dire↑		
		tes commandements↑		
	173–175a	tes préceptes↓… *YHWH*… mes délices↓		
	175b–176	tes <u>jugements</u>		<u>comme</u>
		tes commandements <u>je n'ai pas oublié</u>		

Les volets extrêmes se répondent en parallèle et selon une inversion. Le volet final de II appelle chacun des quatre volets de XXII. Le volet central 12a appelle le premier volet et le troisième de XXII, comme inversement le premier volet central de XXII (171–172) se réfère au premier volet et au troisième (c'est-à-dire aux extrêmes) de II.

En 12b le psalmiste demande à YHWH de *lui apprendre ses lois*, et en 171b il constate qu'il en fut bien ainsi. Les deux comparaisons (*comme*) de 14 et de 176 s'opposent: les témoignages sont *comme* toute une fortune, mais le fidèle est *comme* un mouton périssant. C'est pourtant bien lui qui *se délecte* des lois de YHWH (16) et qui fait *ses délices* de son Enseignement (174). Il prend bien garde de *n'oublier* ni sa parole (16), ni ses commandements (176). En 12 comme en 169.174 *YHWH* est au vocatif.

Comme nous connaissons tous les rapports justifiant un parallèle entre II–XI et XIII–XXII, nous pouvons conclure que II–XXII sont non seulement agencés concentriquement autour de XII, mais que, autour de XII, les deux ensembles II–XI et XIII–XXII se répondent aussi en parallèle, ce qui schématiquement peut être présenté comme ceci:

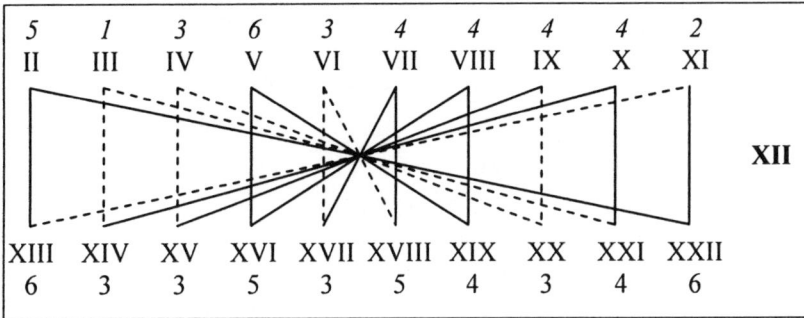

Le parallèle entre II–XI et XIII–XXII est assez régulier. Deux rapports sont un peu faibles dans la symétrie concentrique autour de XII (III/XXI et XI/XIII). Mais sur un ensemble aussi important le fait n'a pas de quoi surprendre.

Conclusion

Pour conclure ce travail nous chercherons à prendre encore une vue d'ensemble de ce psaume, d'abord à partir des huit termes désignant tout au long la loi, puis à l'aide des autres termes récurrents.

Il existe donc huit termes pour désigner la loi. Notons tout d'abord *le nombre de strophes* où chacun se lit[221], que ce soit une fois ou plus dans ladite strophe, soit par ordre décroissant:

Enseignement	: 21 +		
Jugement(s)	: 21	=	42
Parole(s)	: 19 +		
Témoignage(s)	: 19 +		
Commandement(s)	: 19 +		
Préceptes	: 19	=	76
Lois	: 18	=	18
Dire	: 17	=	17

le total étant de 153[222]. Ces *huit* termes se lisent simultanément dans cinq strophes que nous avons signalées en leur temps (V, VIII, X, XI et XVII). *Sept* d'entre eux se lisent simultanément dans onze strophes, *six* dans six strophes. Ces groupes sont répartis comme suit sur l'ensemble du psaume:

---

221 Et non point le nombre d'occurrences dans le psaume. Pour ces dernières voir Girard.

222 Impossible de ne pas penser aux 153 poissons de Jn 21,11, mais nous n'y voyons que pur hasard. L'ordre est légèrement différent de celui des occurrences des seuls substantifs désignant la loi, selon Girard (p.180, n.29) : Enseignement (25), parole (24), jugement (23), témoignage (23), commandement (22), loi (22), précepte (21), dire (19). Les deux termes extrêmes (*Enseignement* et *dire*) et les deux termes centraux (*témoignages* et *commandements*) restent à la même place, mais l'ordre est inverse pour *jugements* et *paroles* ainsi que pour *préceptes* et *lois*.

I	II	III	IV	V		
6	7	6	7	7		
					8	VI
6	8	6	8	8		
VII	VIII	IX	X	XI		

XII	XIII	XIV	XV	XVI		
6	7	6	7	7		
					8	XVII
7	7	7	7	7		
XVIII	XIX	XX	XXI	XXII		

On remarque la même succession en I–V + VI et en XII–XVI + XVII. Si par ailleurs, s'aidant ici des mises en *italiques*, nous lisons par colonne dans chacune des moitiés du psaume, nous lisons **6 + 6** en I + VII et III + IX, puis **7 + 8** (8 = 7+1) en *II* + *VIII* et *IV* + *X* // *V* + *XI*, mais d'abord **6 + 7** (7 = 6+1) en *XII* + *XVIII* et *XIV* + *XX*, puis **7 + 7** en XIII + XIX et XV + XXI // XVI + XXII, l'alternance étant, on le voit, en quelque sorte inverse de I–XI à XII–XXII. Dans la seconde moitié du psaume, la fonction de récurrences de ces huit termes est un peu plus fréquente (73 fois contre 70 dans la première moitié). Rappelons ici que nous avons étudié dans nos précédentes parties (IIème et IIIème), d'un point de vue strictement structurel, tous les rapports entre strophes qui ici entrent en jeu. A n'en pas douter nous avons là une ordonnance recherchée sur l'ensemble du psaume, indication formelle de son unité, mais sans doute pas la seule puisque les huit termes retenus ici sont seulement ceux qui désignent la loi.

Qu'en est-il des autres termes articulant entre elles les différentes strophes? Et tout d'abord en est-il qui par leur nombre et leur répartition seraient à compter comme les précédents comme peu déterminants du fait que, comme pour les huit termes désignant la loi, ils se trouveraient dans un trop grand nombre de strophes. Le cas se présente sérieusement pour deux d'entre eux, mais nous examinerons les cinq termes qui se lisent le plus souvent[223], en repérant dans combien de strophes. Les voici donc,

---

223 Nous nous référons aux chiffres donnés par Girard (p.279), plus fiables que ceux fournis par Ravasi. Ce dernier (p.449) affiche vingt occurrences pour *garder*, 20 pour *vivre*, et 21 pour *coeur* ?? Girard ne donne que 22 (contre 23 selon nous) pour *garder*, mais sans doute n'a-t-il pas voulu faire entrer en compte les heures-de-garde de 148, ce qui se défend. Pour *justice* il ne compte que 15 (contre 16 selon nous), sans doute pour ne pas tenir compte de *juste* (adjectif) de 137, ce qui peut aussi se défendre. Ces précisions une fois données on voit que nous sommes

avec en tête leur nombre d'occurrences, puis les versets et strophes où ils se lisent:

STROPHES	YHWH	GARDER	VIVRE	JUSTICE	CŒUR
I	1	4.5.8		7	2.7
II	12	9.15			10.11
III		17	17		
IV	31		25		32
V	33	34	37.40	40	34.36
VI	41	44			
VII	52.55	55	50		
VIII	57.64	57.60.63		62	58
IX	65	67			69.70
X	75		77	75	80
XI		88	88		
XII	89		93	89	
XIII		101			
XIV	107.108	106	107	106	111.112
XV			116		
XVI	126			121.123	
XVII		134.136			
XVIII	137		144	137.138 142 (*–bis*).144	
XIX	145.149.151	146.148	149		145
XX	156.159	158	154.156.159	160	
XXI	166	167.168		164	161
XXII	169.174		175	172	
TOTAUX: **Strophes**: (Occurrences:)	**17** (24)	**15** (23)	**13** (16)	**11** (16)	**10** (15)

d'accord sur les totaux. Dans sa liste de la p.279 il aurait pu ajouter aux termes comptant cinq occurrences *craindre/crainte* (vv. 38.63.74.79.120). Cette liste est des plus intéressantes pour repérer le vocabulaire de notre psaume. On pourrait, dans la même perspective, y repérer les paires stéréotypées (que nous avons mises à profit dans ce livre) comme *garder/observer, cœur/gorge, chemin/route, discerner/apprendre, connaître/discerner, connaître/apprendre, aimer/haïr* (ce dernier terme [4 occurrences] ajouté ici à la liste de Girard), *loyauté/fidélité,* ...

Le point ne serait donc à envisager sérieusement que pour le nom divin qu'on lit dans 17 strophes, tout comme *dire* dans la liste des termes désignant la loi. Mais, nous l'avons vérifié, la récurrence de YHWH ne joue jamais seule dans des rapports entre strophes. Les autres termes dont occurrences et répartitions sont ci-dessus relevées ne se lisent que dans trop peu de strophes par rapport aux termes désignant la loi pour qu'on leur applique la même réserve quant à leurs fonctions structurelles.

Nous pouvons donc prendre en compte toutes les récurrences autres que les huit termes désignant la loi. Nous entendons ici très précisément le nombre de fois où fonctionnent ces récurrences dans les rapports entre strophes. Relevons-les à l'aide du tableau suivant:

Tableau des récurrences entre les strophes

	I	II	III	IV	V	VI	VII	VIII	IX	X	XI	XII	XIII	XIV	XV	XVI	XVII	XVIII	XIX	XX	XXI
II	**7**	[89]																			
III	*2*	*3*	[89]																		
IV	4	6	4	[94]																	
V	4	4	**7**	6	[105]																
VI	6	*3*	*3*	6	*3*	[85]															
VII	4	*2*	5	*2*	5	4	[94]														
VIII	**7**	6	*2*	5	6	*3*	4	[89]													
IX	6	**7**	**7**	5	6	5	6	5	[111]												
X	**7**	5	6	**8**	6	5	6	6	**11**	[126]											
XI	*2*	*3*	**8**	4	**7**	*3*	*3*	4	*2*	**8**	[111]										
XII	4	*3*	5	4	*3*	*3*	5	*2*	5	**8**	**10**	[102]									
XIII	4	6	*3*	*3*	*3*	6	*2*	6	4	6	6	6	[75]								
XIV	**7**	6	*3*	*3*	**7**	6	*2*	6	4	*2*	5	4	6	[104]							
XV	4	*2*	*3*	4	*3*	*3*	4	4	*2*	4	*3*	4	*2*	*2*	[63]						
XVI	4	*3*	5	4	5	*3*	*2*	*3*	**7**	*2*	*2*	**9**	6	*3*	4	[101]					
XVII	4	*3*	6	4	6	**7**	*2*	*2*	5	*2*	*3*	*3*	*2*	*3*	*2*	6	[71]				
XVIII	5	4	5	5	6	**7**	*3*	4	*2*	4	*3*	*3*	*3*	6	*2*	*2*	*3*	[87]			
XIX	5	*3*	5	5	6	**7**	*1*	6	*3*	*1*	*1*	6	*3*	5	*3*	5	*1*	4	[99]		
XX	4	*2*	*2*	*3*	5	6	**7**	**8**	*3*	*1*	*1*	**9**	5	6	*2*	5	*1*	**7**	**8**	[103]	
XXI	6	4	*1*	5	6	4	*2*	4	**7**	*1*	*3*	*2*	*1*	5	*3*	**7**	*1*	*3*	4	**7**	[**]
XXII	*3*	5	5	5	6	*3*	*3*	4	5	*1*	5	**8**	*1*	4	*2*	5	*1*	5	*3*	*3*	5
	I	**II**	**III**	**IV**	**V**	**VI**	**VII**	**VIII**	**IX**	**X**	**XI**	**XII**	**XIII**	**XIV**	**XV**	**XVI**	**XVII**	**XVIII**	**XIX**	**XX**	**XXI**

- *La 1ère colonne et la dernière ligne indiquent les strophes (chiffres romains)*
- *Les chiffres arabes indiquent le nombre de récurrences entre les strophes.*
  - *Les chiffres en caractères **gras** indiquent les nombres de récurrences compris entre 7 et 11, pointant les rapports les plus importants.*
    - *Les chiffres italiques indiquent les nombres de récurrences entre 1 et 3, pointant les rapports les plus faibles.*
  - *Le nombre de récurrences commandant le rapport entre deux strophes se trouve à l'intersection entre horizontale (voir 1ère colonne) et verticale (voir dernière ligne).*
    - *Le nombre total de récurrences à partir d'une strophe se trouve (entre crochets) à l'inter-section entre sa ligne et sa colonne. Pour I, XXI, XXII voir ***

**Total pour les strophes I: [100], XXI: [85], XXII: [87].

Les groupes de récurrences (ce qui équivaut aux rapports entre strophes) jouant sur l'ensemble (soit au total 231) y sont répartis comme suit:

Groupes de	[1 récurrence:			8]	
	2 récurrences:		25		
	3 récurrences:	46		[*Total: 79*]	
Groupe de	4 récurrences:	41			
	5 récurrences:		36		
	6 récurrences:	42		[*Total: 119*]	
Groupe de	7 récurrences:		22		
	8 récurrences:			7	
	9 récurrences:			2	
	10 récurrences:				1
	11 récurrences:				1
				[*Total: 33*]	

Etant donnée la virtuosité requise, on ne sera pas surpris de trouver moins de groupes (trente-trois) dans le dernier lot (entre 7 et 11 récurrences). Mais on notera aussi que le second (avec un total de cent dix-neuf pour les groupes d'entre 4 et 6 récurrences) est nettement supérieur au premier (avec un total de soixante dix-neuf pour les groupes d'entre 1 et 3 récurrences).

Mais revenons au premier des deux tableaux ci-dessus. Il va nous permettre de classer par ordre d'importance les strophes selon le nombre de récurrences jouant entre chacune et les vingt et une autres. Il suffit pour cela de totaliser pour chacune des strophes les chiffres s'y rapportant à l'horizontale et à la verticale, total qui se trouve indiqué ci-dessus entre crochets. Par ordre d'importance nous découvrons alors la répartition suivante entre les strophes (lesquelles selon leur ordre se lisent dans chaque colonne de la gauche à la droite)[224]:

---

224 Nous avions tenté aussi un tableau en répartissant les groupes de récurrences à partir des strophes (alors dans la première colonne du tableau), mais il s'est avéré moins lisible que celui que nous présentons ici. Si le lecteur veut cependant l'établir, il n'en aura pas pour longtemps à l'aide des données ci-dessous.

Nombre de récurrences	S	T	R	O	P	H	E	S
126:			X					
111:		IX	XI					
105:	V							
104:				XIV				
103:							XX	
102:			XII					
101:					XVI			
100:	**I**							
99:						XIX		
94:	IV	VII						
89:	II.III	VIII						
87:						XVIII		**XXII**
85:	VI						XXI	
75:			XIII					
71:					XVII			
63:				XV				

Ainsi de la première à la dernière ligne, en ordre décroissant, nous avons le nombre de récurrences liant chaque strophe aux vingt et une autres. Notons principalement que les strophes les mieux pourvues (entre 126 et 100 récurrences, soit les huit premières lignes dans notre tableau)[225] se trouvent pour la moitié au centre du psaume (IX, X, XI, XII). Dans la deuxième moitié de notre tableau on peut encore constater que les strophes comprises entre II et VIII sont mieux pourvues que celles comprises entre XIII et XXII.

Si maintenant nous considérons les rapports entre strophes consécutives en y repérant les groupes de récurrences (en comptant entre une et onze) faisant jouer lesdits rapports on peut établir le tableau suivant:

---

225 Le nombre total de rapports à partir de ces récurrences est de 2070, soit en moyenne 94, 09, soit 95 par strophes, ce qui correspond presque à la répartition horizontale de notre tableau. On pourrait aussi repérer à partir de quelles strophes jouent les nombres les plus importants des groupes de récurrences les plus fournis (c'est à dire entre 7 et 11). On ne sera pas surpris de les découvrir à partir de IX (six), X (neuf) et XI (six). Suivent XII, XVI et XX (avec cinq), puis I et XIX (avec quatre). Cela recoupe assez largement le tableau qui va suivre.

Nb de réc. ⇒ Rapports ⇓	2	3	4	5	6	7	8	9	10	11
I/II						7				
II/III		3								
III/IV			4							
IV/V					6					
V/VI		3								
VI/VII			4							
VII/VIII			4							
VIII/IX				5						
IX/X										11
X/XI							8			
XI/XII									10	
XII/XIII				5						
XIII/XIV					6					
XIV/XV	2									
XV/XVI			4							
XVI/XVII					6					
XVII/XVIII		3								
XVIII/XIX			4							
XIX/XX							8			
XX/XXI						7				
XXI/XXII				5						

Notons que seulement quatre des enchaînements entre strophes consécutives comportent un nombre faible de nos récurrences (c'est-à-dire autres que ces huit termes désignant la loi), soit II/III, V/VI et XVII/XVIII avec *trois* récurrences, et XIV/XV avec *deux* récurrences. Mais pour les autres nous comptons *quatre* récurrences pour III/IV, VI/VII, XV/XVI, XVIII/XIX, *cinq* pour VIII/IX, XII/XIII, XXI/XXII, *six* pour IV/V, XIII/XIV, XVI/XVII, *sept* pour I/II et XX/XXI, *huit* pour X/XI et XIX/XX, *dix* pour XI/XII, *onze* pour IX/X. Et nous avons vu ci-dessus comment ces récurrences articulent structurellement entre elles ces strophes consécutives. Voilà de quoi chasser tout pessimisme sur l'enchaînement entre strophes contiguës dans notre psaume, pessimisme tout à fait de mise quand on mêle comme indices de ces enchaînements les termes désignant la loi et les autres[226]. Notons ensuite que les nombres les plus élevés se lisent vers le centre du psaume (en IX–XII avec successivement onze,

---

226 Comme le fait Girard pp. 276–278.

huit et dix récurrences) et aux deux extrêmes avec sept récurrences en I/II, huit en XIX/XX et sept en XX/XXI, ce qui laisse voir qu'extrêmes et centres ont été particulièrement travaillés d'un point de vue structurel, considération qui nous tourne de ce point de vue vers l'ensemble.

Mais venons-en maintenant aux ensembles de trois strophes et plus. Nous y voyons répartis comme suit les groupes de récurrences tels que nous les avons jusqu'ici distingués (selon 7–11, 4–6, et 1–3):

ENSEMBLES	Nombre total de rapports	Rapports à 7–11 récurrences	Rapports à 4–6 récurrences	Rapports à 1–3 récurrences
I–III	1			1
I–IV	4		2	2
I–V	4		4	
I–VI	5		5	
I–VII	5	1	3	1
I–VIII	8	1	4	3
I–IX	8		6	2
I–X	9	3	2	4
I–XI	9	2	5	2
I–XII	12	2	8	2
I–XIII	12	4	5	3
I–XIV	13	4	7	2
I–XV	13	1	9	3
I–XVI	16	1	10	5
I–XVII	16	2	6	8
I–XVIII	17	4	4	9
I–XIX	17	1	8	8
I–XX	20	1	10	9
I–XXI	20	1	14	5
I–XXII	21	1	11	9
XX–XXII	1		1	
XIX–XXII	4	2		2
XVIII–XXII	4		2	2
XVII–XXII	5	1		4
XVI–XXII	5		4	1
XV–XXII	8	1	3	4
XIV–XXII	8	1	3	4
XIII–XXII	9	1	3	5
XII–XXII	9	2	4	3
XI–XXII	12		7	5
X–XXII	12	1	5	6
IX–XXII	13	1	5	7
VIII–XXII	13	4	8	1
VII–XXII	16	3	6	7
VI–XXII	16	3	7	6
V–XXII	17	4	5	8
IV–XXII	17	2	11	4
III–XXII	20	3	10	7
II–XXII	20		12	8
TOTAL=	*439 =*	*58*	*219*	*162*

Comme nous l'avons déjà vu plus haut à propos des groupes de récurrences (ou rapports entre strophes), on ne sera pas surpris ici encore de trouver comme plus petit nombre ce qui concerne les rapports à 7–11 récurrences (58), mais on remarquera aussi que les rapports à 4–6 récurrences (219) sont nettement plus nombreux que ceux à 1–3 récurrences (162). Cela peut aider à saisir la technique de composition du psalmiste.

Pour conclure nous reviendrons sur le nombre de récurrences à partir de chaque strophe pour découvrir à partir de là un certain agencement de l'ensemble de notre psaume. Nous partirons du tableau suivant que nous exploiterons aussitôt après:

100	+	89	+	89	=		278		
I		II		III					
					IV	=	94		656
V		VI		VII					
105	+	85	+	94	=		284		
		VIII		IX	X (maxim.)				
		89		111	126				
				111					
				XI					

	XII			
	102			
75	104	63 (minim.)		
XIII	XIV	XV		

101	+	71	+	87	=		= 259		
XVI		XVII		XVIII					
					XIX		= 99		633
XX		XXI		XXII					
103		85		87	=		= 275		

On comparera d'abord les sept premières et les sept dernières strophes. En en étudiant plus haut la structure nous avons vu qu'autour des centres IV et XIX chacun de ces ensembles offrait un parallèle soit entre I–III et V–VII, soit entre XVI–XVIII et XX–XXII. Or cette structure se retrouve ici dans les proportions des récurrences. Les chiffres indiqués pour chaque strophe se correspondent sensiblement non seulement à l'intérieur de chacun de ces ensembles, mais aussi d'un ensemble à l'autre. Il y a même correspondance exacte entre XVIII et XXII dans le dernier ensemble (87 ici et là), et entre VI et XXI d'un ensemble à l'autre (85 ici et là). Et les choses se jouent à une unité près entre I et XVI (100 et 101), deux entre V et XX (105 et 103). De VIII à XII–XV on notera les proportions voisines pour VIII + IX et XIII + XIV (surtout ces dernières), tandis qu'en X et XV nous avons ici le maximum de récurrences (126) et là le minimum (63). Pour IX et XI nous avons exactement le même nombre de récurrences (111). Entre XII et XIV la différence n'est que de deux (102 et 104). On pourrait dire qu'en VIII–XI nous avons 311 + 126 (X), et en XII–XV: 281 + 63 (XV).

Ces considérations ne peuvent venir qu'en complément de l'étude structurelle proprement dite. Elles nous ont semblé cependant mériter l'intérêt du lecteur en ce qu'elles équilibrent pour ainsi dire entre elles les onze premières et les onze dernières strophes, et plus précisément les sept et sept strophes extrêmes, puis les quatre et quatre strophes centrales. On a là encore la marque d'une certaine composition d'ensemble de ce psaume qui, si long qu'il soit, ne manque pas d'être structuré, non seulement à l'intérieur de chacune de ses strophes ou en leur enchaînement, mais aussi selon des ensembles qui peu à peu en recouvreent tout le texte.

Beihefte zur Zeitschrift für die alttestamentliche Wissenschaft

Herausgegeben von John Barton, Reinhard G. Kratz, Choon-Leong Seow und Markus Witte

Zuletzt erschienen:

358. Rudnig, Thilo Alexander: *Davids Thron.* Redaktionskritische Studien zur Geschichte von der Thronnachfolge Davids. 2006. Ca. XII, 420 S.

357. Di Pede, Elena: *Au-delà du refus: l'espoir.* Recherches sur la cohérence narrative de Jr 32-45 (TM). 2005. XVII, 404 S.

356. Beck, Martin: *Der „Tag YHWHs" im Dodekapropheton.* Studien im Spannungsfeld von Traditions- und Redaktionsgeschichte. 2005. XI, 350 S.

355. Bae, Hee-Sook: *Vereinte Suche nach JHWH.* Die Hiskianische und Josianische Reform in der Chronik. 2005. XII, 242 S.

354. Ngwa, Kenneth Numfor: *The Hermeneutics of the ,Happy' Ending in Job 42:7-17.* 2005. XII, 181 S.

353. Lee, Eunny P.: *The Vitality of Enjoyment in Qohelet's Theological Rhetoric.* 2005. XIV, 168 S.

352. Hilber, John W.: *Cultic Prophecy in the Psalms.* 2005. XIV, 268 S.

351. Wagner, Volker: *Profanität und Sakralisierung im Alten Testament.* 2005. IX, 358 S.

350. Ziemer, Benjamin: *Abram – Abraham.* Kompositionsgeschichtliche Untersuchungen zu Genesis 14, 15 und 17. 2005. XIV, 449 S.

349. Vielhauer, Roman: *Das Werden des Buches Hosea.* Eine redaktionsgeschichtliche Untersuchung. 2006. Ca. 230 Seiten.

348. Wright, Jacob L.: *Rebuilding Identity.* The Nehemiah-Memoir and its Earliest Readers. 2004. XIII, 372 S.

347. Pakkala, Juha: *Ezra the Scribe.* The Development of Ezra 7-10 and Nehemia 8. 2004. IX, 345 S.

346. *Perspectives on the Song of Songs / Perspektiven der Hoheliedauslegung.* Ed. by Hagedorn, Anselm. 2005. C. XXII, 373 S.

345. *Gott und Mensch im Dialog.* Festschrift für Otto Kaiser zum 80. Geburtstag. Hrsg. v. Witte, Markus. 2004. 2 Tlbde. I: XV, 1-588 S. II: X, Seiten 589-1076. 82 Abb.

344. Janzen, David: *The Social Meanings of Sacrifice in the Hebrew Bible.* A Study of Four Writings. 2004. XII, 300 S.

343. Janthial, Dominique: *L'oracle de Nathan et l'unité du livre d'Isaïe.* 2004. XIV, 353 S.

342. Frolov, Serge: *The Turn of the Cycle.* 1 Samuel 1-8 in Synchronic and Diachronic Perspectives. 2004. XIV, 275 S.

341. Watson, Rebecca S.: *Chaos Uncreated.* A Reassessment of the Theme of „Chaos" in the Hebrew Bible. 2005. XIX, 504 S.

340. Saur, Markus: *Die Königspsalmen.* Studien zur Entstehung und Theologie. 2004. XII, 367 S.

339. Schorch, Stefan: *Die Vokale des Gesetzes.* Die samaritanische Lesetradition als Textzeugin der Tora. 1: Das Buch Genesis. 2004. X, 304 S.

338. Stavrakopoulou, Francesca: *King Manasseh and Child Sacrifice.* Biblical Distortions of Historical Realities. 2004. XV, 405 S.

337. Grätz, Sebastian: *Das Edikt des Artaxerxes*. Eine Untersuchung zum religionspolitischen und historischen Umfeld von Esra 7,12-26. 2004. IX, 343 S.

336. Syring, Wolf-Dieter: *Hiob und sein Anwalt*. Die Prosatexte des Hiobbuches und ihre Rolle in seiner Redaktions- und Rezeptionsgeschichte. 2004. IX, 211 S.

335. Fischer, Alexander Achilles: *Von Hebron nach Jerusalem*. Eine redaktionsgeschichtliche Studie zur Erzählung von König David in II Sam 1-5. 2004. VIII, 386 S.

334. Rakel, Claudia: *Judit - über Schönheit, Macht und Widerstand im Krieg*. Eine feministisch-intertextuelle Lektüre. 2003. X, 326 S.

333. Neher, Martin: *Wesen und Wirken der Weisheit in der Sapientia Salomonis*. 2004. X, 274 S.

332. Grüneberg, Keith N.: *Abraham, Blessing and the Nations*. A Philological and Exegetical Study of Genesis 12:3 in its Narrative Context. 2003. XII, 296 S.

331. *Auf den Spuren der schriftgelehrten Weisen*. Festschrift für Johannes Marböck anlässlich seiner Emeritierung. Hrsg. v. Fischer, Irmtraud / Rapp, Ursula / Schiller, Johannes. 2003. X, 410 S. 1 Frontispiz.

330. Auffret, Pierre: *Que seulement de tes yeux tu regardes ...* Etude structurelle de treize psaumes. 2003. XII, 386 S.

329. Dieckmann, Detlef: *Segen für Isaak*. Eine rezeptionsästhetische Auslegung von Gen 26 und Kotexten. 2003. IX, 374 S.

328. Harvey, Charles D.: *Finding Morality in the Diaspora?* Moral Ambiguity and Transformed Morality in the Books of Esther. 2003. XIV, 274 S.

327. Dahm, Ulrike: *Opferkult und Priestertum in Alt-Israel*. Ein kultur- und religionswissenschaftlicher Beitrag. 2003. XII, 318 S.

326. Albertz, Rainer: *Geschichte und Theologie*. Studien zur Exegese des Alten Testaments und zur Religionsgeschichte Israels. Hrsg. v. Kottsieper, Ingo / Wöhrle, Jakob. Unter Mitarb. v. Kern, Gabi. 2003. X, 396 S.

325. *Thematic Threads in the Book of the Twelve*. Ed. by Redditt, Paul L. / Schart, Aaron. 2003. XV, 376 S.

324. Massmann, Ludwig: *Der Ruf in die Entscheidung*. Studien zur Komposition, zur Entstehung und Vorgeschichte, zum Wirklichkeitsverständnis und zur kanonischen Stellung von Lev 20. 2003. X, 235 S.

323. Laurent, Françoise: *Les biens pour rien en Qohéleth 5,9 - 6,6 ou La traversée d'un contraste*. 2002. XII, 281 S.

322. Ro, Johannes Un-Sok: *Die sogenannte „Armenfrömmigkeit" im nachexilischen Israel*. 2002. XI, 238 S.

321. *Ben Sira's God*. Proceedings of the International Ben Sira Conference, Durham - Ushaw College 2001. Ed. by Egger-Wenzel, Renate. 2002. VIII, 393 S.

320. Kaiser, Otto: *Zwischen Athen und Jerusalem*. Studien zur griechischen und biblischen Theologie, ihrer Eigenart und ihrem Verhältnis. 2003. VIII, 334 S.

319. Aurelius, Erik: *Zukunft jenseits des Gerichts*. Eine redaktionsgeschichtliche Studie zum Enneateuch. 2003. 244 S.

318. Richter, Sandra L.: *The Deuteronomistic History and the Name Theology*. leshakken shemo sham in the Bible and the Ancient Near East. 2002. XII, 246 S. 13 Abb.

317. Rapp, Ursula: *Mirjam*. Eine feministisch-rhetorische Lektüre der Mirjamtexte in der hebräischen Bibel. 2002. XIV, 434 S.